基于产教融合的蚕桑丝绸产业
新工科育人模式探索与实践

主　编　彭建盛
副主编　宋华宁　王　波　徐　咏

华中科技大学出版社
中国·武汉

内容简介

本书围绕蚕桑丝绸产业新工科育人模式展开深入探讨。首先,阐述了研究的背景、目的、方法及创新点,并指出在产业升级和新工科教育发展的背景下,探索该育人模式对人才培养和产业发展的重要意义。接着,详细剖析了蚕桑丝绸产业的发展历程、现状、技术水平与未来趋势,以及新工科教育的内涵与作用,为构建育人模式奠定了坚实的基础。

书中重点探讨了蚕桑丝绸产业新工科育人模式,涵盖人才培养目标、课程体系、实践教学体系、创新创业教育与实践以及产教融合的师资队伍建设等方面。同时,对该育人模式进行了实践,并通过构建科学的评价指标体系,对实践效果进行评价与分析,针对实践中存在的问题提出了相应的发展建议。最后,总结了产教融合对蚕桑丝绸产业人才培养的影响与启示,强调了该模式在创新人才培养、加强师资队伍建设、推进产教深度融合等方面的重要价值,并对未来研究与实践提出了进一步完善模式、加强政策研究、探索推广应用等建议。本书为蚕桑丝绸产业及相关领域的新工科教育改革提供了有益参考,对推动产业与教育的协同发展具有重要意义。

图书在版编目(CIP)数据

基于产教融合的蚕桑丝绸产业新工科育人模式探索与实践 / 彭建盛主编;宋华宁,王波,徐咏副主编. -- 武汉 : 华中科技大学出版社,2025.6. -- ISBN 978-7-5772-1745-1

Ⅰ.F426.81

中国国家版本馆 CIP 数据核字第 2025VL0141 号

基于产教融合的蚕桑丝绸产业新工科育人模式探索与实践   彭建盛　主编
Jiyu ChanJiao Ronghe de Cansang Sichou Chanye Xingongke
Yuren Moshi Tansuo yu Shijian

策划编辑:陈舒淇
责任编辑:陈舒淇
封面设计:原色设计
责任校对:何家乐
责任监印:曾　婷
出版发行:华中科技大学出版社(中国·武汉)　　电话:(027)81321913
　　　　　武汉市东湖新技术开发区华工科技园　　邮编:430223
录　　排:武汉正风天下文化发展有限公司
印　　刷:武汉科源印刷设计有限公司
开　　本:710mm×1000mm　1/16
印　　张:12.5
字　　数:225 千字
版　　次:2025 年 6 月第 1 版第 1 次印刷
定　　价:49.00 元

前　言

在当今全球化和科技飞速发展的时代,产业变革与教育转型相互交织,成为推动社会进步的关键力量。蚕桑丝绸产业,作为我国具有深厚历史文化底蕴的传统产业,正站在新的发展十字路口。一方面,它承载着传承千年丝绸文化的重任,是中华民族传统文化的重要象征;另一方面,在新经济和新技术浪潮的冲击下,它面临着产业升级、技术创新以及人才培养等诸多挑战,急需探索新的发展路径以实现可持续发展。新工科教育理念的应运而生,为传统产业的转型升级带来了新的曙光。本书聚焦于蚕桑丝绸产业新工科育人模式的探索与实践,旨在为这一传统产业的转型升级提供有力的人才支撑和教育创新方案。

回溯历史,蚕桑丝绸产业在中国经济和文化发展中一直占据着举足轻重的地位。从古代丝绸之路的辉煌,到近代工业化进程中的转型,再到现代科技赋能下的创新发展,它见证了无数的变革与进步。在古代,蚕桑丝绸产业是家庭手工业的重要组成部分,精湛的技艺和精美的丝绸产品不仅满足了国内需求,还通过丝绸之路远销海外,成为中国与世界交流的重要桥梁,推动了中外经济和文化的交流。近代以来,随着工业革命的影响,机器生产逐渐取代手工劳动,蚕桑丝绸产业开始了机械化、现代化的发展历程,生产效率大幅提高,产业规模不断扩大。进入 21 世纪,在生物技术、新材料技术、数字化技术等高新技术的推动下,蚕桑丝绸产业实现了从传统农业、工业向综合性产业的跨越,在农业、工业、服务业等领域不断拓展新的发展空间。

然而,当前蚕桑丝绸产业在发展过程中面临着一系列严峻的问题。在技术创新方面,尽管在某些领域取得了一定进展,但整体技术水平仍有待提高,尤其在应对复杂多变的市场需求和日益激烈的国际竞争时,技术创新的速度和质量仍显不足。在人才培养方面,传统的教育模式与产业实际需求脱节,培养出的人才在实践能力、创新思维和跨学科知识储备等方面存在欠缺,难以满足产业快速发展的需求。这些问题严重制约了蚕桑丝绸产业的进一步发展,使其在国际市场竞争中面临巨大压力。

新工科教育的出现,为解决蚕桑丝绸产业面临的问题提供了新的思路和方向。新工科教育强调培养具备创新精神、实践能力和跨学科素养的高素质复合型人才，注重学科交叉融合、实践教学与产业需求的紧密对接，这与蚕桑丝绸产业转型升级对人才的需求高度契合。将新工科教育理念融入蚕桑丝绸产业人才培养体系，有望打破传统教育的局限，培养出一批能够适应产业发展新需求，推动产业技术创新和升级的新型人才。

本书的研究正是基于这样的时代背景和产业需求展开。在研究过程中，我们秉持严谨的学术态度，综合运用多种研究方法，力求全面、深入地探讨蚕桑丝绸产业新工科育人模式。通过广泛的文献调研，我们梳理了国内外相关研究成果，了解了产业发展和教育改革的前沿动态，为研究提供了坚实的理论基础。深入蚕桑丝绸产业的生产一线进行实地调研，与企业管理人员、技术人员和一线工人进行交流，获取了丰富的第一手资料，真切感受到产业发展的实际需求和面临的困境。我们还邀请了来自产业界、教育界的众多专家进行咨询，借助他们的丰富经验和专业知识，为研究提供了宝贵的指导和建议。

本书内容涵盖了蚕桑丝绸产业发展的多个方面，从产业发展现状与新工科教育的关联，到育人模式的探索与实践，再到模式效果的评价与建议，构建了一个完整的研究体系。在分析产业发展现状时，不仅详细阐述了蚕桑丝绸产业的历史演变、技术现状和未来发展趋势，还深入探讨了新工科教育的发展背景和内涵，明确了新工科教育在蚕桑丝绸产业中的重要作用，包括促进技术创新、推动人才培养、加强产学研合作等。在育人模式探索部分，我们围绕人才培养目标、课程体系、实践教学体系等核心要素展开研究，提出了构建跨界学科人才培养方案、调整优化课程结构、遵循实践教学体系建设原则等一系列具体措施，旨在打造一套符合产业需求的创新育人模式。通过实践教学体系建设、创新创业教育与实践以及产教融合的师资队伍建设等实践环节，对提出的育人模式进行了实际应用和检验，并通过构建科学合理的评价指标体系，对育人模式的效果进行了客观评价与深入分析。基于评价结果，针对性地提出了优化课程体系、强化实践教学、提升创新创业教育等发展建议，为进一步完善育人模式提供了方向。

我们深刻认识到，蚕桑丝绸产业新工科育人模式的研究与实践是一项长期而系统的工程，无法一蹴而就。在研究过程中，我们也遇到了诸多挑战。例如，在产教融合过程中，如何平衡学校与企业的利益诉求，实现双方的深度合作与共赢；如何在有限的教育资源下，确保实践教学的质量和效果，真正提升学生的实践能力和创新能力；如何紧跟产业发展的快速步伐，及时调整育人模式，使其始终符合产业的实际需求等。这些问题都需要在后续的研究和实践中不断探索和解决。

希望本书的研究成果能够为蚕桑丝绸产业的发展和新工科教育的实践提供有益的参考。我们期待能够引发更多关于传统产业与新工科教育融合的思考和讨论,吸引更多的学者、教育工作者和产业界人士关注这一领域,共同为推动蚕桑丝绸产业的转型升级和促进新工科教育的发展贡献力量。同时,我们也希望本书能够为其他传统产业在探索新工科育人模式方面提供借鉴和启示,助力我国传统产业在新时代背景下实现高质量发展,为经济社会的持续进步做出更大的贡献。

此外,本书的编写得到了多方的大力支持与帮助。在此,我们特别感谢广西现代蚕桑丝绸产业学院的资助,以及广西壮族自治区新工科、新医科、新农科、新文科研究与实践项目(XGK2022021、XNK2023012、XGK202322)和广西高等教育本科教学改革工程项目(2022JGZ158)的资助。这些资助为本书的顺利编写提供了重要支持,也为相关研究和实践的开展奠定了坚实基础。我们对所有支持本书编写的单位和个人表示衷心的感谢。

目　　录

第1章　引言 ……………………………………………………………… (1)

1.1　研究背景与意义 ………………………………………………… (1)

1.2　研究目的与内容 ………………………………………………… (2)

　　1.2.1　研究目的 ……………………………………………… (2)

　　1.2.2　研究内容 ……………………………………………… (3)

1.3　研究方法与技术路线 …………………………………………… (6)

　　1.3.1　研究方法 ……………………………………………… (6)

　　1.3.2　技术路线 ………………………………………………… (12)

1.4　预期成果与创新点 ……………………………………………… (16)

　　1.4.1　预期研究成果 …………………………………………… (16)

　　1.4.2　研究创新点 ……………………………………………… (17)

第2章　蚕桑丝绸产业发展现状与新工科教育 …………………… (18)

2.1　蚕桑丝绸产业的发展历程与现状 ……………………………… (18)

　　2.1.1　古代的蚕桑丝绸产业 …………………………………… (19)

　　2.1.2　近代的蚕桑丝绸产业 …………………………………… (22)

　　2.1.3　现代的蚕桑丝绸产业 …………………………………… (25)

　　2.1.4　蚕桑丝绸产业的现状 …………………………………… (30)

2.2　新工科教育的发展背景与内涵 ………………………………… (35)

　　2.2.1　新工科教育的发展背景 ………………………………… (35)

　　2.2.2　新工科教育的内涵 ……………………………………… (36)

2.3　新工科教育在蚕桑丝绸产业中的作用 ………………………… (63)

　　2.3.1　促进技术创新与产业升级 ……………………………… (64)

　2.3.2　推动人才培养与人才引进 ⋯⋯⋯⋯⋯⋯⋯⋯⋯⋯ (65)

　2.3.3　促进绿色环保与可持续发展 ⋯⋯⋯⋯⋯⋯⋯⋯⋯ (67)

　2.3.4　加强产学研合作与资源共享 ⋯⋯⋯⋯⋯⋯⋯⋯⋯ (68)

　2.3.5　提升信息技术和现代管理方法 ⋯⋯⋯⋯⋯⋯⋯⋯ (69)

2.4　蚕桑丝绸产业的技术现状与未来发展趋势 ⋯⋯⋯⋯⋯⋯ (70)

　2.4.1　蚕桑丝绸产业的技术现状 ⋯⋯⋯⋯⋯⋯⋯⋯⋯⋯ (70)

　2.4.2　蚕桑丝绸产业的未来发展趋势 ⋯⋯⋯⋯⋯⋯⋯⋯ (91)

第3章　蚕桑丝绸产业新工科育人模式探索 ⋯⋯⋯⋯⋯⋯ (97)

3.1　人才培养目标与课程体系 ⋯⋯⋯⋯⋯⋯⋯⋯⋯⋯⋯⋯ (97)

　3.1.1　构建跨界学科人才培养方案 ⋯⋯⋯⋯⋯⋯⋯⋯⋯ (97)

　3.1.2　调整优化课程结构 ⋯⋯⋯⋯⋯⋯⋯⋯⋯⋯⋯⋯⋯ (98)

3.2　实践教学体系的教学理念 ⋯⋯⋯⋯⋯⋯⋯⋯⋯⋯⋯⋯ (103)

　3.2.1　对接产业行业的理念 ⋯⋯⋯⋯⋯⋯⋯⋯⋯⋯⋯⋯ (104)

　3.2.2　以学生为中心的理念 ⋯⋯⋯⋯⋯⋯⋯⋯⋯⋯⋯⋯ (104)

　3.2.3　学生学习成果导向的理念 ⋯⋯⋯⋯⋯⋯⋯⋯⋯⋯ (104)

3.3　实践教学体系的建设原则 ⋯⋯⋯⋯⋯⋯⋯⋯⋯⋯⋯⋯ (105)

　3.3.1　未来需求原则 ⋯⋯⋯⋯⋯⋯⋯⋯⋯⋯⋯⋯⋯⋯⋯ (105)

　3.3.2　整体优化原则 ⋯⋯⋯⋯⋯⋯⋯⋯⋯⋯⋯⋯⋯⋯⋯ (106)

　3.3.3　能力导向原则 ⋯⋯⋯⋯⋯⋯⋯⋯⋯⋯⋯⋯⋯⋯⋯ (106)

　3.3.4　针对服务原则 ⋯⋯⋯⋯⋯⋯⋯⋯⋯⋯⋯⋯⋯⋯⋯ (107)

3.4　实践教学体系的建设路径 ⋯⋯⋯⋯⋯⋯⋯⋯⋯⋯⋯⋯ (107)

　3.4.1　明确实践教学目标 ⋯⋯⋯⋯⋯⋯⋯⋯⋯⋯⋯⋯⋯ (107)

　3.4.2　开展多科综合实践课程 ⋯⋯⋯⋯⋯⋯⋯⋯⋯⋯⋯ (109)

　3.4.3　创新实践教学方法 ⋯⋯⋯⋯⋯⋯⋯⋯⋯⋯⋯⋯⋯ (109)

　3.4.4　强化实践教学资源建设 ⋯⋯⋯⋯⋯⋯⋯⋯⋯⋯⋯ (110)

3.5　实践教学体系建设机制 ⋯⋯⋯⋯⋯⋯⋯⋯⋯⋯⋯⋯⋯ (112)

　3.5.1　互动机制:校政企协同参与实践教学环节 ⋯⋯⋯⋯ (112)

　3.5.2　激励机制:科学评价与有效激励有机结合 ⋯⋯⋯⋯ (114)

　3.5.3　保障机制:全方位、多角度监控教学质量 ⋯⋯⋯⋯ (115)

第4章 蚕桑丝绸产业新工科育人模式实践 …………………… (118)

4.1 实践教学体系建设实践 ………………………………… (118)

4.1.1 构建蚕桑丝绸产业新工科专业实践教学体系框架 ……… (118)

4.1.2 创建蚕桑丝绸产业新工科专业多元协同实践教学模式 … (119)

4.1.3 蚕桑丝绸产业新工科专业实践教学体系内容 ………… (119)

4.2 创新创业教育与实践 …………………………………… (128)

4.2.1 创新创业教育的目标 ………………………………… (128)

4.2.2 创新创业教育的内容 ………………………………… (131)

4.2.3 创新创业教育的实施策略 …………………………… (134)

4.3 产教融合的师资队伍建设 ……………………………… (137)

4.3.1 师资队伍建设目标设定 ……………………………… (137)

4.3.2 师资队伍建设标准 …………………………………… (140)

4.3.3 师资队伍建设培训机制 ……………………………… (142)

4.3.4 师资队伍建设激励措施 ……………………………… (144)

第5章 蚕桑丝绸产业新工科育人模式效果评价与建议 …… (147)

5.1 育人模式效果评价指标体系构建 ……………………… (147)

5.1.1 构建原则 ……………………………………………… (147)

5.1.2 评价机制 ……………………………………………… (150)

5.2 育人模式效果评价与分析 ……………………………… (153)

5.3 蚕桑丝绸产业新工科育人模式的发展建议 …………… (154)

第6章 蚕桑丝绸产业新工科育人模式的影响与启示 ……… (158)

6.1 产教融合对蚕桑丝绸产业人才培养的影响 …………… (158)

6.1.1 培养学生的实践能力 ………………………………… (158)

6.1.2 提高学生的创新创业能力 …………………………… (162)

6.1.3 促进学生的职业发展 ………………………………… (164)

6.2 蚕桑丝绸产业新工科育人模式的启示 ………………… (166)

6.2.1 创新人才培养模式 …………………………………… (166)

6.2.2 加强师资队伍建设 …………………………………… (168)

6.2.3　推进产教深度融合 ·· (170)

第7章　结论与建议 ·· (173)

7.1　研究结论 ·· (173)

7.1.1　蚕桑丝绸产业新工科育人模式的实践与探索 ··········· (173)

7.1.2　产教融合在蚕桑丝绸产业新工科育人模式中的作用与价值

·· (175)

7.1.3　蚕桑丝绸产业新工科育人模式的主要成效与不足 ········· (177)

7.2　对未来研究与实践的建议 ································· (179)

7.2.1　进一步完善蚕桑丝绸产业新工科育人模式的实践探索 ······ (179)

7.2.2　加强产教融合政策的研究与制定 ························· (182)

7.2.3　探索蚕桑丝绸产业新工科育人模式在其他产业领域的应用与推广

·· (184)

参考文献 ·· (187)

第1章 引 言

1.1 研究背景与意义

随着经济全球化的不断深入发展以及科学技术的日新月异,传统产业正面临着前所未有的挑战和机遇。其中,人才培养问题成为制约产业发展的重要因素之一。作为中国传统产业的蚕桑丝绸产业,历经数千年的沧桑变迁,已经形成了较为完整的产业链和产业体系。然而,在新的发展时期,蚕桑丝绸产业面临着产业升级、技术创新、人才培养等方面的挑战。为了应对这些挑战,本研究旨在探索基于产教融合的蚕桑丝绸产业新工科育人模式,以培养适应社会经济发展和产业升级需求的高素质人才,为国家蚕桑丝绸产业发展提供源源不断的人力支持。

在当前全球经济一体化的背景下,各国都在积极寻求产业结构调整和优化升级的道路。中国作为世界上最大的纺织品生产和出口国,蚕桑丝绸产业的发展对于提高国家整体竞争力具有重要意义。然而,长期以来,中国蚕桑丝绸产业在人才培养方面存在一定的不足,这主要表现在教育体系与产业发展需求之间的脱节,人才供给与市场需求的不匹配。因此,探讨新型的蚕桑丝绸产业育人模式,对于推动产业升级、提高人才培养质量具有重要意义。

首先,产教融合是解决当前人才培养问题的有效途径。产教融合是指在产业发展的过程中,教育机构与企业紧密合作,共同培养符合产业发展需求的人才。通过产教融合,学生在学习过程中能更好地了解产业发展动态和企业需求,提高学生的实践能力和创新能力。同时,企业也可以通过参与教育过程,为学生提供实习实训机会,提高学生的就业竞争力。这种育人模式的探索与实践有利于提高蚕桑丝绸产业的人才培养质量。通过产教融合的方式,学生能够在实际操作中深化对理论知识的理解和应用,使理论知识不再仅仅是书本上的抽象概念,而是转化为实际工作中的具体技能。这不仅提高了学生的实际操作能力,也提高了学生解决实际问题的能力。这种育人模式有利于促进蚕桑丝绸产业的创新发展。学生通过参与实际工作，能够深入了解到产业当前的发展状况，发现产业存在的问题，并提出创新的解决方案。这种从实践中得来的宝贵经验，不仅将对学生的未来发展产生深远影响，同时也将推动蚕桑丝绸产业的创新发展。此外，这种育人模式也有利于增强学校的育人功能。通过与产业的深度融合，学校能够为学生提供更多的实践机会，让学生的学习不仅仅局限于课堂，而是延伸到实际工作中。这不仅能够提高学生的专业技能，也能够增强学生的就业竞争力，从而实现学校的育人目标。

其次，新工科育人模式有助于培养适应产业升级需求的高素质人才。新工科是以信息技术、先进制造、新能源、新材料等新兴产业为基础，培养具备创新精神和实践能力的工程技术人才的学科领域。在新工科育人模式下，学生需要具备跨学科的知识体系和技能储备，以适应产业发展的新要求。因此，通过实施新工科育人模式，能够培养出更多具备创新精神和实践能力的人才，为蚕桑丝绸产业的发展提供有力的人才支持。

最后，本研究将为国家丝绸蚕桑产业发展提供有益的政策建议和实践借鉴。通过对产教融合的蚕桑丝绸产业新工科育人模式的研究，可以为政府部门和企业提供关于人才培养、课程设置、师资队伍建设等方面的参考意见，从而推动中国蚕桑丝绸产业的可持续发展。

总之，本研究具有重要的理论意义和实践价值。通过探索基于产教融合的蚕桑丝绸产业新工科育人模式，有助于解决当前人才培养问题，提高人才培养质量，为中国丝绸蚕桑产业发展提供源源不断的人力支持。

1.2 研究目的与内容

1.2.1 研究目的

基于产教融合的蚕桑丝绸产业新工科育人模式探索与实践研究强调学校与产业的深度合作，共同参与人才培养过程，旨在提高学生的实践能力和创新思维。在新工科背景下，本研究的目的不仅仅在于培养具有高度专业知识和技能的人才，更重要的是创造一个理论与实践相结合的教育环境，使学生能够亲身体验并深入了解蚕桑丝绸产业的实际运作，增强学生对本专业技能的掌握，以及对产业现状的理解。通过深入探索与实践，构建并优化一套基于产教融合的蚕桑丝绸产业新工科育人模式。该模式的核心在于打破传统教育与产业之间的壁垒,实现教育内容与产业需求的紧密对接,以培养出既具备扎实理论知识,又拥有丰富实践经验和创新能力的复合型人才。

首先,本研究致力于设计出一套系统且可行的产教融合育人方案。通过深入分析蚕桑丝绸产业的发展趋势、技术革新及市场需求,确立新工科人才的培养目标和规格。同时,结合相关学科的前沿理论和实践技能,制定出一套涵盖教学目标、内容、计划、方法及评价机制等诸多方面的育人模式。这一模式将注重理论与实践的有机结合,强调知识体系的系统性和实践技能的实用性,以确保学生能够在掌握基础理论的同时,具备解决实际问题的能力。

其次,本研究着重于在实际操作中锤炼学生的创新意识和实践能力。通过引入实践教学、项目驱动、企业实习等多元化教学方式,为学生提供丰富的实践机会和资源。这些实践活动将紧密围绕蚕桑丝绸产业的技术研发、生产管理、市场营销等关键环节展开,旨在帮助学生深入了解产业运作流程,掌握核心技术和管理方法。同时,通过鼓励学生在实践中发现问题、分析问题并解决问题,激发他们的创新思维和创业精神,培养他们的团队协作和沟通能力。

再次,本研究还关注提升学生的就业竞争力和职业发展潜力。通过与蚕桑丝绸产业的相关企业建立紧密合作关系,共同开展职业规划教育、实习实训、就业推荐等活动,帮助学生了解行业动态和职业前景,规划自己的职业发展路径。同时,通过引入企业导师制度、校企合作项目等机制,为学生提供更多的实践机会和职业发展资源,增强他们的职业素养和实践能力,提升他们在就业市场中的竞争力。

最后,本研究致力于解决产教融合过程中可能遇到的各种问题和挑战。通过对实践经验进行总结和分析,发现产教融合育人模式中存在的问题和瓶颈,提出针对性的解决方案和改进措施。这些解决方案将注重实效性和可操作性,旨在推动产教融合育人模式的持续优化和深入实施。同时,还将关注育人模式的可持续性和普适性,以期能够为其他相关产业的新工科育人模式提供有益的借鉴和参考。

综上所述,本研究的目的在于通过深入探索与实践,构建出一套系统、可行且高效的基于产教融合的蚕桑丝绸产业新工科育人模式。这一模式将紧密围绕产业需求和学生发展,实现教育内容与产业需求的深度融合,为蚕桑丝绸产业培养出更多高素质、创新型的复合型人才,推动产业的持续健康发展。

1.2.2　研究内容

本研究的主要内容包括以下几个方面。

（1）设计出一套具体可行的产教融合新工科育人模式。该模式应充分考虑蚕桑丝绸产业的发展趋势和人才需求，同时应包括教学目标、教学内容、教学计划、教学方法、评价机制等方面。该模式应具有可操作性和可持续性，能够有效地提高人才培养质量。

在具体设计中，需要考虑以下几个方面。

① 产业发展的实际需求，包括技术、管理、市场等方面。

② 相关学科的理论基础和实践技能，以及它们在蚕桑丝绸产业中的应用。

③ 教学方法和手段，激发学生的学习兴趣和主动性，提高教学效果。

④ 教学资源和设施，包括师资力量、实验设备、企业合作等方面。

（2）在实际操作中，应将学生培养成具备创新意识和实践能力的专业人才。这一目标可以通过实践教学、项目驱动、企业实习等多种方式实现。学生不仅要充分了解蚕桑丝绸产业的技术和管理方法，还应能将其应用于实际操作中。同时，学生应具备创新意识和实践能力，能够独立思考和解决问题。

在这个过程中，需要注意以下几个方面。

① 实践教学与理论教学的有机结合，使学生能够深入理解蚕桑丝绸产业的理论和实践。

② 项目驱动与问题导向的教学方法，鼓励学生独立思考和解决问题，提高他们的创新意识和实践能力。

③ 企业实习的机会和效果，提供学生实际操作的机会，加深他们对产业的理解，掌握实践技能。

（3）通过与企业合作、举办职业规划讲座、提供实习机会等多种方式，可以有效提高学生的就业竞争力。学生应了解职业发展路径和行业前景，同时具备实际的职业素养和实践能力，以适应未来的职业发展需求。

在这个方面，需要考虑以下几个方面。

① 企业的需求和职业发展路径，为学生提供实际的信息和指导。

② 职业规划讲座的内容和形式，帮助学生了解行业前景和职业规划的重要性。

③ 实习机会的提供和实践经验的积累，提高学生的实际职业素养和实践能力。

（4）解决产教融合过程中遇到的各种实际问题可以通过对产教融合实践经验的总结和分析来实现。在研究中，应充分考虑产业与学校之间的矛盾、学生实践能力提升受限等问题，并提出相应的解决方案。这些解决方案应具有可操作性和可持续性，以推动产教融合教学模式的深入实施。

在这个方面,需要注意以下几个方面。

① 产教融合实践经验的总结和分析,找出实际问题及其原因。

② 提出针对性的解决方案,能够解决实际问题并推动产教融合的深入实施。

③ 实施方案的可操作性和可持续性,保证教学模式的长期有效性和发展性。

总之,基于产教融合的蚕桑丝绸产业新工科育人模式探索与实践研究,将通过以下方式进行。

(1) 构建产教融合的教学环境:学校与蚕桑丝绸产业的相关企业建立深度合作关系,共同构建一个集理论知识学习、实践技能培训、产业问题研究于一体的教学环境。学生在专业教师的指导下,参与到实际工作中,通过实践掌握专业知识,理解并解决实际问题。

(2) 制定实践教学计划:根据蚕桑丝绸产业的实际需求,以及新工科人才的培养目标,学校制定一套详细的实践教学计划。该计划包括实践教学目标、实践教学内容、实践教学时间、实践教学评价等重要部分,以确保实践教学的有效性和系统性。

(3) 配备专业教学团队:为了确保实践教学的质量,学校挑选一批具有丰富理论知识和实践经验的教师,组成专业的教学团队,负责学生的理论教学和实践指导。同时,学校还邀请蚕桑丝绸产业的相关专家,担任实践教学的兼职教师,为学生提供更加贴近实际的指导。

(4) 推动产业与教育的互动:学校积极组织各类与蚕桑丝绸产业相关的活动,如学术研讨会、技术交流会、企业参观等,以促进产业与教育的互动。通过这些活动,学生有机会了解产业最新的发展动态,同时也能从产业专家那里获取宝贵的经验。

(5) 建立评价体系:为了确保基于产教融合的蚕桑丝绸产业新工科育人模式的有效性,学校建立一套科学的评价体系。该评价体系包括学生理论知识的考试成绩、实践技能的评估,以及在产业中的表现等多个方面,以全面反映学生的综合素质和专业技能。

通过以上探索和实践,形成了基于产教融合的蚕桑丝绸产业新工科育人模式。理论与实践的结合使人才培养既贴近产业实际需求,又符合新工科人才的培养目标。这不仅为蚕桑丝绸产业提供了强有力的人才支撑,还将推动新工科教育的创新发展。

1.3　研究方法与技术路线

1.3.1　研究方法

基于产教融合的蚕桑丝绸产业新工科育人模式探索与实践是一个具有挑战性和重要现实意义的课题。为了实现有效的产教融合,本书的具体研究方法如图 1-1 所示。

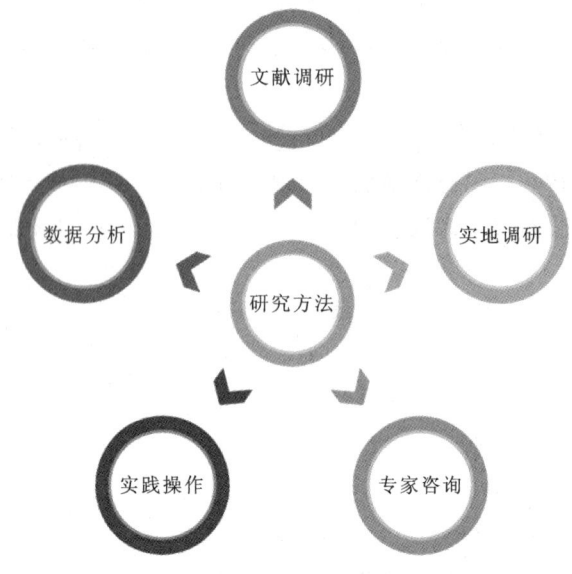

图 1-1　研究方法

1. 文献调研

在文献调研方面,本书采取了多种途径来收集和整理国内外关于产教融合教学模式以及蚕桑丝绸产业发展的相关文献。首先,利用图书馆资源,查阅了大量相关领域的学术期刊、学位论文、会议论文等,以获取最新的研究成果和发展趋势。这些文献包括关于产教融合教学模式的设计原则、实施策略以及评估方法等方面的研究,提供了丰富的理论依据和实践经验。

其次,关注政府机构发布的政策文件、行业报告以及企业案例,了解国家的政策支持和产业发展动态。通过这些文献可以了解到国家对产教融合的大力支持以及蚕桑丝绸产业的发展现状和未来趋势。例如,国家出台了一系列政策文件,鼓励企业与高校合作,共同培养符合产业需求的高素质人才。此外,行业报告和企业案例也展示了蚕桑丝绸产业在技术创新、市场拓展等方面的最新进展。

最后,与各大高校、研究机构建立合作关系,共享研究资料和成果。通过这些合作,能够接触到更多关于产教融合教学模式和蚕桑丝绸产业发展的前沿研究,从而丰富了视野和知识体系。同时,得以深入了解他们在产教融合育人模式方面的实践经验和研究成果,为本书的研究提供了宝贵的参考。

通过对这些文献的深入分析和总结,可以全面了解产教融合教学模式的理论基础和实践经验,掌握蚕桑丝绸产业的发展现状、面临的问题以及未来趋势。这为本书后续的研究工作提供了坚实的理论支撑和丰富的实践借鉴。同时,还结合实地调研和企业访谈等方式,深入了解蚕桑丝绸产业的实际运作情况和需求,从而更好地将理论研究与实践相结合。

在文献调研的基础上,进一步开展实证研究,通过设计和实施一系列实验和调查活动,验证所提出的产教融合育人模式的有效性和可行性。本研究选择一些具有代表性的企业和学校作为研究对象,通过与企业合作开展实训项目或者与企业导师进行交流,了解他们对产教融合育人模式的需求和评价。同时,还组织学生参与实验或调查活动,观察他们在产教融合育人模式下的学习效果和发展变化。通过实证研究的结果,可以进一步优化和完善本研究的育人模式,使其更加符合实际需求。

总之,基于产教融合的蚕桑丝绸产业新工科育人模式探索与实践是一项具有挑战性和现实意义的任务。通过系统的文献调研和实证研究,可以不断丰富和完善这一育人模式的理论框架和实践经验,为培养适应产业发展需求的高素质人才做出积极贡献。

2. 实地调研

在实地调研方面,笔者组织了一支专业的调研团队,选取了若干家在蚕桑丝绸产业中具有代表性的企业进行实地考察。调研团队与企业高层管理人员、一线员工以及实习生进行了广泛的交流,深入了解了他们在人才培养方面的实际需求、培养目标以及产业发展趋势。

首先,与企业管理层进行了深入的交流,了解了他们对于人才培养的期望和要求。管理层普遍认为,蚕桑丝绸产业面临着技术升级和产业转型的压力,因此需要具备创新精神和实践能力的高素质人才来推动产业的发展。他们希望高校能够培养出具备扎实的专业知识、敏锐的市场洞察力以及良好沟通协调能力的人才,为企业的可持续发展提供支持。

其次,与一线员工和实习生进行了深入的交流,了解了他们在工作实践中遇到的问题和需求。他们普遍认为,蚕桑丝绸产业是一个传统而古老的行业,但是随着技术的进步和市场的发展,行业也在不断变革和升级。他们面临的主要问题是如何适应这种变革,掌握新的技术和市场趋势,同时在实践操作中提高自己的技能和积累经验。

笔者还参观了企业的生产车间和研发部门,了解了蚕桑丝绸的生产流程和关键技术环节。通过实地观察,发现蚕桑丝绸产业的生产过程十分复杂,涉及多个环节和多种技术,包括蚕茧的养殖、丝绸的生产、印染和加工等。此外,还了解到该产业正在不断引进新的技术和设备,以提高生产效率和产品质量。

通过实地调研,笔者获得了大量真实、有效的数据和信息,为后续的研究工作提供了有力的支持。笔者发现,蚕桑丝绸产业面临着许多挑战和问题,包括技术升级、环保压力、市场竞争等。同时,也看到了该产业的潜力和机遇,认为通过产教融合的方式,可以培养出更多高素质的人才来推动产业的发展。

3. 专家咨询

在专家咨询方面,笔者邀请了来自蚕桑丝绸产业、新工科教育领域以及产教融合方面的专家参与。这些专家在各自领域具有深厚的理论知识和丰富的实践经验,他们的意见和建议为本书的研究提供了重要的指导和帮助。

首先,邀请专家就研究设计的科学性和可行性进行评估。向专家们介绍项目的研究目的、研究问题和研究方法,并请他们对研究设计的合理性和有效性提出建议。专家们将根据他们的专业知识和经验,提出有针对性的建议,以确保研究设计科学、合理、有效。

其次,邀请专家对实践操作的具体细节提供指导。向专家们介绍本研究的实践计划和预期成果,并请他们对实践操作的细节和可能出现的问题提出建议。专家们将根据实践经验,提供具体的指导,以确保实践操作具有针对性和实用性。

同时,邀请专家分享成功的实践案例。借鉴成功的实践经验,有助于更好地了解蚕桑丝绸产业新工科育人模式的发展趋势和实际效果。请专家们分享他们所了解的成功的实践案例,并深入剖析案例的成功原因和可借鉴之处。通过了解成功案例,能够更好地把握蚕桑丝绸产业新工科育人模式的发展方向和实施策略。

通过专家咨询,能够更好地把握研究的科学性和可行性,使研究结果更加可靠和具有实际应用价值。同时,还能够更好地了解成功的实践案例和实施策略,为研究和实践提供重要的指导和帮助。

4. 实践操作

在实践操作方面,根据研究设计的具体要求,具体实施产教融合新工科育人模式。这一阶段涉及课程设置、实践教学、校企合作等多个方面。

首先,在课程设置方面,根据蚕桑丝绸产业的需求和产教融合的理念,设计了一系列的课程。这些课程包括理论课程和实践课程,旨在培养学生的理论知识和实践能力。笔者邀请了行业内的专家和学者参与课程设计,以确保课程内容与产业需求紧密结合。同时,还关注行业的发展趋势和技术要求,及时更新课程内容和教学方法,确保学生能够掌握最新的知识和技能。在课程设置过程中,重点关注三个方面:(1)结合蚕桑丝绸产业的需求和产教融合的理念,设计符合产业需求的课程,注重理论和实践的结合;(2)邀请行业内的专家和学者参与课程设计,确保课程内容与产业需求紧密结合,体现课程的实用性和针对性;(3)及时关注行业的发展趋势和技术要求,更新课程内容和教学方法,确保学生能够掌握最新的知识和技能。

其次,在实践教学方面,建立了实践教学基地,与企业合作开展实训项目。通过与企业合作,能够让学生在实际工作环境中进行实践学习,提高他们的实践能力和职业素养。与企业合作制定实训计划和评估标准,确保实践教学的质量和效果。在实践教学过程中,还注重学生的个体差异和特长,提供个性化的指导和辅导,帮助学生充分发挥潜力。在实践教学方面,重点关注三个方面:(1)建立实践教学基地,与企业合作开展实训项目,让学生在实际工作环境中进行实践学习;(2)制定实训计划和评估标准,确保实践教学的质量和效果;(3)注重学生的个体差异和特长,提供个性化的指导和辅导,帮助学生充分发挥潜力。

最后,在校企合作方面,与多家蚕桑丝绸产业相关的企业建立了紧密的合作关系。通过与企业合作,可以更好地实现产教融合的目标,提高人才培养的质量和效益。与企业共同制定人才培养方案,开展教学和科研合作,共同推动产业的发展和技术的进步。还邀请企业导师参与教学和实习过程,为学生提供更加贴近实际需求的指导和帮助。同时,还积极收集合作企业的反馈意见,不断优化和完善该模式。在校企合作方面,应该重点关注三个方面:(1)与多家蚕桑丝绸产业相关的企业建立紧密的合作关系,共同推动产教融合的目标;(2)共同制定人才培养方案,开展教学和科研合作,提高人才培养的质量和效益;(3)邀请企业导师参与教学和实习过程,为学生提供更加贴近实际需求的指导和帮助;(4)积极收集合作企业的反馈意见,不断优化和完善该模式,提高教育教学质量。

通过与企业的密切合作,可以更好地了解市场需求和行业趋势,进一步提高教育教学质量。企业也可以通过与学校的合作,获得更加符合市场需求的人才和先进的技术支持,实现双方的互利共赢。

5. 数据分析

在数据分析方面,本书对收集到的数据进行分析,包括学生成绩、就业率、企业满意度等。通过对这些数据的分析,总结规律,评估效果,为解决问题提供科学依据。

首先,在数据收集方面,通过多种途径收集相关数据,包括学生成绩、就业率、企业满意度等。与合作企业保持密切联系,了解毕业生的工作表现和企业的反馈意见。同时,还建立了完善的学生信息管理系统,收集并整理学生的成绩、就业情况等相关数据。此外,还收集了行业相关的统计数据、市场需求等信息,为分析提供更加全面的参考。

其次,在数据分析方面,采用统计学方法和数据分析工具对收集到的数据进行深入分析。首先,对数据进行清洗、整理和归类,确保数据的准确性和可比性。然后,运用描述性统计方法和可视化技术,对数据进行深入挖掘并展示。通过分析学生成绩和就业数据,可以了解该模式在提高学生实践能力和就业竞争力方面的效果。同时,还可以分析企业满意度和反馈意见,了解该模式在满足企业需求和提升人才培养质量方面的作用。

具体而言,本书进行了如图 1-2 所示的数据分析。

(1)学生成绩分析:对学生成绩数据进行深入分析,包括平均分、最高分、最低分等指标。通过与其他数据比较,如考试通过率、优秀率等,可以评估该模式在提高教学质量方面的效果。此外,还对学生成绩进行了分类分析,了解不同类型学生在该模式下的表现和进步情况。

(2)就业率分析:对学生就业数据进行详细统计和分析,了解毕业生的就业情况和就业质量。通过与其他数据比较,如就业岗位类型、薪资水平等,可以评估该模式在提高学生就业竞争力和满足企业需求方面的效果。此外,还对学生就业趋势进行了分析,了解该模式在不同时间段的应用效果。

(3)企业满意度分析:收集合作企业的反馈意见,并对企业满意度进行了统计和分析。通过了解企业对毕业生的工作表现和学校培养质量的评价,可以评估该模式在满足企业需求和提升人才培养质量方面的效果。此外,还分析了企业反馈意见的分布情况,了解企业在哪些方面对学校培养的人才提出了改进

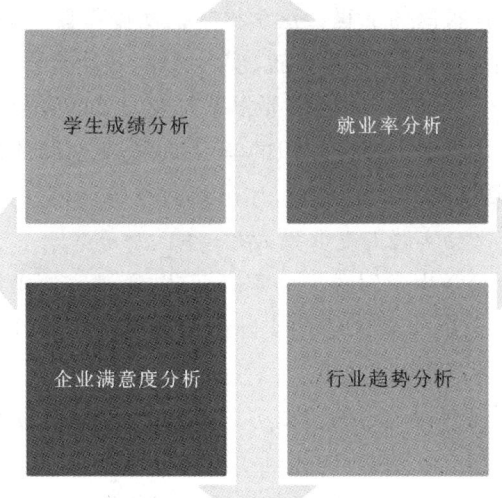

图 1-2　研究数据分析内容

建议。

（4）行业趋势分析：收集行业相关的统计数据和市场需求的情报，对蚕桑丝绸产业的现状和发展趋势进行了分析。通过了解行业的发展状况和市场需求的变化，可以更好地调整和优化该模式，使其更加符合产业发展的需求。

通过以上数据分析，可以总结规律，评估效果，为解决问题提供科学依据。例如，如果数据分析显示该模式在提高学生实践能力和就业竞争力方面的效果显著，那么可以在未来的实践中继续加强实践教学和校企合作。如果数据分析显示该模式在满足企业需求和提升人才培养质量方面的效果不佳，那么可以针对问题进行调整和优化，例如，加强课程设置与产业需求的衔接、提升教师实践指导能力等。

根据数据分析的结果，可以对蚕桑丝绸产业新工科育人模式进行针对性的优化和改进。对于表现良好的方面，可以继续发挥其优势，提高教学质量和人才培养水平。对于存在问题的方面，可以制定具体的改进措施，例如，加强实践教学、优化课程设置、提升教师实践指导能力等。同时，还将定期对改进后的模式进行评估和反馈，以确保其在实际应用中取得良好的效果。此外，可以与合作企业保持密切联系，了解毕业生在工作岗位上的表现和企业的反馈意见。通过对这些信息的分析，可以进一步了解该模式在实际应用中的效果，并及时调整和优化。

综上所述,基于产教融合的蚕桑丝绸产业新工科育人模式的探索与实践是一个系统性和复杂性极高的工程。这个模式的实施需要从多个角度进行深入的研究和探讨,包括但不限于课程设置、实践教学、校企合作等多个环节。

课程设置是人才培养的基础,需要根据产业发展的需求,设计出符合时代发展的课程体系。这包括了理论知识的学习,如蚕桑丝绸的种植技术、丝绸的制作工艺等,也包括实践技能的培养,如蚕桑的养殖、丝绸的染色等。这样,才能培养出既懂理论又会实践的复合型人才。

实践教学是检验学生学习成果的重要环节,通过实地操作,让学生亲身体验蚕桑丝绸的生产过程,了解产业的实际操作情况。同时,这也是学生将理论知识转化为实践技能的重要途径。

校企合作是实现产教融合的重要方式,通过与企业建立紧密的合作关系,双方可以共同开展人才培养工作。企业可以提供实习实训的机会,让学生在实际工作中提升技能;学校则可以根据企业需求调整教学内容,提高教育的针对性和实效性。通过这些环节的实施,能够实现人才培养与产业发展的深度融合,为产业的创新发展提供有力的支撑。同时,学校还建立了评价和反馈机制,通过定期对人才培养模式的评价和反馈,不断优化和完善教育模式,从而提高人才培养的质量和效果。

笔者坚信,在各方共同努力下,基于产教融合的蚕桑丝绸产业新工科育人模式一定能够取得更加丰硕的成果,为中国人才培养体系的完善和发展做出积极的贡献。

1.3.2 技术路线

基于产教融合的蚕桑丝绸产业新工科育人模式探索与实践的技术路线如图 1-3 所示。该技术路线以信息化平台建设为基石,深度融入人工智能技术,进而推进产学研用的一体化发展。在此过程中,教育信息化平台作为整个育人模式的枢纽,汇集并更新着蚕桑丝绸产业的最新知识、技术进展和市场动态,为教育机构和产业界提供了实时、高效的信息交互环境。借助大数据分析和机器学习等人工智能技术,教育机构能够精确洞察学生的学习进程和能力发展,从而为他们定制个性化的学习路径和资源。同时,这些智能技术也在产品设计、工艺优化和市场预测等方面为产业界带来革命性的变革。产学研用的一体化发展策略则确保了理论知识与实践技能的紧密结合。通过将产业真实案例和项目引入教学环节,学生得以在解决实际问题的过程中深化理论知识、锤炼专业技能。教育机构与产业界的紧密合作不仅加速了科技成果的转化和产业升级,更为蚕桑丝绸产业培育了一批既懂理论又善实践的创新型人才,推动了产业的持续繁荣和创新发展。

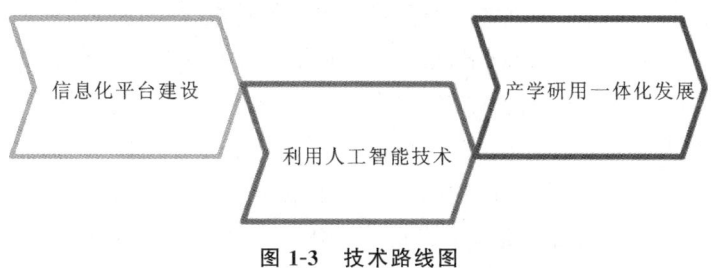

图 1-3　技术路线图

1. 信息化平台建设

在信息化时代,信息化平台的建设已成为各行各业发展的重要支撑。基于蚕桑丝绸产教融合的实际需求,本书致力于利用大数据和云计算技术构建一个产教融合信息化平台,以推动产业发展与教育改革的深度融合。该平台具有多方面的功能和优势。首先,平台能够收集和整合来自多种渠道的数据,包括学生信息、企业需求、教学质量等。通过全面覆盖和精准分析数据,能够深入了解人才培养过程中存在的问题和瓶颈,为决策者提供有力的数据支撑和参考意见。其次,通过平台对这些数据进行分析,能够发现并解决人才培养中的问题。例如,分析学生信息可以了解学生的学习特点和需求,从而针对性地调整教学内容和方法;分析企业需求可以及时掌握行业的最新动态和趋势,为学校的人才培养提供有针对性的指导和支持。同时,该平台还可以提高教学质量和效率。通过对学生学习情况的实时监控和评估,教师能够及时发现学生学习中的困难和问题,并进行有针对性的辅导和指导;通过与企业的合作,学校可以开展实践教学活动,让学生更好地掌握实际操作技能,提升就业竞争力。此外,该平台还为学生提供了更加丰富的学习资源和机会。通过网络资源的共享和开放,学生可以随时随地获取最新的知识和信息;通过参与企业合作的实践项目,学生可以锻炼实际操作能力和团队合作精神。

2. 利用人工智能技术

在当今的信息化时代,人工智能技术已经渗透到各个领域,为人们的生活和工作带来了极大的便利。在教育领域中,基于产教融合的蚕桑丝绸产业新工科育人模式也积极利用人工智能技术,通过对学生学习行为和职业倾向的智能分析,实现人才培养的个性化、精准化和高效化。

首先,利用人工智能技术可以对学生学习行为进行全面、深入的分析。学习行为是指学生在学习过程中表现出的各种行为,包括课堂表现、作业完成情况、实验操作、讨论交流等。通过对这些数据的收集和挖掘,可以了解学生的学习兴趣、学习特点以及遇到的学习困难。人工智能技术可以通过对大量数据的分析,识别出学生的学习特点和难点,从而为他们提供更加适合的学习资源和指导。例如,可以通过分析学生的课堂参与度、作业完成情况等数据,了解学生的学习态度和学习能力。同时,还可以通过自然语言处理技术,对学生在讨论交流中的发言进行情感分析和内容提取,了解学生对课程知识点的掌握情况。通过对这些信息的智能分析,可以为学生提供个性化的学习建议和资源,帮助他们克服学习困难,提高学习效果。

其次,人工智能技术还可以帮助预测学生的职业倾向。职业倾向是指学生对于特定职业领域的兴趣和意愿。通过对学生的个人兴趣、家庭背景、社交网络等多元化的数据源进行挖掘和分析,可以了解学生的职业发展规划和目标。这样的预测可以为学生提供更精准的职业指导和建议,帮助他们更好地实现个人职业发展。例如,通过分析学生的社交网络数据,可以了解他们在蚕桑丝绸产业领域的关注度和活跃度,从而初步判断他们的职业倾向。同时,还可以通过问卷调查、面试等方式,进一步了解学生的职业兴趣和职业规划。通过对这些信息的智能分析,可以为学生提供针对性的职业指导和建议,帮助他们更好地实现个人职业发展。

综上所述,利用人工智能技术可以实现对蚕桑丝绸产业新工科人才培养的全方位支持和优化。通过对学习行为和职业倾向的智能分析,可以更好地了解学生的学习需求和职业发展方向,为他们提供更加精准的学习资源和职业指导。这样的个性化教学可以极大地提高学生的学习积极性和学习效果,同时也有助于提高学生的职业竞争力和市场适应能力。

此外,利用人工智能技术还可以对教学质量进行评估和反馈。通过对教师的教学行为和教学效果进行全面、客观的评价,学校可以了解教师的教学特点和不足之处,从而为教师提供有针对性的反馈和建议,帮助他们不断提升教学质量。同时,还可以利用人工智能技术对市场的需求变化、技术的发展趋势等进行预测和分析,为人才培养提供更加全面和前瞻性的参考。在未来的发展中,随着人工智能技术的不断进步和应用,基于产教融合的蚕桑丝绸产业新工科育人模式将会不断取得新的成果。

笔者相信,在人工智能技术的支持下,能够更好地满足学生的学习需求和职业发展目标,为他们提供更加优质、个性化的教育服务,同时,这也将为中国人才培养体系的完善和发展做出更大的贡献。

3. 产学研用一体化发展

在当今的经济发展趋势下,产学研用一体化发展模式越来越受到广泛关注。这种发展模式充分整合了产业、教育、科研等各方面的资源,将教学、科研、生产、销售等环节紧密结合,形成了相互促进、共同发展的良性循环。在基于产教融合的蚕桑丝绸产业新工科育人模式中,本书充分利用产教融合的资源优势,构建了产学研用一体化的发展模式,以期为实现产业的创新发展提供有力支撑。产学研用一体化发展模式的核心在于将教学、科研、生产、销售等环节紧密结合,形成良性循环。在蚕桑丝绸产业中,通过这种发展模式,不仅提高了人才培养的质量和效率,同时也促进了产业的创新发展。具体来说,这种发展模式包括以下几个方面。

首先,在教学环节中,可以将产业的需求和最新的技术成果引入课堂,为学生提供更加贴近产业实际的教学内容。同时,通过实践教学和现场操作等方式,让学生更好地了解和掌握蚕桑丝绸产业的相关知识和技能。这样的教学方式可以提高学生的实践能力和创新意识,为他们的职业发展打下坚实的基础。

其次,在科研环节中,可以充分利用产教融合的资源优势,开展针对蚕桑丝绸产业的关键技术研究和产品研发。通过与企业的深度合作,可以共同开展科研项目,实现技术突破和产品创新。这样的科研成果不仅可以为产业的发展提供支撑,同时也可以为人才培养提供更加优质的资源和实践机会。

再次,在生产环节中,可以将科研成果应用于生产实践,实现技术转化和产品推广。通过与企业的合作,可以共同开发蚕桑丝绸产品的生产工艺和技术,提高生产效率和产品质量。同时,还可以利用先进的技术手段,开展远程监控和智能化管理,提高生产过程的可控性和稳定性。

最后,在销售环节中,可以将生产出的蚕桑丝绸产品推向市场,实现商业价值。通过市场调研和数据分析,可以了解市场需求和消费者偏好,为产品的定位和推广提供参考。同时,还可以借助网络平台和社交媒体等渠道,开展多元化的营销活动,扩大产品的知名度和影响力。

总之,通过产学研用一体化发展模式的构建,可以将教学、科研、生产、销售等环节紧密结合,形成一种相互促进、共同发展的良性循环。这不仅可以提高人才培养的质量和效率,同时也可以促进产业的创新发展,为实现产业的可持续发展提供有力支撑。

1.4 预期成果与创新点

1.4.1 预期研究成果

本研究预期能够取得以下成果。

（1）设计出一套具体可行的产教融合新工科育人模式，适用于蚕桑丝绸产业新工科人才培养。该模式应具有可操作性和可持续性，能够有效地提高人才培养质量。

在本研究中，笔者致力于设计出一套具体可行的产教融合新工科育人模式，以适用于蚕桑丝绸产业的新工科人才培养。本书将通过深入了解蚕桑丝绸产业的技术和管理方法，结合产业和学校的优势资源，构建一个能够有效提高人才培养质量的创新育人模式。该模式应具有可操作性和可持续性，能够适应蚕桑丝绸产业的发展需求，同时也能够为其他产业的新工科人才培养提供借鉴和参考。

（2）通过实践操作，将学生培养成具备创新意识和实践能力的专业人才。学生应充分了解蚕桑丝绸产业的技术和管理方法，并能够将其应用于实际操作中。同时，学生应具备创新意识和实践能力，能够独立思考和解决问题。

为了实现这一目标，本研究将采取一系列实践操作方法，包括实际项目操作、企业实习、案例分析等，以培养学生的创新意识和实践能力，引导学生充分了解蚕桑丝绸产业的技术和管理方法，并培养他们将其应用于实际操作中的能力。同时，将通过多种手段激发学生的创新意识和实践能力，鼓励他们独立思考和解决问题。通过这些实践操作方法，期望能够培养出具备创新意识和实践能力的专业人才，为蚕桑丝绸产业的发展提供有力支持。

（3）通过多种方法提高学生的就业竞争力。学生应了解职业发展路径和行业前景，同时具备实际的职业素养和实践能力，能够适应未来的职业发展需求。

为了提高学生的就业竞争力，本书将采取多种方法，包括职业规划指导、就业信息咨询、职业技能培训等，这些方法旨在帮助学生了解蚕桑丝绸产业的职业发展路径和行业前景，同时提升他们的职业素养和实践能力。通过职业规划指导，学生可以明确职业目标；通过就业信息咨询，学生能够及时获取行业动态；通过职业技能培训，学生可以增强实际操作能力。期望通过这些措施，能够有效提高学生的就业竞争力,使他们能够更好地适应未来的职业发展需求。

(4) 解决产教融合过程中遇到的各种实际问题。本研究充分考虑产业与学校之间的矛盾、学生实践能力的提升受限等问题,并提出相应的解决方案。这些解决方案应具有可操作性和可持续性,能够推动产教融合教学模式的深入实施。

在产教融合过程中,预期会遇到各种实际问题,如产业与学校之间的矛盾、学生实践能力的提升受限等。为了解决这些问题,本书将通过对产教融合实践经验的总结和分析,提出相应的解决方案。本书将充分考虑产业与学校之间的矛盾,寻找双方利益的平衡点,并关注学生实践能力的提升受限问题,探讨如何通过优化实践环节、完善实践设施等手段提高学生的实践能力。提出的解决方案应具有可操作性和可持续性,以推动产教融合教学模式的深入实施。通过解决这些实际问题,本书将为蚕桑丝绸产业的新工科人才培养提供有力支持。

1.4.2　研究创新点

本研究的创新点主要体现在以下几个方面。

(1) 提出了一种适用于蚕桑丝绸产业新工科人才培养的产教融合育人模式。该模式结合了产业和学校的优势资源,注重培养学生的创新意识和实践能力,具有可操作性和可持续性。

(2) 对产教融合实践经验进行了深入分析和总结,提出了一系列解决方案,能够有效解决产业与学校之间的矛盾、学生实践能力提升受限等问题。

(3) 结合蚕桑丝绸产业的实际需求,将产业与学校的教育资源进行了有效整合,提高了人才培养的针对性和实用性。

(4) 通过多种方法提高学生的就业竞争力,帮助学生适应未来的职业发展需求,为新工科人才的培养提供了新的思路和方法。

通过以上方法,本研究致力于解决产教融合过程中的实际问题,提高蚕桑丝绸产业新工科人才培养的质量和效果。

总之,基于产教融合的蚕桑丝绸产业新工科育人模式探索与实践研究,将为蚕桑丝绸产业提供具备创新意识和实践能力的高素质人才,为产业的创新发展和转型升级提供有力支持。同时,本研究也为其他产业的新工科人才培养提供了参考借鉴。

第 2 章　蚕桑丝绸产业发展现状与新工科教育

2.1　蚕桑丝绸产业的发展历程与现状

在浩瀚历史长河的背景下,蚕桑丝绸产业宛如一颗璀璨夺目的明珠,它历经千年的岁月洗礼,依然延续着远古时期的辉煌,并展现出中华民族深厚的文化积淀。蚕桑丝绸产业起源于古代中国,自养蚕、缫丝、织绸等工艺发明以来,丝绸就成为古代中国的重要出口商品,其价值长期堪比黄金,不仅是贸易硬通货,更象征中华文明的辉煌成就。丝绸不仅是华丽的服饰和家居用品,更是中华文明与世界交流的重要媒介,见证了古代中国的繁荣与辉煌。蚕桑丝绸产业的发展历程中,经历了多次变革与创新。随着时间的推移,纺织技术不断进步,从手工操作逐渐发展成为复杂的机械生产。养蚕、缫丝、织绸等工艺流程逐渐完善,生产效率不断提高。同时,对外贸易的需求也促进了蚕桑丝绸产业的壮大和升级。在这个过程中,无数勤劳智慧的中国人民付出了艰辛的努力和汗水,为这个产业的繁荣发展作出了不可磨灭的贡献。

进入 21 世纪,科技迅猛发展,蚕桑丝绸产业也迎来了新的机遇和挑战。高新技术如生物技术、新材料技术、数字化技术等的应用,为丝绸产品的品质提升和设计创新提供了更多的可能性。通过科技手段,可以培育出更加优良的蚕品种,提高丝绸的品质和附加值。同时,数字化技术也可以应用于丝绸的设计、制造和营销等环节,提高生产效率和产品品质,满足消费者对个性化、时尚化的需求。然而,蚕桑丝绸产业的发展也面临着一些问题和挑战。随着环保、健康等意识的增强,资源浪费和环境污染等问题成为了制约产业发展的重要因素。为了实现可持续发展,需要加强环保意识和技术创新,推广绿色生产方式和循环经济模式。此外,还可以通过教育培养更多的人才,提高产业的技术水平和创新能力,为产业的未来发展提供强有力的支撑。

蚕桑丝绸产业作为中华民族传统文化的重要组成部分,承载着丰富的历史和文化内涵。在新时代,应该继续传承和弘扬这一宝贵的文化遗产,同时也要不断地创新和进取,让蚕桑丝绸产业在新时代焕发出更加绚丽的光彩。只有坚持传承与创新相结合,才能让这个古老的产业焕发新的生机,为中华民族的文化自信和国际交流增添更加亮丽的元素。在未来的发展中,蚕桑丝绸产业将不断拓展其产业边界,涉及更多领域的应用和发展。例如,在航空、医疗、化妆品等领域,蚕桑丝绸材料将发挥更大的作用,满足不同领域的需求。同时,随着智能制造和个性化定制的普及,蚕桑丝绸产业也将呈现出更加多元化、个性化的特点,为消费者提供更加优质、个性化的产品和服务。总之,蚕桑丝绸产业是一个充满深厚历史底蕴且源远流长的产业。经过千年的沧桑巨变和无数人的努力,它已经发展成为了一个庞大且多元的产业体系,为人们的生活品质和社会发展做出了重要的贡献。在未来的发展中,应继续传承和发扬这一宝贵的文化遗产,不断创新和进取,让蚕桑丝绸产业在新时代焕发出更加夺目的光芒,为中华民族的文化自信和国际交流增添更加亮丽的元素。

2.1.1　古代的蚕桑丝绸产业

在古代中国,蚕桑丝绸产业逐渐成为国家重要的经济产业。这个产业的繁荣依赖于家庭手工业的推进,家庭作坊式生产成为主要方式,每一个家庭均承担着从养蚕、缫丝、织绸到制衣的全过程。由于技术相对落后,丝绸的产量有限,主要供给皇室、贵族和富人穿着,普通百姓难以享受到这一奢侈品。尽管如此,对于普通百姓而言,丝绸仍然象征着富贵和荣耀,是他们心中的追求和梦想。

养蚕环节,古人通过精心饲养蚕和清洁蚕室,确保蚕的健康生长,如图 2-1 所示。蚕农们对桑叶的选择十分讲究,必须选择新鲜、无病虫害的桑叶,以保证蚕的食物质量。同时,还要保持蚕室清洁,定期清理蚕粪和更换桑叶,以保证蚕的生长环境干净卫生。为了挑选优质蚕种,蚕农们会仔细挑选具有强壮体质和优良遗传特征的蚕蛾。这些蚕蛾经过人工交配后产下蚕卵,蚕农再对蚕卵进行孵化和管理。

缫丝是丝绸生产的关键环节之一。古人将蚕茧煮沸以提取蚕丝,然后将其晾干。这个过程需要大量的体力和技巧,因为没有现代化的设备和机器,全靠手工操作。缫丝工人们将丝线缠绕在木制的丝框上,形成丝束,再将其晾干。这个过程需要严格的操作规程和精湛的技艺,以确保丝线的质量和光泽。

图 2-1　古人养蚕场景

在古代,缫丝的过程通常在家庭作坊中完成,如图 2-2 所示。每个家庭都拥有一口专门用于缫丝的锅或釜,以及一些简单的工具,如索绪帚、丝框等。在缫丝之前,家庭成员们会准备好所需的工具和材料,然后将蚕茧放入锅中,加入适量的水和碱,煮沸后提取蚕丝。接下来,将丝线缠绕在丝框上,进行晾干。这个过程需要技巧和耐心,以确保丝线的质量和光泽。

织绸是将缫丝得到的丝线进一步加工成丝绸面料的过程。古人利用简单的织机,通过梭口的开合和丝线的交织,将丝线织成精美的丝绸面料。这个过程不仅需要熟练的织工和精细的丝线,同时还需要配合各种染料和印染技术,以制作出各种颜色和图案的丝绸面料。

在古代,织绸的过程通常在家庭作坊中完成。织绸所使用的织机通常是由家庭成员自制或从市场上购买。织工们先将丝线穿过梭口,再利用脚踏板控制织机的运转,将丝线交织成丝绸面料。这个过程需要精湛的手艺和技巧,以确保丝绸面料的质地和光泽。

制衣则是将丝绸面料缝制成各种服饰,如衣服、裙子、裤子等。在这个环节中,熟练的裁缝和绣工利用精湛的技艺,将丝绸面料缝制成各种华丽的服饰,展

图 2-2　古人缫丝场景

现出丝绸的独特魅力。这些服饰不仅在外观上精美绝伦,而且在舒适度和耐用性方面也表现出色。

　　除了家庭手工业外,也存在一些集体作坊和官营作坊。在汉代以前,丝绸生产主要由家庭手工业承担,生产规模较小。到了汉代,随着纺织技术的进步和对外贸易的发展,丝绸生产逐渐由家庭手工业向集体作坊和官营作坊发展。官营作坊的生产规模较大,通常由政府直接管理,主要生产高质量的丝绸供皇室和贵族使用。这些官营作坊拥有先进的纺织工具和设备,以及熟练的工人和技术人员,能够生产出大量高质量的丝绸。

　　在古代的蚕桑丝绸产业中,对外贸易也扮演着重要的角色。中国丝绸因其独特的品质和精美的工艺而享有盛誉,成为了重要的出口商品之一。通过丝绸之路等贸易路线,中国与欧亚大陆各国进行了广泛的贸易往来。丝绸的出口不仅带动了中国的经济发展,也加强了中国与世界各国的文化交流和友好关系。

　　此外,在古代的蚕桑丝绸产业中,还有许多与丝绸生产相关的文化活动。例如,在唐代,有许多诗人写下赞美丝绸的诗句,表达了对丝绸的热爱和对丝绸产业的关注。同时,刺绣、织锦等与丝绸相关的艺术作品和工艺品也不断涌现。这些文化活动不仅丰富了人们的精神生活,也彰显了丝绸文化的独特魅力。

总的来说,古代的蚕桑丝绸产业是一个充满智慧和创造力的行业。它不仅为中国经济的发展作出了重要贡献,还成为中国文化与世界交流的重要媒介。通过丝绸这一独特的商品,古代中国向世界展示了其高超的技艺和独特的文化魅力。同时,这个产业也带动了农业、纺织业、商业等相关领域的发展,充分地体现了古代中国人民的勤劳和智慧。

2.1.2 近代的蚕桑丝绸产业

随着工业革命的推进,机器生产逐渐取代了手工劳动,源远流长的蚕桑丝绸产业也开启了现代化发展的征程。19 世纪中叶,中国引入机械缫丝设备,这标志着蚕桑丝绸产业迈向机械化的新起点。这一变革大幅提高了生产效率,显著降低了生产成本,为机械化、规模化生产奠定了坚实的基础。机械化引进的显著成效,促使丝绸产量大增,满足了国内外市场的需求。

在这一时期,蚕桑丝绸产业的发展得到了政府的强力支持。政府积极推广机械化生产,鼓励农民种植桑树和养蚕,为产业发展提供了强大的保障。同时,政府还创立了专门的蚕桑学校和丝绸学院,培养专业的蚕桑丝绸人才,为产业的持续发展提供了人才支持。

除了政府的支持,蚕桑丝绸产业还与科技创新紧密相关。20 世纪 50 年代,中国开始自主研发缫丝机和织绸机,逐步实现丝绸生产的机械化,如图 2-3 所示。这些自主创新的机器不仅提升了生产效率,还显著降低了工人的劳动强度,改善了工人的工作环境。丝绸生产的机械化推动蚕桑丝绸产业的迅速发展,使丝绸出口成为国民经济的重要支柱。

在这个时期,蚕桑丝绸产业的发展还与社会经济的进程紧密相连。随着城市化的推进,许多农民逐渐脱离了农业生产,转而投入工业和商业领域。作为当时重要工业之一的蚕桑丝绸产业吸引了大量农民前往城市就业,这不仅推动了城市化的进程,也改善了农民的生活条件。此外,蚕桑丝绸产业的发展还促进了相关产业链的拓展。从桑树种植到丝绸生产,再到纺织、印染、服装等下游产业,形成了庞大的产业链。这些产业之间的相互促进和支持,共同推动了近代中国经济的发展。

此外,近代的蚕桑丝绸产业还具有一定的文化意义。作为中国传统文化的重要组成部分,蚕桑丝绸文化得到了传承和弘扬。许多与蚕桑丝绸相关的传统文化活动和艺术作品得以保留和传承,成为了中国文化的重要组成部分。

图 2-3　机械织布机

在工业革命的影响下,近代的蚕桑丝绸产业经历了机械化、自动化、信息化的过程。随着科技创新的不断推进,机械化设备和生产技术不断升级和完善,提高了生产效率和产品质量。同时,对外贸易的扩大也促进了丝绸产业的国际化发展。

随着国际贸易的扩大和多边贸易体系的建立,蚕桑丝绸产业也需要适应国际市场的需求和规则。为了提高产品竞争力,加强品牌宣传和市场营销成为了重要的策略。国际合作和交流也促进了技术水平和创新能力的提升。在这个时期,社会结构和人口分布的变化也对蚕桑丝绸产业产生了影响。随着城市化的进程加速,城市人口增长迅速,消费需求也随之增加。这对蚕桑丝绸产业的销售市场和产品定位提出了新的挑战和机遇。同时,随着国内外旅游业的兴起,蚕桑丝绸文化也得到了更广泛的传播和推广。

总的来说,近代中国蚕桑丝绸产业在工业革命的推动下,经历了一段充满挑战与创新的发展过程,这一过程凝聚了无数人的心血,展现了一个产业在科技革新下所焕发的崭新魅力。在这段历史进程中,各级政府、企业、学术界和社会各界在政策支持、技术投入、理论研究和实践探索等方面投入了极大的热情与努力,共同推动了中国蚕桑丝绸产业的现代化进程,让这一传统产业焕发出新的活力与生机,还以其独特的文化与经济价值,为中国经济和社会发展做出了重要的贡献,成为中国走向世界的重要窗口。

为了更好地了解近代蚕桑丝绸产业的发展状况,本节从以下几个方面进行深入分析。

(1)市场需求与竞争:随着城市化进程的加快和人们生活水平的提高,对丝绸产品的需求逐渐增加。丝绸制品成为当时社会上层人士身份和地位的象征,市场需求不断扩大。同时,来自印度、日本等国家的丝绸产品竞争也日益激烈,对中国的蚕桑丝绸产业形成了挑战。

(2)技术创新:在工业革命的推动下,机器生产逐渐取代手工劳动,促进了蚕桑丝绸产业的机械化进程。从引进机械缫丝设备到自主研制缫丝机和织绸机,技术的进步为产业发展提供了强大动力。此外,化学染料、人造纤维等新技术的发展也影响了蚕桑丝绸产业的生产方式和产品品质。

(3)农村经济发展:蚕桑丝绸产业的发展与农村经济发展密切相关。政府鼓励农民种植桑树和养蚕,推动了农村工业化和城市化进程。同时,丝绸生产和销售也成为当地农民的主要收入来源,对农村经济起到了积极的推动作用。

(4)国际贸易与外交关系:随着对外贸易的扩大,丝绸出口逐渐成为国民经济的重要支柱。中国的丝绸贸易伙伴包括欧洲、美国、日本等国家和地区。通过国际贸易,中国的蚕桑丝绸产业得以拓展市场,加强了与世界各国的经济联系。同时,贸易摩擦和外交关系也对蚕桑丝绸产业的发展产生了影响。

(5)社会文化影响:作为中国传统文化的重要组成部分,蚕桑丝绸文化在社会中得到了传承和弘扬。许多与蚕桑丝绸相关的艺术作品、文学作品和习俗活动得以保留和传承。此外,蚕桑丝绸产业的发展也改变了社会结构和人口分布,推动了城市化进程。

通过对近代蚕桑丝绸产业的深入分析,可以更好地理解该产业对中国经济和社会发展的贡献,以及其在现代化进程中所扮演的角色。同时,也有助于认识工业革命时期的社会、经济、文化变化对蚕桑丝绸产业的影响,以及该产业在应对挑战和机遇时所采取的策略和措施。这对于制定现代蚕桑丝绸产业的发展策略,促进产业的持续发展和创新具有重要意义。

近代蚕桑丝绸产业的发展不仅对中国经济和社会发展起到了重要作用,也对世界经济和文化产生了积极影响。通过国际贸易,中国的蚕桑丝绸产品远销海外,受到世界各地人们的喜爱。同时,中国的蚕桑丝绸文化也传播到了世界各地,对其他国家的文化产生了影响。

然而,近代蚕桑丝绸产业的发展也面临着一些问题和挑战。随着工业化进程的加快,机器生产逐渐取代手工劳动,传统的手工丝绸制作技艺逐渐失传。

同时,化学染料和人造纤维的兴起也对蚕桑丝绸产业形成了竞争,导致丝绸产品的市场竞争力下降。

为了应对这些挑战,现代蚕桑丝绸产业需要注重保护和传承传统技艺,同时加强技术创新和产品研发。政府和社会各界也应加大对蚕桑丝绸产业的支持与投入,推动产业的发展与升级。此外,加强国际合作和交流,共同应对丝绸产业的全球性问题,也是现代蚕桑丝绸产业发展的重要方向。

总之,近代蚕桑丝绸产业是中国经济发展的重要支柱之一,对世界经济和文化也产生了重要影响。通过深入了解其发展历程和背景,可以更好地认识现代蚕桑丝绸产业所面临的机遇和挑战,制定出符合时代要求的发展策略和措施。

2.1.3　现代的蚕桑丝绸产业

进入 21 世纪,蚕桑丝绸产业已成为集农业、工业、服务业于一体的综合性产业,成为全球经济中不可或缺的一部分。现代蚕桑丝绸产业不仅是传统文化的传承,还融合了现代科技的发展,不断实现创新和进步。

在农业领域,现代蚕桑丝绸产业已广泛采用先进的种植技术,这些技术包括精确的基因编辑和智能化的植物工厂。这些高科技的引入让桑树的品质得到了显著的提高,使桑树的生长质量和产量有了质的飞跃。基因编辑技术是一种颠覆性的技术,它可以通过精确地改变植物的基因组,使其具备更强的抗病性、适应性和生长速度。这些特性使得桑树能够更好地应对外界环境,提高了桑树的生长质量和产量。而植物工厂则是一种模拟自然环境的农业生产方式,它通过精确控制光照、温度、湿度等环境因素,为桑树提供了最佳的生长环境,进一步提高桑树的生长效率和产量。此外,随着科技的快速发展,农业机器人和无人机等智能化设备已广泛应用于桑树的种植和管理中。这些智能化设备可以自动完成种植、灌溉、施肥、病虫害防治等农业活动,极大地提高了桑树的种植和管理效率。例如,农业机器人可以进行精确的播种和施肥,降低人工劳动强度和时间成本;而无人机则可以进行快速的病虫害监测和防治,减少了农药的使用量和环境污染。这些高科技的引入不仅提高了农业生产的效率,而且也有助于保护环境和节约资源。通过精确的基因编辑和植物工厂技术,可以减少农药的使用量和环境污染,从而保护生态环境。同时,农业机器人和无人机的应用也可以减少人工劳动的强度和时间成本,从而节约人力资源和能源资源。现代蚕桑丝绸产业的高科技化发展不仅可以提高生产效率,还可以实现可持续发展的目标。通过这些高科技的引入,可以期待一个更加绿色、高效、可持续的农业未来。

在工业领域,传统的蚕桑丝绸产业已成功引入一系列先进的自动化设备以及智能制造技术。在这个过程中,生产过程从原始的手工生产转变为现代化的数字化和智能化的生产,旨在提高生产效率,降低工人的劳动强度,并且提高产品的质量。首先,数字化技术的应用,使生产过程实现了数字化和智能化,从而大大提高了生产效率,降低了工人的劳动强度。这在缫丝过程中体现得尤为明显,传统的缫丝过程往往需要人工进行烦琐的操作,而数字化技术的应用,则使得这一过程得以精准控制。通过数字化技术,可以实现对缫丝过程的精准控制,从而提高丝绸的品质,如图 2-4 所示。例如,通过数字化技术,可以精确地控制缫丝的速度、温度等关键参数,确保丝绸的品质始终保持在一个稳定的状态。这不仅提高了丝绸的品质,也使得丝绸的生产更加规范化和标准化。其次,智能制造技术的应用,使丝绸的织造过程得以自动化。传统的丝绸织造过程往往需要大量的人工操作,而智能制造技术的应用,则实现了丝绸的自动化织造,显著提高了生产效率。例如,通过智能制造技术,可以实现丝绸的自动化织造、染色、印花等过程,大大减少了人工操作的需要,同时也提高了丝绸的生产速度。现代蚕桑丝绸产业的自动化设备和智能制造技术的引入,不仅提高了生产效率,降低了工人的劳动强度,还提升了产品的质量。

图 2-4　自动缫丝机

在服务业领域,现代蚕桑丝绸产业正与旅游业、文化创意产业等其他多元化领域进行深度且富有创新的融合。这种融合共同打造出一系列独具特色的丝绸文化体验旅游产品,这些产品不仅向游客淋漓尽致地展现了丝绸的制作技艺和丰富的历史文化,同时还提供了一种全新的、富有乐趣的旅游体验方式。在这些丝绸文化体验旅游产品的核心部分,游客能够全方位、多维度地亲身参与丝绸的制作过程,如养蚕、缫丝、织绸等重要环节。通过这一过程,游客不仅可以全面了解丝绸的制作过程,更能够细致地感受到丝绸制作技艺的独特魅力和工艺美学。这种亲身参与的体验方式,无疑能加深游客对蚕桑丝绸文化的理解和认识,让他们更加深刻地领会并欣赏这一珍贵的传统文化。除此之外,现代蚕桑丝绸产业还通过文化创意产品的开发,将丝绸元素与时尚设计完美结合,赋予了传统蚕桑丝绸产业新的生命力。这些文化创意产品不仅保留了丝绸的传统元素,同时也融入了现代的设计思维和创新理念,使得丝绸产品既具有传统的韵味,又不失时尚的气息。这种将传统与现代完美融合的创新设计方式,无疑为蚕桑丝绸产业的发展注入了新的活力,也为消费者提供了更多的选择和可能。总的来说,现代蚕桑丝绸产业的服务业发展正以多元化、创新性的方式展现其独特的魅力,无论是通过提供丝绸文化体验旅游产品,还是通过文化创意产品的开发,都在推动着蚕桑丝绸文化的传承和发展,满足消费者对于个性化、高品质生活的追求。

随着科技的不断发展,现代蚕桑丝绸产业引进了生物技术、新材料技术、数字化技术等高新技术,提高了丝绸产品的品质和生产效率。

在生物技术方面,现代蚕桑丝绸产业正迎来一场具有深远影响的革命性变革。借助最先进的基因编辑技术,目前已成功实现对蚕基因进行精确的改良和优化,从而培育出抗病性强、产丝量高的优质蚕种。这种技术的成功应用,不仅能够显著提高丝绸的生产效率,还能够极大地提升丝绸的品质和价值。基因编辑技术可精确修改生物基因序列,通过改变蚕基因,赋予蚕更强的抗病能力,从而提升丝绸的产量和质量。与此同时,基因编辑技术还能有效地缩短蚕的生长周期,进一步提高丝绸的生产效率。这些优质的蚕种不仅能够满足市场对高品质丝绸的需求,也能为蚕桑丝绸产业的可持续发展提供强大的支持。此外,生物技术还为开发新型丝绸生产原料提供更多可能。例如,利用酵母来生产丝绸蛋白,这种方法既环保又高效,还能够大幅度降低丝绸生产的成本。同时,还可利用昆虫养殖蚕蛹,这种方法不仅可以解决蚕蛹的食品安全问题,还能为丝绸生产提供丰富的原料来源。这些新技术的应用,不仅极大地提高了丝绸产品的品质和多样性,还能有效地降低生产成本。

在新材料技术方面,现代蚕桑丝绸产业在科技飞速发展的推动下,已经取得了显著的突破,成功开发出新型的丝绸材料,如功能性丝绸、智能丝绸等。这些新型丝绸材料不仅保持了丝绸传统的优良特性,还满足消费者对丝绸产品功能性的个性化需求。其中,功能性丝绸是一种新型的丝绸材料,它具有很强的防水、防污、透气和保暖特性。这种材料的研发成功,能使丝绸产品在各种恶劣环境下都能保持良好的性能,满足了消费者对丝绸产品的高品质需求。例如,在雨天,功能性丝绸制成的衣物能够有效地阻挡水分渗透,保持穿着者的身体干爽;在户外活动时,功能性丝绸制成的服装能够有效地抵御污渍和异味,保持衣物整洁;在寒冷的冬季,功能性丝绸制成的衣物能够有效地保暖。其次,智能丝绸是一种新型的丝绸材料,它具有智能化的特性。这种材料的出现,使丝绸产品与现代科技相结合,为消费者带来更加便捷和舒适的体验。例如,智能丝绸制成的衣物可以根据环境温度自动调节保暖性能,使消费者在不同季节都能感受到适宜的温度;智能丝绸制成的家居用品可以根据人体舒适度自动调节柔软度,为消费者带来舒适的生活体验。同时,新型丝绸材料的出现也推动了丝绸产品的设计和创新。设计师们可以利用这些新型材料的特点,创造出更加独特和时尚的丝绸产品,满足不同消费者的审美需求。此外,新型丝绸材料的出现也为蚕桑丝绸产业注入新的活力,促使企业加大研发投入,不断提升产品质量和技术水平,以适应市场的不断变化和发展。现代蚕桑丝绸产业在新材料技术方面的突破,为消费者带来了更加实用和美观的丝绸产品,同时也为蚕桑丝绸产业的持续发展提供了强大的支持。在未来,随着新材料技术的不断进步和应用,有理由相信,蚕桑丝绸产业将继续保持旺盛的生命力,为人们带来更多美好的生活体验。

在数字化技术方面,蚕桑丝绸产业已实现生产过程的全面数字化和智能化转型。这种转变不仅大幅提升了生产效率,还显著提高了产品的质量和稳定性。其背后的关键原因是,数字化技术让每一个生产环节都能被精准控制。从种植桑树、养育蚕宝宝、搜集蚕茧、织造丝绸到染色等各个环节,都可以借助先进的数字化设备来实现精准操作。这样一来,不仅减少了人为因素对生产过程的影响,还使得生产过程更加规范、标准,从而提高了产品的质量和稳定性。另一方面,大数据和人工智能技术在蚕桑丝绸产业中的应用也至关重要。企业通过利用这些技术,可更准确地预测市场需求和分析市场趋势。通过对大量历史数据的深入挖掘和精细分析,企业可预测未来销售情况,提前做好生产和销售的规划。同时,人工智能技术还可帮助企业更好地理解消费者的需求,从而提供更符合市场需求的产品和服务。此外,数字化和智能化技术还能提高生产和销售的效率。例如,通过自动化的设备和系统,企业可以在短时间内完成大量的生产任务;通过智能化的销售管理系统,企业可以更快速地响应市场变化,提高销售效率。总之,蚕桑丝绸产业的数字化和智能化转型带来了显著效益,为企业在激烈的市场竞争中取得优势奠定了坚实基础。

现代蚕桑丝绸产业通过数字化技术和智能化技术的运用,实现了生产过程的优化和升级,提高了产品的质量和稳定性,同时也提高了生产和销售的效率。除了在农业、工业和服务业等方面的综合性发展,现代蚕桑丝绸产业还积极拓展国际市场,参与国际竞争。通过与国际同行业交流合作,引进国外先进的技术和设备,提高产品的质量和竞争力。同时,中国的蚕桑丝绸文化也逐渐走向世界,成为了中国传统文化的重要代表之一。现代蚕桑丝绸产业已发展成一个集农业、工业、服务业于一体的综合性产业。通过引进高新技术、形成完整产业链、拓展国际市场等措施,现代蚕桑丝绸产业不断提高产品质量和生产效率,为国民经济和社会发展做出了重要贡献。同时,现代蚕桑丝绸产业的发展也面临着一些挑战和问题。例如,环境污染、资源消耗、劳动力成本上升等问题对蚕桑丝绸产业的可持续发展提出了挑战。此外,随着科技的进步,消费者的需求也在不断变化,对蚕桑丝绸产品的品质和功能提出了更高的要求。

为了应对这些挑战和问题,现代蚕桑丝绸产业需要进一步加强科技创新,推动产业升级和转型。例如,可以利用新材料技术研发环保、可持续的丝绸产品,满足消费者对环保、可持续的需求。同时,可以通过数字化技术提高生产效率、降低成本,提高产品的竞争力。此外,现代蚕桑丝绸产业还需要加强品牌建设和市场推广,提高消费者对蚕桑丝绸产品的认知和认可度。可以通过文化创意活动、时尚展览等方式,将蚕桑丝绸文化与时尚设计相结合,吸引消费者的关注。同时,也可以通过社交媒体等渠道,与消费者互动,提高品牌影响力和市场竞争力。为促进现代蚕桑丝绸产业的可持续发展,还需要加强环保意识和社会责任。可以通过推广环保理念和技术,降低生产过程中的环境污染和资源消耗。同时,也可以通过促进就业、扶持农村经济发展等方式,履行社会责任,推动社会的可持续发展。在拓展国际市场方面,现代蚕桑丝绸产业需要进一步加强对国际市场的研究和了解,掌握国际贸易规则和市场需求。可以通过建立国际营销网络、参加国际展览等方式,提高产品的知名度和竞争力,进一步拓展国际市场。此外,在现代蚕桑丝绸产业的转型升级过程中,还需加强人才培养和科技创新。可以通过建立人才培养机制、加强科技研发等方式,提升产业技术水平和创新能力,为产业的转型升级提供有力支撑。同时,现代蚕桑丝绸产业还需要加强与其他相关产业的合作和交流。可以通过与纺织、服装、家居等产业的合作,共同研发新产品、新技术,推动相关产业的协同发展。另外,现代蚕桑丝绸产业还可以与文化旅游产业相结合,开发出更多的文化旅游产品。例如,结合当地的蚕桑丝绸文化,开发丝绸制作体验、蚕桑文化探索等旅游项目,吸引更多的游客前来体验和了解蚕桑丝绸文化。此外,现代蚕桑丝绸产业还可以借助互联网和电子商务平台,拓展新的销售渠道和市场。可以通过建立自有电商平台或者与现有的电商平台合作,在线销售蚕桑丝绸产品,突破地域限制,拓展更广阔的市场。在产品质量和安全性方面,现代蚕桑丝绸产业需要严格控制生产过程和质量标准,确保产品的质量和安全性。可以通过建立质量管理体系、加强质量监督和检测等方式,提高产品质量和安全,赢得消费者的信任和认可。最后,现代蚕桑丝绸产业还需要加强国际合作与交流,共同应对全球化的挑战与机遇。可以通过与国外蚕桑丝绸产业的企业、协会、研究机构等进行交流合作,共同研发新技术、新产品,开拓国际市场,推动全球蚕桑丝绸产业的共同发展。

因此,现代蚕桑丝绸产业需要不断创新和进步,应对各种挑战和机遇,通过加强科技创新、品牌建设、市场推广、国际合作等方面的努力,推动产业的可持续发展,为国民经济和社会发展做出更大的贡献。

2.1.4 蚕桑丝绸产业的现状

蚕桑丝绸产业不仅是中国具有深厚历史文化底蕴的传统优势产业,也是21世纪低碳绿色可持续发展的特色民生产业。自20世纪70年代以来,中国一直是世界上最大的茧丝生产国和茧丝绸商品出口国,近几年中国茧、丝产量更是占据世界总产量的75％和85％左右。通过持续推动蚕桑丝绸"四新"(新品种、新技术、新装备、新模式)科技成果的转化与推广,中国蚕桑丝绸产业提质增效成果显著,生产技术的进步成为全要素生产率提升的核心动力。在全球蚕桑丝绸产业中,中国在规模和影响力上均居领先地位,占据了全球生丝出口量的80％以上。江苏、浙江、四川、广西等省份作为中国蚕桑丝绸产业的主要产地,孕育出了一批优秀的丝绸企业,共同推动了中国在全球蚕桑丝绸市场的繁荣发展。图2-5所示为蚕桑丝绸产业链。

在当前的全球化市场中,中国的蚕桑丝绸产业作为特色传统优势产业,拥有着悠久的历史和丰富的经验。自古以来,中国就以蚕桑种植和丝绸生产而闻名于世,这种传统技艺代代相传,积累了丰富的经验和技艺。凭借得天独厚的自然条件和人力资源,中国的蚕桑丝绸产业在技术创新、产品质量、生产效率等方面都处于全球领先地位。然而,中国的蚕桑丝绸产业也面临着许多机遇和挑战。其中,机遇主要包括以下几点。

(1)市场需求不断增长:随着全球消费者对高品质、环保、可持续的产品需

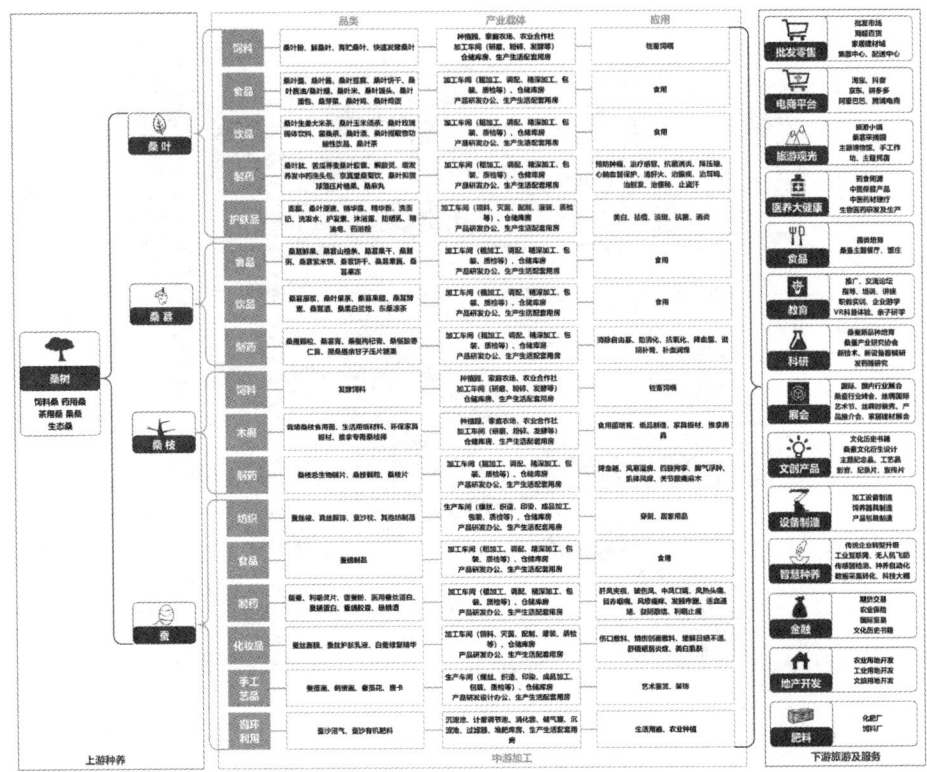

图 2-5　蚕桑丝绸产业链

求的不断增加,蚕桑丝绸产品受到了越来越多的关注和青睐。在当今社会,人们对健康生活的追求以及对环境保护的关注日益增强,这使得蚕丝制品成为一种备受追捧的天然绿色产品,如图 2-6 所示。同时,蚕桑丝绸产品的独特质感和优良性能也使其在市场上具有竞争优势,吸引了越来越多的消费者。因此,蚕桑丝绸产业的市场需求呈现出持续增长的趋势,为企业带来了广阔的发展空间。

　　(2) 技术创新:随着科技的不断进步,蚕桑丝绸产业也在不断创新和发展。新技术的应用为蚕丝制品的生产带来了革命性的变革。例如,现代化的养蚕设备和工艺可以提高养蚕的效率和质量,降低生产成本,如图 2-7 所示的是自动上蔟机和快速摘茧机,为现代化设备的典型代表;而先进的加工工艺则可以实现丝绸产品的多功能化、个性化、智能化等,使产品更符合消费者的需求。此外,数字化技术的应用也为蚕桑丝绸产业的生产和销售提供了更多的可能性,例如,通过电商平台进行线上销售、利用大数据分析消费者需求等。这些技术创新为蚕桑丝绸产业的发展带来了新的机遇,推动了产业的升级和转型。

图 2-6　各类蚕丝制品

图 2-7　自动上蔟机和快速摘茧机

（3）文化旅游：蚕桑丝绸文化是中国传统文化的重要组成部分，具有悠久的历史和深厚的底蕴。随着文化旅游的兴起，蚕桑丝绸产业可以与旅游业相结合，推动产业的发展和文化的传承。一方面，蚕桑丝绸产业可以作为旅游资源的一部分，吸引游客前来参观、体验和购买相关产品。通过打造特色景点、举办相关活动等方式，可以提升蚕桑丝绸产业的知名度和影响力，进一步拓展市场空间。另一方面，文化旅游也可以促进蚕桑丝绸文化的传承和发展。通过展示传统养蚕技艺、丝绸制作工艺等活动,可以让更多的人了解和认识蚕桑丝绸文化的魅力,从而培养对传统文化的兴趣和保护意识。这种文化与产业的良性互动将为蚕桑丝绸产业的发展注入新活力。

在全球化的市场中,中国的蚕桑丝绸产业面临着诸多挑战。这些挑战主要来自资源环境、劳动力成本和产品质量等方面。

(1) 资源环境:蚕桑丝绸的生产需要大量的土地、水资源和能源。然而,随着中国人口的增长和经济的发展,资源的供给日益紧张,环境的承载能力也受到限制。这对蚕桑丝绸产业的可持续发展提出了更高的要求。为了应对这一挑战,中国需要加大投入,推动技术创新,提高资源利用效率。通过研发和应用先进的农业科技手段,如精确施肥、节水灌溉等,可以降低生产过程中的资源消耗和环境污染,实现绿色生产和可持续发展。同时,可以探索新型的蚕桑丝绸生产方式,以减少对传统资源的依赖。例如,推广有机种植技术,培育适应干旱、盐碱等恶劣条件的蚕桑品种,从而提高产业的可持续性。

(2) 劳动力成本:随着中国劳动力成本的上升,一些劳动密集型的蚕桑丝绸产业正在向其他国家和地区转移。这给中国的蚕桑丝绸产业带来了一定的冲击。为了应对这一挑战,中国需要加强人才培养和引进。通过提高教育质量,培养更多的专业人才,提升劳动者的技能水平和综合素质。同时,改善工作环境和待遇也是吸引优秀人才加入蚕桑丝绸产业的关键。此外,还可以通过自动化、智能化技术的应用,提高生产效率和产品质量。引入先进的生产设备和智能化生产线,减少对人工的依赖,降低生产成本。通过科技创新和技术升级,能够提高产业的竞争力,抵御来自国际市场的竞争压力。

(3) 产品质量:尽管中国的蚕桑丝绸产品质量不断提高,但仍然存在着质量不稳定、标准不统一等问题。为了提高产品质量稳定性和标准统一性,中国需要建立完善的质量控制体系。加强质量检测和监督,确保产品符合相关标准和法规的要求。推广先进的生产技术和设备,提高生产效率和产品质量。同时,通过品牌建设和市场推广,来提高消费者对蚕桑丝绸产品的认知和认可度。加强对蚕桑丝绸产品的宣传和推广活动,增加消费者的信任和忠诚度。此外,还可以加强行业内的交流和合作,共同制定和推行质量标准和行业规范。通过行业协会和企业的合作,形成统一的行业标准,提高产品质量和信誉度。

为了应对这些挑战和机遇,中国的蚕桑丝绸产业需要不断创新和发展。首先,应加强技术研发和创新能力,推动产业升级和转型。例如,可以利用生物技术和新材料技术,开发出新型的丝绸产品和应用领域,提高产品的附加值和市场竞争力。同时,政府、企业和社会各界也需要加强合作,共同推动蚕桑丝绸产业的可持续发展,利用数字化技术提高生产效率和质量稳定性。其次,加强质量控制和管理,提高产品的稳定性和质量一致性。通过品牌建设和市场推广,提升消费者对蚕桑丝绸产品的认知和认可度。此外,与其他国家和地区的合作和交流,共同推动蚕桑丝绸产业的可持续发展。

除了技术创新和市场拓展外,中国的蚕桑丝绸产业还需要注重人才培养和文化建设。作为一项传统产业和文化,蚕桑丝绸产业需要传承和发扬中国传统文化和技艺,同时也需要吸引更多的年轻人加入这一行业。为此,可建立人才培养机制,加强文化传承和创新,提升蚕桑丝绸产业的文化内涵和吸引力。应对环保和资源限制挑战时,中国的蚕桑丝绸产业需注重可持续发展,推广环保理念和技术,降低生产过程中的环境污染和资源消耗。例如,推广使用可再生资源、节能减排等技术,实现绿色生产。

在拓展国际市场方面,中国的蚕桑丝绸产业需要加强国际合作和交流。通过与国外蚕桑丝绸企业、研究机构和行业协会的合作,共同研发新技术,新产品,开拓新市场,推动全球蚕桑丝绸产业的共同发展。此外,通过参加国际展览、举办国际会议等方式,可以有效提升中国蚕桑丝绸产业的国际知名度和影响力。另外,为了提高蚕桑丝绸产业的竞争力,还可以采取一些措施,如加强品牌建设、提高产品质量、推广先进技术、优化产业结构等。例如,通过注册商标、申请专利等方式保护知识产权,提高品牌价值和竞争力。同时,引进先进的生产技术和设备,提高生产效率和产品质量。此外,还可以通过优化产业结构,实现资源的优化配置和产业的转型升级,提高蚕桑丝绸产业的竞争力和可持续发展能力。政府也可以采取一些措施支持蚕桑丝绸产业的发展。例如,提供财政资金支持、出台相关政策法规、建立产业园区等。制定鼓励蚕桑丝绸产业发展的相关政策,如税收优惠、贷款支持等,为产业发展提供有力的政策保障。同时,建立蚕桑丝绸产业园区,提供良好的基础设施和公共服务,吸引更多的企业和投资者进入该产业。

所以,中国的蚕桑丝绸产业在面临着许多挑战和机遇的同时,也需要不断创新和发展。通过加强技术研发、质量控制、品牌建设、国际合作和人才培养等方面的工作,推动产业的转型和升级,实现可持续发展,为国民经济和社会发展做出更大的贡献。政府和社会各界也应加强对蚕桑丝绸产业的关注和支持,共同推动该产业的健康发展。

在现代社会中,蚕桑丝绸产业面临着多方面的挑战和机遇。一方面,随着人们生活水平的提高和消费观念的转变,对丝绸产品的需求逐渐增加,蚕桑丝绸产业展现出广阔的市场前景。另一方面,随着环保、健康等意识的增强,蚕桑丝绸产业也需要不断改进生产工艺,提高产品质量和环保性能,以适应市场需求的不断变化。

此外,随着数字化技术、新材料技术等高新技术的发展,蚕桑丝绸产业也将迎来更多的技术革新和产业升级机遇。例如,数字化技术可以用于丝绸设计、制造和营销等环节,提高生产效率和产品品质;新材料技术可以开发出新型丝绸材料,拓展丝绸在航空、医疗等领域的应用。

蚕桑丝绸产业作为中华民族的传统产业,经历了不同的发展阶段,如今已发展成为集农业、工业、服务业于一体的综合性产业。虽然仍面临着多方面的挑战和机遇,但随着技术的不断进步和市场的不断扩大,蚕桑丝绸产业将继续保持稳定的发展态势,为中华民族的经济发展和文明传承做出重要贡献。

2.2　新工科教育的发展背景与内涵

随着世界科技的快速发展,新经济时代的到来,传统工科教育已难以满足国家经济发展的需要。为了适应这一变化,中国高等教育开始积极探索和研究新工科教育。新工科教育是一种新型的教育理念和方法,旨在培养具备创新精神和实践能力的高素质复合型人才,以适应和引领未来科技和产业的发展。

2.2.1　新工科教育的发展背景

传统工科教育注重理论知识的传授,而新工科教育更加注重实践能力和创新精神的培养。在当前经济环境下,国家需要大量具备创新能力和实践能力的高素质人才来推动经济发展和科技进步。因此,新工科教育的出现是时代发展的必然结果。

新工科教育的兴起也与国家战略紧密相连。党的十九大报告提出了"加快一流大学和一流学科建设,实现高等教育内涵式发展"的目标。新工科教育正是为实现这一目标而开展的,它是高等教育内涵式发展的重要组成部分,也是建设创新型国家、实现科技强国梦的重要举措。

自 20 世纪 80 年代以来,中国的高等工程教育经历了从仿照苏联的工科教育模式,到借鉴欧美发达国家的经验,再到探索具有中国特色的工程教育模式的发展历程。在此过程中,中国初步建立了具有中国特色的工程教育体系,并逐步形成了自己的优势和特色。然而,随着世界科技的飞速发展和新经济时代的到来,传统工科教育存在的问题逐渐显现,主要表现在以下几个方面。

(1)重理论传授,轻实践操作。传统工科教育过于注重理论知识的传授,而忽视了学生的实践能力和操作技能的培养。这种教育模式导致了学生缺乏实践经验,难以适应实际工作的需要。

在传统的工科教育中,理论知识的学习被视为最重要的部分。教师们通常会花费大量的时间和精力讲解理论知识,而实践活动则往往被视为次要的任务。这种情况在一些高校中仍然存在。

(2)缺乏创新精神的培养。传统工科教育往往只注重学生对已有知识的掌握,而忽视了对学生创新思维和创新意识的培养。这种教育模式导致学生缺乏创新能力和创新意识,难以适应未来科技和产业的发展。

在传统的工科教育中,学生通常是在已有的知识框架下进行学习和实践,缺乏对未知领域的探索和尝试。这种情况限制了学生的创新能力和意识的发展。

(3)缺乏多学科交叉融合。传统工科教育往往只注重单一学科的发展,而忽视了多学科交叉融合的重要性。这种教育模式导致学生知识面狭窄,难以适应复杂多变的科技和产业环境。

在传统的工科教育中,学科之间的界限非常明确,不同学科往往会有各自的理论体系和课程设置。这种情况限制了学生的知识面和适应能力的发展。

为了解决这些问题,中国高等教育开始进行新工科教育的探索和研究。新工科教育旨在培养具备创新精神和实践能力的高素质复合型人才,以适应和引领未来科技和产业的发展。

2.2.2 新工科教育的内涵

新工科教育内涵丰富,它注重创新精神与实践能力的双重培养,强调多学科交叉融合的思维方式,秉承以学生为中心的教学理念,推行与产业紧密对接的实践教学,追求国际化发展的广阔视野。同时,新工科教育也积极拥抱科技革新,将大数据技术与人工智能技术应用于教学环节与科研实践,以提升教育质量和效率。更为重要的是,新工科教育着重培养可持续发展理念,致力于引导学生关注社会、环境与经济的协调发展,为未来的工程领域注入更多的绿色与智慧。新工科教育的内涵主要包括以下几个方面,如图 2-8 所示。

1. 创新精神的培养

创新是推动科技和经济发展的重要动力,也是实现国家发展和民族复兴的

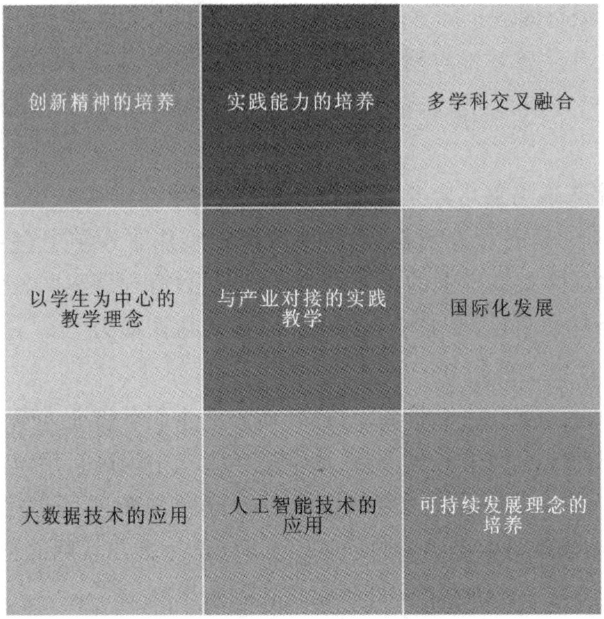

创新精神的培养
实践能力的培养
多学科交叉融合
以学生为中心的教学理念
与产业对接的实践教学
国际化发展
大数据技术的应用
人工智能技术的应用
可持续发展理念的培养

图 2-8 新工科教育的内涵

重要手段。新工科教育作为培养未来工程师的主要途径,注重培养学生的创新思维和意识,鼓励学生进行创新实践和探索,从而培养出具备创新精神和实践能力的高素质人才。下面将详细阐述新工科教育如何培养学生的创新精神,如图 2-9 所示。

开设创新课程
营造创新氛围
开展创新实践活动
培养学生创新精神
跨学科合作
采用探究式学习方式

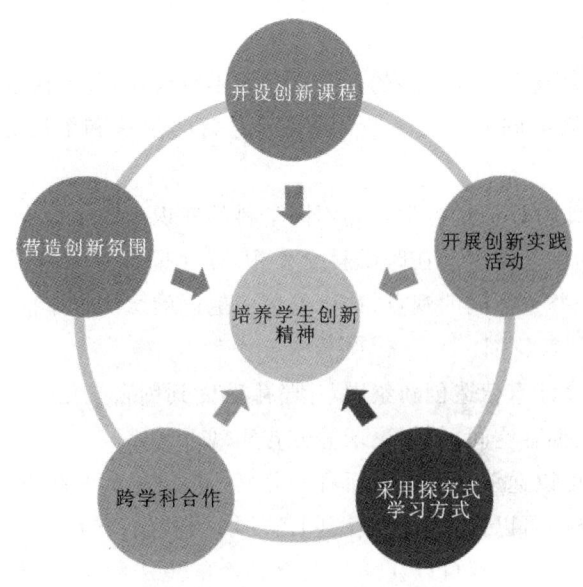

图 2-9 学生创新精神的培养

（1）开设创新课程

新工科教育注重开设与创新相关的课程,培养学生创新思维。这些课程包括创新设计、创新实践、创新项目管理等,旨在培养学生的创新思维和创新能力。

创新设计课程注重培养学生的设计思维,让学生学会从用户角度出发,以解决问题为中心,进行设计创新;创新实践课程则注重让学生在实践中学习创新,通过实际操作,提高学生的创新能力;创新项目管理课程则教会学生如何组织和管理一个创新项目,培养学生的团队领导和协调能力。

（2）开展创新实践活动

新工科教育注重开展创新实践活动,如大学生创新创业大赛、科研项目等。这些活动可以为学生提供实践机会,让学生在实践中提高自己的创新能力。

创新创业大赛可以让学生有机会展示自己的创新项目,并获得资金和支持,进一步推动创新的实施;科研项目则可以让学生参与教师的科研工作,了解科研的过程和方法,培养学生的科研能力和创新思维。

（3）采用探究式学习方式

新工科教育采用探究式学习方式,让学生在教师的引导下自主学习和思考。这种学习方式可以培养学生的批判性思维和发现问题、解决问题的能力。

探究式学习让学生主动探索问题,通过分析问题、收集资料、实验验证等手段,找到解决问题的办法。这种学习方式可以激发学生的创新思维,培养他们的创新能力,使他们具备批判性思维和解决问题的能力。

（4）鼓励跨学科合作

新工科教育鼓励不同学科的学生进行跨学科合作,共同探索问题。这种合作可以让学生从不同的角度看待问题,产生新的想法和解决方案,进而实现创新。

跨学科合作可以让学生学习到不同学科的知识和思维方式,拓宽他们的视野,增强他们的创新能力。在跨学科合作中,学生需要学会与不同背景的人合作,学会理解和尊重不同的观点,这也能培养他们的团队合作精神和沟通能力。

（5）营造创新氛围

新工科教育注重营造创新氛围,让学生感受到创新文化的熏陶。可以通过举办创新讲座、创客空间、创新论坛等方式实现。

创新讲座可以邀请成功的创新者来分享他们的经验和故事,激发学生的创新热情;创客空间可以提供学生实践创新的场所和设备,让学生有机会亲手实现自己的创意;创新论坛可以让学生交流创新的想法和经验,形成一个创新的交流平台。

　　总之,新工科教育通过开设创新课程、开展创新实践活动、采用探究式学习方式、鼓励跨学科合作、营造创新氛围等多种方法,培养学生的创新精神和创新能力,为国家的经济发展和科技进步做出贡献。

2. 实践能力的培养

　　实践能力是新工科人才的核心能力之一。实践能力不仅仅是指动手操作的能力,更包括解决实际问题的能力、创新能力和项目管理能力等多方面的能力。新工科教育强调实践能力的培养,旨在使学生在掌握理论知识的同时,能够将所学知识应用于实际问题的解决中,具备解决复杂工程问题的实践能力。为了实现这一目标,新工科教育采用多种方法加强实践能力的培养,如图 2-10所示。

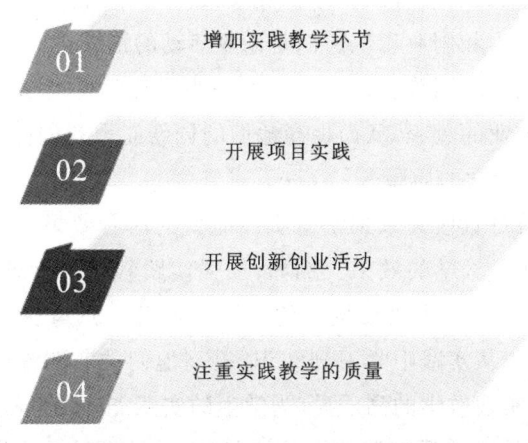

01　增加实践教学环节

02　开展项目实践

03　开展创新创业活动

04　注重实践教学的质量

图 2-10　培养实践能力的方法

　　(1) 增加实践教学环节

　　新工科教育强调实践教学,通过增加实践教学环节,让学生参与实际项目的开发和实施,提高学生的实践操作能力。实践教学可以采用多种形式,如实验、课程设计、实习等。实验是一种重要的实践教学形式,可以帮助学生深入理解工程技术的基本原理和方法。在实验中,学生可以亲自动手操作,观察实验现象,分析实验数据,加深对工程技术的理解。课程设计是一种综合性的实践教学形式,可以将理论知识与实践相结合,让学生通过解决实际问题来提高实践能力。在课程设计中,学生需要自主设计、实施和总结一个实际项目,从而培养其独立思考和解决问题的能力。实习则可以让学生亲身参与实际项目的开发和实施,了解工程项目的基本流程和技能要求。在实习过程中,学生可以通过观察、参与和完成任务等方式,学习实际工作的技能和方法。

(2) 开展项目实践

新工科教育注重开展项目实践,鼓励学生以团队的形式自主完成一个实际项目,这样不仅可以培养他们的项目管理和团队协作能力,同时也可以让他们在实际操作中体验到团队合作的乐趣。在项目实践中,学生需要自主策划、组织、实施项目,这个过程可以让他们深刻理解到项目管理的复杂性和难度,同时也可以提高他们的团队协作能力和解决问题的能力。这种实践方式可以让学生深入了解工程项目的实际运作方式,培养其项目管理能力和团队协作能力,为未来的职业生涯打下坚实的基础。

(3) 开展创新创业活动

新工科教育还鼓励学生进行创新创业实践。创新创业不仅可以提高学生的创新能力和创业意识,还可以让他们在实践中学习创新和创业的方法,从而提高他们的创新能力和创业意识。创新创业活动的形式也非常多样,包括创业大赛、创新项目、创业培训等。这些活动都是为了让学生能够在实际操作中学习和体验创新和创业的过程,从而提高他们的创新能力和创业意识。

(4) 注重实践教学的质量

实践教学的质量直接关系到学生实践能力的培养效果。新工科教育采用多种方法来提高实践教学的效果。例如,加强实践教学的管理,建立完善的实践教学评价体系,以及加强实践教学的师资力量等。只有保证实践教学的质量,才能让学生真正从实践中学习到知识,提高他们的实践操作能力。通过这些措施,可以确保实践教学的高质量,为学生的实践能力培养提供有力保障。

总之,新工科教育注重实践能力的培养,它采用多种方法提高学生的实践能力,使其具备解决实际问题的能力。这些措施的实施可以增强学生的实践能力和创新能力,提高其就业竞争力,为国家的经济发展和科技进步做出贡献。

3. 多学科交叉融合

新工科教育注重多学科交叉融合,通过不同学科的交叉融合,形成新的学科方向和科研领域。这种交叉融合可以拓展学生的知识面,增强学生的综合素质,提高学生在未来科技和产业中的竞争力。为了实现多学科交叉融合,新工科教育采用了多种方法。

(1) 开设跨学科课程,让学生可以跨专业、跨学科选课和学习,从而拓展学生的知识面,增强学生的综合素质。

(2) 开展跨学科研究项目,鼓励学生参与多个学科的联合研究,培养学生的跨学科能力。

（3）建立跨学科平台，为学生提供跨学科学习和研究的场所，促进不同学科之间的交流和合作，推动跨学科的发展。

通过以上方法，新工科教育旨在实现多学科交叉融合，形成新的学科方向和科研领域，提高学生在未来科技和产业中的竞争力。

4. 以学生为中心的教学理念

新工科教育采用以学生为中心的教学理念，注重学生的个性发展和自主学习。通过引导学生开展探究式学习、合作学习、自主学习，培养学生的自主学习能力和合作学习能力，进而提升学生的学习效果和综合素质。为了更好地实现以学生为中心的教学理念，新工科教育采用了多种方法。

（1）采用探究式学习方式，让学生在教师的引导下自主学习和思考，培养学生的批判性思维和发现问题、解决问题的能力。

（2）开展合作学习，让学生以团队形式共同完成一个项目或任务，培养学生的团队合作和沟通能力。

（3）为学生提供多样化的学习资源和指导，注重学生的个性发展，培养学生的自主学习能力和自我发展能力。

通过以上方法，新工科教育旨在实现以学生为中心的教学，提高学生的学习效果和综合素质，为学生的未来发展打下坚实的基础。

5. 与产业对接的实践教学

新工科教育注重与产业对接的实践教学，通过与企业合作建立实践基地、开展实践教学等，让学生了解产业发展的最新动态和市场需求，增强学生的实践能力和就业竞争力。为了加强与产业对接的实践教学，新工科教育采用了多种方法。

（1）与企业合作建立实践基地，让学生亲身参与企业的实际生产和运营，了解企业的生产实际和市场需求，从而增强学生的实践能力和就业竞争力。

（2）开展实践教学，组织学生参与实际项目的开发和实施，提高学生的实践操作能力和项目经验，增强实践能力和就业竞争力。

（3）开展创新创业活动，引导学生进行创新创业实践，培养学生的创新能力和创业意识。

通过以上方法，新工科教育旨在提高学生的实践能力和就业竞争力，为国家的经济发展和科技进步做出贡献。

6. 国际化发展

新工科教育注重与国际接轨，推动国际化发展。这一发展理念旨在将新工科教育打造成具有全球视野和国际影响力的工程技术人才培养中心，为国家的经济发展和科技进步做出更大的贡献。如图 2-11 所示是新工科教育国际化发展的途径。

1 与国际知名高校、企业合作

2 引进国际先进课程和教学资源

3 提升学生的国际视野和跨文化交流能力

4 参与国际合作项目和竞赛

5 推动中国科技和教育的国际化发展

图 2-11 国际化发展途径

（1）与国际知名高校、企业合作

我国新工科教育积极与国际知名高校、企业合作，引进国际先进课程和教学资源。通过与国际合作伙伴的交流与合作，我国新工科教育可以引入国际上最新的教学理念和课程资源，从而提高教学质量和水平。同时，这种合作也能促进中外学生的交流和互动，增强学生的跨文化交流能力。

在合作方面，新工科教育采用了多种形式，如联合研究、学生交流、教师互访等。通过这些合作，新工科教育可以与国际知名高校、企业建立紧密的联系，共同研究和解决前沿科技问题。此外，这种合作还能为学生提供更多的实践和就业机会，提高学生的就业竞争力。

（2）引进国际先进课程和教学资源

我国新工科教育引进国际先进课程和教学资源，能让学生接触到国际化的知识和技能，拓宽学生的国际视野，提升其跨文化交流能力。这些课程和资源包括国际前沿的科技研究成果、国际标准的工程教育课程、国际优秀的教材和参考文献等。通过引进这些课程和资源,新工科教育能够培养出具有全球视野和国际竞争力的工程技术人才。

在课程和资源的选择上,新工科教育注重引进国际上最新、最先进的课程和资源。例如,新工科教育引进了一些国际知名的工程教育课程,如 CDIO、PBL 教学模式等,这些课程注重培养学生的创新思维和实践能力,契合新工科教育的培养目标。同时,新工科教育也引进了一些国际优秀的教材和文献,这些资源具有很高的学术价值和实用性,有助于学生更好地理解和掌握工程技术的核心知识。

(3) 提升学生的国际视野和跨文化交流能力

在经济全球化和科技国际化的背景下,跨文化交流已经成为不可或缺的能力。因此,新工科教育注重提升学生的国际视野和跨文化交流能力。通过开设国际化课程、引进国际化教材和文献、开展中外学生交流活动等方式,提高学生的跨文化交流能力,培养学生的国际视野。

为了提高学生的国际视野和跨文化交流能力,新工科教育采取了多种措施。例如,开设了国际化课程,如国际商务、跨文化沟通等,帮助学生了解不同文化背景下的商业和社会环境。同时,新工科教育还开展了中外学生交流活动,如文化体验、语言学习等,让学生更好地了解不同文化背景下的生活方式和思维方式。通过这些措施,新工科教育能够提升学生的跨文化交流能力和国际视野,为学生的未来发展奠定坚实的基础。

(4) 参与国际合作项目和竞赛

新工科教育积极拓展国际合作,参与国际合作项目和竞赛,推动中国科技和教育的国际化发展。通过参与国际合作项目,共同研究前沿科技问题,提升中国的科技水平。通过参与国际竞赛,展示中国工程技术成果,提升国际影响力。

在国际合作方面,新工科教育取得了显著成果。例如,参与了欧盟框架计划、中美清洁能源合作等国际知名项目,这些项目汇聚了多国家科研机构和企业,促进了不同文化和背景的科研人员之间的交流与合作。同时,新工科院校的团队也参加了国际数学建模竞赛、国际机器人设计竞赛等,展示了中国的工程技术成果,提升了中国在国际上的影响力。

(5) 推动中国科技和教育的国际化发展

新工科教育推动中国科技和教育的国际化发展,这是国家战略的必然要求。通过引进国际先进课程和教学资源、提高学生的国际视野和跨文化交流能力、参与国际合作项目和竞赛等方式,促进中国科技和教育水平的提高,推动中国在经济全球化和科技国际化中的发展。

总之,新工科教育的国际化发展是一项重要的任务。通过与国际知名高校和企业合作、引进国际先进课程和教学资源、提升学生的国际视野和跨文化交流能力、参与国际合作项目和竞赛等措施,新工科教育致力于培养出具有全球视野和国际竞争力的工程技术人才,为国家的经济发展和科技进步做出更大的贡献。同时,新工科教育的国际化发展也需要政府、高校、企业等各方面的支持和配合,共同推动中国科技和教育水平的提高。

7. 大数据技术的应用

新工科教育对于大数据技术的应用尤为注重,这不仅是因为大数据技术在许多科技和产业领域中扮演着越来越重要的角色,更是因为新工科教育致力于培养具有创新精神和实践能力的未来工程师。为了实现这一目标,新工科教育方案纳入了大量与大数据技术相关的课程和实践项目。

在科技和产业领域,大数据技术的应用已经成为不可或缺的一部分。新工科教育紧跟时代步伐,及时将大数据技术纳入教学体系,为培养学生的大数据技能提供了宝贵的机会。通过开设相关课程和实践项目,学生可以了解大数据的基本原理和方法,掌握大数据技术的实际应用,为未来的科技和产业发展做好准备。

在深入探讨大数据技术的应用之前,需要先了解什么是大数据。大数据是指规模巨大、结构复杂、数量众多的数据集合。这些数据来自于各种不同的数据源,如社交媒体、电子商务、物联网、传感器等。大数据的特点包括数据规模巨大、数据类型多样、数据产生速度快以及数据价值密度低。这些特点使得大数据在处理和分析方面面临着巨大的挑战。如图 2-12 所示是大数据技术的典型应用场景。

1)商业分析

商业领域是大数据技术应用最为广泛的领域之一。通过大数据分析,企业可以更好地了解市场和顾客需求,掌握市场趋势,精准定位目标客户,制定营销策略,优化业务流程和管理决策。商业分析包括顾客分析、市场趋势分析、竞争对手分析、业务流程分析等,为企业提供决策支持,提高决策的科学性和准确性。在商业领域中,大数据技术广泛应用于销售分析、营销策略制定、供应链管理、客户关系管理等各个方面。

2)医疗健康

医疗领域是大数据技术应用的重要领域之一。通过大数据分析,医疗机构

图 2-12　大数据技术的典型应用场景

可以更好地了解疾病的发展趋势和治疗效果,开展个性化医疗和精准治疗,为疾病预防、诊断和治疗提供支持。医疗健康大数据包括患者数据、疾病数据、医疗资源数据等,通过数据挖掘和分析,提高医疗质量和效率,优化医疗资源的配置和管理。在医疗领域中,大数据技术可用于疾病预测、个性化治疗、健康管理、医疗资源规划等各个方面。

3）交通管理

交通领域是大数据技术应用的另一个重要领域。通过大数据分析,交通管理部门可以更好地了解交通流量和路况信息,预测交通拥堵和事故的发生,优化交通规划和调度,提高交通效率和安全性。交通大数据包括交通流量数据、路况数据、车辆数据等,通过数据挖掘和分析,实现智能交通管理和调度,提高交通效率和安全性。在交通领域中,大数据技术可用于交通规划、交通调度、交通安全预警等各个方面。

4）能源管理

能源领域是大数据技术应用的另一个重要领域。通过大数据分析,能源管理部门可以更好地了解能源生产和消耗情况,预测能源需求和价格的变化趋势,优化能源规划和调度,提高能源利用效率和管理水平。能源大数据包括能源生产数据、能源消耗数据、价格数据等,通过数据挖掘和分析,可以实现能源的智能管理和调度,提升能源利用效率和管理水平。在能源领域中,大数据技术可用于能源生产优化、能源消耗预测、能源价格预测等各个方面。

5）环境监测

环境领域是大数据技术应用的另一个重要领域。通过大数据分析,环境监测和管理部门可以更好地了解环境状况和变化趋势,预测环境风险和污染情况,及时采取措施进行保护和治理。环境大数据包括环境监测数据、气象数据、污染数据等,通过数据挖掘和分析,实现环境的智能监测和管理,为环境保护和治理提供决策支持。在环境领域中,大数据技术可用于环境监测、污染预警、气候变化预测等各个方面。

6) 金融投资

金融领域是大数据技术应用的一个重要领域。通过大数据分析,金融机构可以更好地了解市场趋势和投资者行为,预测市场变化趋势,为投资决策提供支持。金融大数据包括市场数据、投资者数据、金融产品数据等,通过数据挖掘和分析,实现投资的风险管理和收益优化,提高投资决策的科学性和准确性。在金融领域中,大数据技术可用于风险管理、投资组合优化、客户分群等各个方面。

7) 科学研究

科学领域是大数据技术应用的一个重要领域。通过大数据技术的分析和模拟,科学家可以更好地了解自然现象、生物系统和人文社会等复杂系统的规律和特征,推进科学研究的进展。科学大数据包括实验数据、观测数据、文献数据等,通过数据挖掘和分析,实现科学的发现和创新,推动科学研究的进步和发展。在科学研究领域中,大数据技术可用于气象预测、生物信息分析、社会科学研究等各个方面。

除了以上几个领域,大数据技术还可以应用于其他领域,如教育、文化、体育、安全等。例如,在教育领域,大数据技术可用于学生个性化教育、课程效果评估等各个方面;在文化领域,大数据技术可用于文化遗产保护、文化活动策划等各个方面;在体育领域,大数据技术可用于运动员训练效果评估、比赛策略制定等各个方面;在安全领域,大数据技术可用于网络安全监测、犯罪活动预防等各个方面。总之,大数据技术的应用范围非常广泛,涵盖了各个领域,为人类社会的发展和进步提供了强有力的支持。

了解大数据技术的应用范围后,接下来将探讨一下大数据技术的实际应用。

(1) 商业领域的大数据应用

商业领域的大数据应用已成为现代企业运营中不可或缺的一部分。企业通过大数据分析,可以更好地了解市场和顾客需求,优化业务流程和管理决策,提高运营效率和竞争力。以下将进一步详细介绍商业领域的大数据应用实例。

① 精准营销：精准营销是指企业通过收集和分析大量客户数据，了解顾客的消费习惯和需求，从而实现精准营销，提高营销效果和客户满意度。具体而言，企业可以通过分析顾客的购买记录、浏览记录、搜索记录等数据，了解顾客的需求和偏好，进而向顾客推送个性化的广告和服务。此外，企业还可以通过分析顾客的评价和反馈，及时发现和解决顾客的问题和不满，提高顾客满意度和忠诚度。例如，电商企业可以通过分析用户的购买记录、浏览记录等数据，向用户推荐相关产品，提高用户购买率和满意度；银行可以通过分析用户的信用记录、消费记录等数据，向用户推荐信用卡、贷款等产品，提高用户转化率和满意度。

② 决策支持：决策支持是指企业通过大数据分析市场趋势和竞争对手情况，为决策者提供科学依据，提高决策的科学性和准确性。具体而言，企业可以通过分析市场销售数据、消费者购买行为等数据，预测市场趋势和未来发展方向，为决策者提供科学依据和决策支持。此外，企业还可以通过分析竞争对手的产品特点、价格等数据，了解竞争对手的优势和劣势，制定有针对性的竞争策略和措施，提高市场占有率和盈利能力。例如，零售企业可以通过分析市场销售数据、消费者购买行为等数据，制定销售策略和库存管理策略，提高销售业绩和库存周转率；制造企业可以通过分析竞争对手的产品特点、价格等数据，制定产品研发策略和价格策略，提高市场占有率和盈利能力。

③ 流程优化：流程优化是指企业通过大数据分析业务流程和运营数据，发现存在的问题和瓶颈，从而进行流程优化，提高业务效率和降低成本。具体而言，企业可以通过分析业务流程的数据流向、流程节点、时间成本等数据，发现业务流程中的问题和瓶颈，进行流程优化和改进。此外，企业还可以通过分析运营数据，发现运营中的问题和浪费情况，进行针对性的优化和改进，提高运营效率和降低成本。例如，物流企业可以通过分析运输路线、车辆调度等数据，优化运输流程和降低运输成本；制造业可以通过分析生产流程、设备运行数据等数据，发现生产瓶颈和设备故障问题，提高生产效率和产品质量。

除了以上几个应用实例，商业领域的大数据应用还包括客户关系管理、供应链管理、市场营销策略制定等方面。例如，在客户关系管理中，企业可以通过分析客户投诉、服务记录等数据，发现和解决客户问题，提高客户满意度和忠诚度；在供应链管理中，企业可以通过分析供应链的运作数据、库存水平等数据，优化供应链的运作和管理，降低成本和提高效率；在市场营销策略制定中，企业可以通过分析市场趋势、消费者需求和竞争对手情况等数据，制定针对性的营销策略和措施，提高市场占有率和盈利能力。

总之,商业领域的大数据应用已深入到企业的各个领域和环节,为企业的发展和竞争提供了强有力的支持和保障。未来,随着技术的不断进步和应用场景的不断扩展,商业领域的大数据应用将会更加广泛和深入,为企业的发展和竞争提供更加有力的支持和保障。

(2)医疗领域的大数据应用

医疗领域的大数据应用是一个充满挑战和机遇的领域。随着医疗数据的不断积累和大数据技术的不断发展,医疗领域的大数据应用正在逐渐改变传统的医疗方式和流程,为医疗机构提供更好的疾病预防、精准医疗和医疗管理等方面的支持和保障。

① 疾病预防:疾病预防是医疗领域大数据应用的重要方向之一。通过对大量健康数据的分析,医疗机构能够预测疾病的发生趋势,提前采取预防措施,从而减少疾病的发生和传播。例如,通过对历史病例数据、气象数据、环境数据等进行分析,可以预测流感等疾病的爆发时间和传播途径,及时采取预防措施,减少疾病的发生和传播。此外,通过对个人健康数据的分析,可以预测个人患病的风险,提供个性化的预防建议和健康管理方案,提高个人的健康水平和预防能力。在疾病预防方面,大数据技术可以发挥重要作用。例如,通过分析公共卫生数据、病例数据和社交媒体数据,研究人员可以预测传染病的发生和传播趋势,及时采取预防措施。另外,基于健康数据和人口统计学数据,可以建立模型预测疾病暴发的时间和地点,提前进行预防和控制。

② 精准医疗:精准医疗是指基于患者的基因、生活习惯等数据,为患者提供个性化的诊疗方案,提高治疗效果和患者满意度。通过对患者的基因数据进行检测和分析,医疗机构可以了解患者的基因特点和疾病风险,进而为患者提供有针对性的药物选择和诊疗方案。例如,某些药物可能对某些患者有效,但对其他患者则无效。通过基因检测和分析,可以根据患者的基因特点选择合适的药物和治疗方案,提高治疗效果和患者满意度。除了基因数据,精准医疗还可以基于患者的生活习惯、健康状况、患病历史等数据进行分析和挖掘,提供个性化的健康管理和诊疗方案。例如,针对慢性病患者,基于其生活习惯、健康状况和患病历史等数据,可以为其提供个性化的饮食、运动和药物治疗方案,提高治疗效果和生活质量。

③ 医疗管理:医疗管理是指通过对医疗资源和业务流程的数据分析,优化医疗资源的配置和管理,提高医疗效率和质量。通过对医院的患者流量、床位使用率、医生工作效率等数据的分析,可以优化医院的床位配置和管理,提高医院的运营效率和患者满意度。此外,通过对医生的诊断效率和误诊率等数据的

分析,可以优化医生的诊疗流程和技能水平,提高医疗质量和效率。在医疗管理方面,大数据技术还可以用于医疗资源管理和规划。例如,通过对历史病例数据和医疗资源的分析,可以优化医疗资源的配置和管理,提高医疗效率和质量。此外,通过对医疗政策数据的分析,可以优化医疗政策的制定和实施,提高医疗保障水平和效率。

除了以上几个方面,医疗领域的大数据应用还包括医疗安全、医疗支付、医疗科研等方面。通过对医疗数据的分析,可以发现和解决医疗安全问题,保障患者的安全和权益。通过对医疗支付数据的分析,可以优化医疗支付方式和政策,提高医疗保障水平和效率。通过对医疗科研数据的分析,可以推进医学研究和科技创新,为医疗事业的发展和进步提供支持和保障。

总之,医疗领域的大数据应用已成为现代医疗事业发展的重要趋势和方向。随着大数据技术的不断进步和应用场景的不断扩展,医疗领域的大数据应用将会更加广泛和深入,为医疗事业的发展和进步提供更加有力的支持和保障。

(3) 交通领域的大数据应用

交通领域是大数据技术应用的另一个重要领域。通过大数据分析,交通管理部门可以更好地了解交通流量和路况信息,优化交通规划和调度,提高交通效率和安全性。以下是一些交通领域的大数据应用实例。

① 交通预测:通过对历史交通数据和实时交通信息的分析,预测交通拥堵和事故的发生,提前采取措施进行疏导和调度。

② 智能交通管理:通过对交通数据的实时监测和分析,实现信号灯的智能控制和交通流量的优化调度,提高交通效率和安全性。

③ 公共交通优化:通过对公共交通线路和班次的数据分析,优化公交线路和班次安排,提高公共交通的便利性和效率。

(4) 能源领域的大数据应用

能源领域也是大数据技术应用的另一个重要领域。通过大数据分析,能源管理部门可以更好地了解能源生产和消耗情况,优化能源规划和调度,提高能源利用效率和管理水平。以下是一些能源领域的大数据应用实例。

① 智能电网管理:通过对电力需求和供应数据的实时监测和分析,实现电力的智能调度和分配,提高电力供应的稳定性和效率。

② 能源预测:通过对历史能源数据和实时能源信息的分析,预测能源需求和价格的变化趋势,提前进行能源采购和调度。

③ 能源优化:通过对工业和居民用电数据的分析,优化能源的使用和管

理,降低能源消耗和成本。

(5) 环境领域的大数据应用

环境领域同样是大数据技术应用的另一个重要领域。通过大数据分析,环境监测和管理部门可以更好地了解环境状况和变化趋势,预测环境风险和污染情况,及时采取措施进行保护和治理。以下是一些环境领域的大数据应用实例。

① 环境监测:通过对环境监测数据的实时分析和处理,及时发现环境异常和污染情况,保障环境安全和人民健康。

② 气候变化预测:通过对历史气候数据和实时气候信息的分析,预测气候变化趋势和影响,为应对气候变化提供科学依据和决策支持。

③ 生态保护:通过对生态数据的监测和分析,了解生态系统状况和变化趋势,为生态保护和恢复提供决策支持。

(6) 金融领域的大数据应用

随着金融市场的不断发展和金融业务的日益复杂,金融机构对于数据的处理和分析需求也在不断增加。大数据技术的出现为金融行业提供了更好的支持和保障,使得金融机构能够更好地了解市场动态和客户需求,优化产品和服务,提高经营效率和客户满意度。以下将详细介绍金融领域的大数据应用。

① 风险管理与合规:在金融领域中,风险管理与合规是非常重要的工作。金融机构需要对市场风险、信用风险、操作风险等多种风险进行管理和控制,同时也需要遵守各种法规和规定。大数据技术可以为金融机构提供更好的支持和保障。通过分析历史交易数据和外部数据,金融机构可以构建模型预测未来的市场走势和风险,进行风险管理和控制。例如,利用大数据技术可以对股票市场进行预测和分析,帮助投资者做出更加明智的投资决策。同时,大数据技术也可以用于合规和反洗钱等方面,通过数据挖掘和分析,发现可疑交易和违规行为,提高金融机构的合规水平和风险控制能力。

② 客户画像与个性化服务:在金融领域中,客户体验至关重要。金融机构需要通过了解客户的投资偏好、消费习惯、风险承受能力等因素,为客户提供个性化的金融服务和产品。通过大数据分析,金融机构可以更加准确地了解客户需求,提供更加贴心的服务。例如,银行通过分析客户的消费行为和投资偏好,提供个性化的信用卡服务和投资理财产品,提高客户满意度和忠诚度。同时,金融机构也可以通过大数据技术对客户进行细分,针对不同的客户群体提供不同的产品和服务。

③ 金融欺诈检测:在金融领域中,欺诈行为是一个普遍存在的问题。欺诈行为不仅会对金融机构造成经济损失,也会影响客户体验和信任度。大数据技

术可以为金融机构提供更好的欺诈检测服务。通过分析大量交易数据和客户行为数据,金融机构可以构建模型检测异常交易和欺诈行为,及时发现和防止欺诈行为。例如,通过分析客户的交易时间和地点等信息,可以检测到可疑的信用卡欺诈行为,及时采取措施保护客户的财产安全。同时,金融机构也可以通过大数据技术对异常交易进行实时监测和分析,及时发现和预防欺诈行为。

④ 信贷与风险管理:在金融领域中,信贷业务是一个非常重要的业务。金融机构需要对借款人的信用等级进行评估,提供合适的贷款方案和利率,降低信贷风险。同时,通过对借款人行为数据的分析,可以及时发现和预防违约行为,提高金融机构的信贷风险控制能力。通过大数据分析,金融机构能够更准确地评估借款人的信用等级和风险水平,从而提供更加合适的贷款方案和利率。同时,通过分析借款人行为数据和还款记录等信息,可以及时发现和预防违约行为,降低信贷风险。

除了以上几个方面,金融领域的大数据应用还包括金融创新、智能投顾、量化投资等方面。通过对大数据的分析和应用,金融机构可以开发出更加智能化、个性化的金融产品和服务,满足客户的需求,提升经营效率和客户满意度。例如,通过大数据技术可以对股票市场进行分析和预测,帮助投资者制定更加科学合理的投资策略,实现资产增值和风险控制。同时,金融机构还可以利用大数据技术对金融市场进行量化分析,开发出更加科学合理的金融产品和服务,满足市场需求。

总之,金融领域的大数据应用已成为金融行业发展的重要趋势和方向。通过大数据技术的不断进步和应用场景的不断扩展,金融领域的大数据应用将会更加广泛和深入,为金融行业的发展和进步提供更加有力的支持和保障。

(7) 科学领域的大数据应用

科学领域是大数据技术应用的一个重要领域。通过使用大数据技术,科学家可以更好地了解自然现象、生物系统以及人文社会等复杂系统的行为和特征。这种技术的应用不仅有助于推进科学研究的进展,还有助于提高对这些系统的理解和掌控。

科学大数据包括实验数据、观测数据和文献数据等,这些数据可以通过数据挖掘和分析来实现科学的发现和创新。例如,通过对实验数据的分析,科学家可以更深入地了解物质的性质和化学反应的机制,从而开发出更有效的药物或新的材料。通过对观测数据的分析,科学家可以了解星系的形态和演化,研究地球的构造和变化,以及生物多样性与环境变化的关系。通过对文献数据的分析,科学家可以了解研究前沿和趋势,从而更好地规划研究方向。

在科学领域中,大数据技术可以应用于许多方面,例如气象预测、生物信息分析、社会科学研究等。

① 气象预测:气象预测是科学研究的一个重要的应用领域。科学家通过使用大数据技术和统计分析方法,可以分析和预测天气变化和气候变化。这种预测不仅有助于农业生产和航空运输等行业的决策,还可以帮助人们更好地规划和应对自然灾害。通过对历史气象数据的分析和挖掘,科学家可以预测未来的降雨量、温度和风速等信息,帮助决策者制定更好的水资源管理和灾害应对策略。例如,一种名为"气候模拟"的技术结合统计方法和物理原理来预测未来的气候变化。通过考虑许多因素,包括温度、湿度、风速、太阳辐射等,这种模拟可以提供关于未来气候可能如何变化的详细信息,有助于决策者制定应对策略,以应对气候变化可能带来的影响。

② 生物信息分析:生物信息分析是科学研究的另一个重要的应用领域。随着生物技术的发展,科学家可以获得大量的生物数据,包括基因组数据、蛋白质组数据和其他生物信息。通过对这些数据的分析和挖掘,科学家可以研究基因的功能和变异,为疾病诊断和治疗提供支持。例如,通过对癌症基因组数据的分析,科学家们发现许多癌症发生发展的关键基因,为癌症的治疗提供了新的思路。通过对大量蛋白质组数据的分析,科学家可以研究蛋白质的功能和相互作用,为药物研发提供支持。

③ 社会科学研究:社会科学研究也是科学研究的一个重要的应用领域。社会科学研究涉及人类社会和行为的各个方面,包括人口统计、社交网络分析、文化研究等。通过对大量数据的分析和挖掘,科学家可以更好地理解社会现象和人类行为。例如,通过对社交网络数据的分析,社会学家可以研究人类社交行为的规律和影响因素,为社交网络的发展和管理提供支持。同时,通过对人口统计数据的分析,社会学家可以研究人口动态与社会经济现象之间的关系,为公共政策制定提供支持。

除了上述应用外,大数据技术在物理学等领域也发挥了重要作用。在粒子物理学中,科学家利用大数据技术分析实验数据,深入地了解基本粒子的性质和相互作用。在复杂系统研究中,大数据技术也被用于分析和理解复杂的物理现象,如流体动力学、热力学和材料科学等。

总之,科学研究领域的大数据应用已成为现代科学研究的重要趋势和方向。随着大数据技术的不断进步和应用场景的不断扩展,科学领域的大数据应用将会更加广泛和深入,为科学的进步和发展提供更加有力的支持和保障。

以上仅列举了一些常见的大数据应用领域和实例,实际上大数据技术的应用远不止这些。随着技术的发展和应用的深入,大数据技术将在更多领域中发挥重要作用。

对于新工科教育而言,注重大数据技术的应用,培养学生掌握大数据分析、挖掘和处理的能力具有重要意义。通过开设相关课程和实践项目,让学生了解大数据的基本原理和方法,掌握大数据技术的实际应用,为未来的科技和产业发展做好准备。同时,新工科教育还应注重培养学生的创新精神和实践能力,让他们在掌握基本技能的基础上,进一步提升其独立思考和创新能力,为未来的职业发展和社会进步做出贡献。随着大数据技术的不断发展和应用,未来的科技和产业将更加依赖于大数据的分析和处理。因此,新工科教育要紧跟时代步伐,不断更新教育内容和方法,培养出更多具备大数据技能和创新精神的未来工程师和科学家。

8. 人工智能技术的应用

新工科教育非常注重人工智能技术的应用,这已成为培养学生掌握其基本原理和方法的重要途径。人工智能技术的广泛应用已经改变了社会生活和工作方式,如图 2-13 所示,展示了人工智能技术产业链。通过开设相关课程和实践项目,学生可以了解人工智能技术在各领域的应用,掌握人工智能技术的核心算法和开发工具,为未来的科技和产业发展贡献力量。

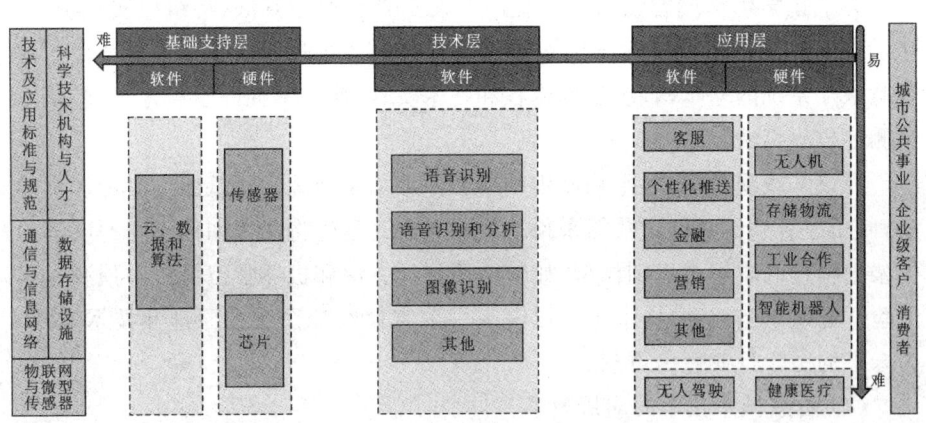

图 2-13　人工智能技术产业链

(1) 自动驾驶技术的应用教学

为了让学生掌握自动驾驶技术的开发工具和核心算法,将开设实践项目,让学生编写自动驾驶程序,并在模拟器上测试和验证。引导学生逐步实现基本的自动驾驶功能,如车道保持、自动泊车等,使其深入了解自动驾驶技术的原理和技术实现。

在该实践项目中,学生将使用 Python 等编程语言编写自动驾驶程序,并用模拟器测试程序的正确性和性能。学生将学习如何使用传感器数据来感知环境,如何运用控制算法来实现车辆的自主驾驶,以及如何借助深度学习模型来识别道路标记和障碍物等。通过该实践项目,学生可以了解自动驾驶技术的核心算法和开发工具,提高解决实际问题的能力。

（2）智能制造技术的应用教学

为了让学生掌握智能制造系统的开发工具和核心算法,将组织实践项目,让学生设计智能制造系统方案,并在实际生产环境中进行验证。该项目将引导学生了解智能制造系统的基本构成、工作流程和技术实现,使其掌握工业机器人控制技术、生产调度算法等核心算法。

在该实践项目中,学生将使用工业机器人和控制设备来设计智能制造系统方案,并运用生产调度算法优化生产流程。学生将学习如何使用工业机器人进行自动化操作,如何运用传感器来监测生产过程的数据,以及如何运用优化算法调整生产流程。通过该实践项目,学生可以深入了解智能制造系统的原理和技术实现,为未来的科技和产业发展做好准备。

（3）智慧医疗技术的应用教学

为了让学生掌握智慧医疗系统的开发工具和核心算法,将组织实践项目,让学生设计智慧医疗系统方案,并在实际医疗环境中进行验证。引导学生了解智慧医疗系统的基本构成、工作流程和技术实现,使其掌握医学影像识别、疾病预测等核心算法。

在该实践项目中,学生将使用医学影像数据来训练和测试医学影像识别模型,使用患者病历和健康数据来预测疾病风险。学生将学习如何使用深度学习框架来构建医学影像识别模型,如何运用统计方法和机器学习算法来预测疾病风险。通过该实践项目,学生可以深入了解智慧医疗系统的原理和技术实现,为未来的医疗行业做出贡献。

（4）智慧城市技术的应用教学

为了让学生掌握智慧城市系统的开发工具和核心算法,将组织实践项目,让学生设计智慧城市系统方案,并在实际城市环境中进行验证。引导学生了解智慧城市系统的基本构成、工作流程和技术实现,使其掌握城市交通管理、安防监控等核心算法。

在该实践项目中,学生将使用城市交通数据和安防监控数据来设计智慧城市系统方案。学生将学习如何使用数据挖掘和分析技术来监测城市交通状况,如何运用人工智能算法来优化城市交通流量,如何使用人脸识别和智能监控技术来实现安防监控。通过该实践项目,学生可以深入了解智慧城市系统的原理和技术实现,为未来的城市发展做出贡献。

(5) 其他领域的应用教学

除了上述领域,人工智能技术在许多其他领域也有广泛的应用。为了让学生了解这些应用的核心算法和开发工具,将组织实践项目和案例分析,让学生在实际操作中更好地理解和应用人工智能技术,提高解决实际问题的能力。例如,可以引导学生设计智能客服系统,通过运用自然语言处理技术实现自动回复和问题解答;还可以引导学生设计智能推荐系统,通过数据挖掘和分析技术实现个性化的内容推荐。

为了加深学生对人工智能技术的理解,还可邀请行业专家进行讲座和交流,让学生了解最新的技术动态和应用场景,拓宽其视野和知识面。同时,还将鼓励学生参与各种人工智能相关的竞赛和项目,通过实际操作和团队合作,进一步提高他们的技能和经验。

此外,还将开设跨学科的课程,如人工智能伦理和社会影响等,让学生了解人工智能技术的伦理和社会影响,以及如何合理地应用人工智能技术。通过这些课程和实践项目,可以培养学生掌握人工智能技术的核心算法和开发工具,让他们为未来的科技和产业发展做出贡献。同时,也将注重培养学生的创新能力、团队合作能力和解决实际问题能力,使其成为未来人工智能领域的优秀人才。

9. 可持续发展理念的培养

新工科教育越来越注重学生的全面发展,其中一个重要的方面就是可持续发展理念的培养。为了让学生更好地了解可持续发展的基本理念和方法,许多新工科高校已经将可持续发展相关课程列入了必修课程,旨在帮助学生掌握可持续发展的技术和方法,培养具有社会责任感和环保意识的新时代人才。

(1) 可持续发展理念的培养目标

学生可持续发展理念的培养目标如图 2-14 所示,主要包括以下几个方面。

① 社会责任感:让学生认识到自己在社会中的责任和角色,了解自己的行为对社会和环境的影响,从而培养学生对社会和环境问题的关注和重视。

在课程中增加社会责任感教育的内容,通过讲座、案例分析、小组讨论等形式,让学生深入理解社会责任感的重要性和内涵。同时,可以邀请具有社会责任感的企业家、社会活动家等作为嘉宾,向学生分享他们的经验和见解。

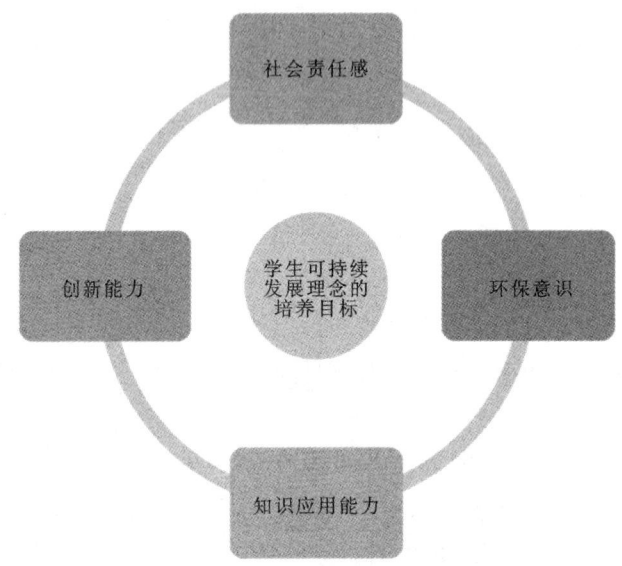

图 2-14　学生可持续发展理念的培养目标

组织学生参与社会实践活动,如志愿者服务、社区服务等,让学生在实践中了解社会问题和需求,增强他们的社会责任感和关注度。这些活动可以包括环保行动、社区建设、关爱弱势群体等,让学生在实践中感受到自己的社会责任。

通过校企合作、实习实训等方式,让学生深入了解企业的社会责任和可持续发展理念,培养他们的企业社会责任意识和可持续发展的价值观。

② 环保意识:让学生了解环境保护的重要性,掌握环境保护的基本知识和技能,培养学生的环保意识和生态素养。

在课程设置中增加环境保护的相关内容,如环境科学、生态学等,通过课堂教学、实地考察等方式,让学生了解自然环境的特征和保护环境的重要性。同时,可以邀请环保领域的专家学者进行讲座,让学生了解最新的环保理念和技术。

组织学生参与环保实践活动,如垃圾分类、植树造林、环保宣传等,让学生通过实践体验环境保护的重要性和意义,培养他们的环保意识和生态素养。这些活动可以包括校园环保行动、参加地方环保项目等。

加强校园文化建设,通过环保主题的宣传活动、讲座等,让学生在日常生活中了解环保信息和文化,培养他们的环保意识和生态素养。可以通过开设环保主题的展览、组织环保电影放映等方式实现。

③ 知识应用能力:让学生掌握可持续发展的基本原理和方法,了解可持续

发展的技术和工具,能够将所学知识应用到实际生活中去。

在课程设置中增加可持续发展的相关内容和技术讲座,引导学生掌握可持续发展的基本原理和方法,了解可持续发展的技术和工具。这些内容可以包括能源与环境、资源利用、循环经济等方面的知识。同时,可以开设相关选修课程,邀请行业专家授课,分享最新的可持续发展理念和技术应用。

组织学生参与实践项目和实践基地建设,让他们通过实践将所学知识应用到实际生活中,培养学生的知识应用能力和实践能力。这些活动可以包括实习、社会实践、课题研究等。鼓励学生参与教师的科研项目或自主开展创新性研究项目,让学生在实践中提高自己的综合素质和能力。

鼓励学生参与校企合作和产学研合作项目,引导他们了解企业的可持续发展技术和方法,拓展学生的视野和应用能力。可以通过与企业合作开展实践教学活动、组织学生参观企业现场、了解企业的可持续发展措施和实践经验、与企业合作进行实习或就业推荐等方式实现,从而将学生的知识应用能力与实际工作相结合,提高他们的综合素质和应用能力。

④ 创新能力:培养学生的创新意识和创新能力,通过实践探索新的解决方案,推动可持续发展的创新。这不仅能让学生具备不断超越和自我完善的能力,以适应不断变化的环境和社会需求,也是培养新时代人才的核心素养之一。

开设创新思维和创新方法的课程和讲座,引导学生培养创新意识和创新思维模式。例如,可以开设创新设计、创业实践等课程,通过案例分析、小组讨论等方式培养学生的创新思维和创业实践能力。这些课程可以包括创新理论、创新实践、创业计划等方面的内容,激发学生的创新潜力和兴趣。

组织学生参与创新创业实践活动,例如创新创业大赛、创新实验室等,让学生通过实践探索新的解决方案,推动可持续发展的创新。同时,可以鼓励学生参加各类创新创业竞赛和活动,如"挑战杯"创新创业大赛、"互联网＋"大学生创新创业大赛等,为学生提供更多的实践机会和平台。这些活动可以激发学生的创新热情,鼓励他们将所学知识应用到实际生活中,培养他们的创新能力。

鼓励学生关注新技术和新趋势,引导学生将新技术和新趋势与可持续发展相结合,拓展学生的创新能力和探索精神。例如,可以开设科技前沿动态讲座,邀请行业专家进校为学生介绍最新的科技进展和应用前景,开阔学生的视野,激发学生的创新灵感。

(2)可持续发展理念培养的策略和方法

为了更好地培养学生的可持续发展理念,新工科高校需要采取一系列策略和方法,具体而言包括以下几个方面,如图 2-15 所示。

图 2-15　培养学生可持续发展理念的方法

① 制定明确的培养计划:高校应该将可持续发展理念的培养纳入学生培养计划中,制定明确的目标和计划,确保学生在校期间能够全面了解可持续发展的相关知识和技能。这可以通过设立专门的课程、组织专题讲座、开展研讨会等方式实现。例如,开设"可持续发展概论"课程,让学生了解可持续发展的基本概念、原则和实践;组织专题讲座和研讨会,邀请行业专家和学者分享他们的研究成果和实践经验,让学生更深入地了解可持续发展的重要性。同时,要注重将可持续发展理念贯穿到各个学科的教学中,从而提高学生的综合素质和应用能力。这可以通过在课程设置中增加与可持续发展相关的内容、鼓励教师将可持续发展理念融入教学中等方式实现。例如,在机械工程课程中可以增加绿色制造、资源回收利用等相关内容;在建筑设计课程中可以引入绿色建筑、节能减排等理念。这样可以帮助学生将可持续发展的理念融入到自己的专业领域中,提高他们的综合素质和应用能力。

② 加强教师队伍建设:高校应该建立一支具有可持续发展理念的教师队伍,通过加强对教师的培训和引进高水平人才,提高教师队伍的整体素质和教学水平。这可以通过设立教师培训计划、鼓励教师参加国内外相关学术会议和研讨会、提供教学资源和支持等方式实现。同时,鼓励教师开展与可持续发展相关的科研活动,为培养学生的可持续发展理念提供更好的支持。这可以通过设立可持续发展研究基金、鼓励教师带领学生参与科研项目等方式实现。例如,鼓励教师带领学生参与新能源、循环经济等领域的科研项目,让学生在实践中深入了解可持续发展的技术和应用。

③ 加强实践教学环节:高校应该注重实践教学环节,通过组织实践活动、推动创新项目、促进跨学科合作等方式,让学生将所学知识应用到实践中,培养学生的知识应用能力和创新能力。

组织实践活动:可以组织学生参与环保实践活动,如垃圾分类、植树造林等,让他们在实践中了解环保的重要性;可以推动学生参与科技创新项目,如新能源研究、循环经济等,培养他们的创新意识和能力;可以促进不同学科之间的合作,让学生从多学科的角度思考可持续发展的实际问题。

推动创新项目:可以鼓励学生参与创新项目,如社会调查、科技创新、创业实践等,让他们在实践中探索可持续发展的解决方案。例如,可以组织学生参与创新创业大赛,鼓励他们提出可持续发展的创新想法和方案。

促进跨学科合作:可以鼓励学生跨学科合作,促进不同学科之间的交流和合作。例如,可以建立跨学科团队,让不同专业的学生共同参与可持续发展的项目研究和开发。

④ 强化学生综合素质培养:高校应该注重培养学生的综合素质,包括思想道德素质、文化素质、身心素质等方面。在思想道德素质方面,要注重培养学生的社会责任感和公民意识;在文化素质方面,要注重培养学生的文化底蕴和人文精神;在身心素质方面,要注重培养学生的身体健康和心理素质。

加强课堂教育:可以开设思想道德修养课程、文化素质课程等,让学生在课堂上接受全面、系统的思想和文化教育。

组织校园文化活动:可以组织各种形式的文艺比赛、科技竞赛和社会实践活动等,让学生在参与中锻炼自己的综合素质和能力。

开展社会实践:可以组织学生参与社会服务、志愿者活动等社会实践活动,让他们在服务社会中增强自己的社会责任感和公民意识。

⑤ 利用社会资源进行培养:高校应该利用社会资源对学生进行培养,通过与企业、社区、政府等机构合作,建立实践教学基地、开展科研合作项目等方式,让学生更好地了解社会和企业的需求和发展趋势,提高他们的知识应用能力和创新能力。同时,通过与社会资源合作,也能为培养学生的可持续发展理念提供更好的支持和帮助。例如,与当地知名企业合作建立实践教学基地,既能让学生更好地理解企业的生产工艺和环保措施,也能为企业提供技术创新支持;与当地社区合作开展志愿者活动,能让学生更深入地了解社区问题和需求,从而更好地应用所学知识;与政府合作开展科研项目,能更好地把握政策方向和发展趋势,从而更好地适应社会的发展需求,也能为政府提供决策支持。

(3) 可持续发展理念培养的实践项目

实践项目是培养学生可持续发展理念的重要手段之一。新工科高校不仅仅注重课堂上的理论教学,更积极开展各种形式的实践项目,帮助学生将所学知识应用到实际中去。这些实践项目可以极大地增强学生的社会责任感和创新能力,提高他们的环保意识和资源利用能力,为培养具有可持续发展理念的人才做出重要贡献。

① 能源与环境项目:能源与环境是可持续发展的重要方向之一。新工科

高校组织学生参与这方面的实践项目,例如,参与太阳能和风能等新能源的研发与推广,或者对空气污染和水污染等环境问题进行深入调查,制定相应的解决方案。这些项目能让学生深入了解能源和环境问题,培养他们解决实际问题的能力,同时也有助于提高他们的环保意识和可持续发展的责任感。这些实践项目包括能源设备的研发和设计、新能源技术的研发和推广、环境问题的调查和研究等。通过这些项目的实施,学生不仅能够培养自己的科研能力和创新思维,也能够提高自己的环保意识和可持续发展的责任感。同时,他们还可以了解新能源和环保领域的发展趋势和前景,为自己的未来职业规划提供更多思路和方向。此类实践项目可以以多种形式展开,例如,组织学生参与新能源设备的研发和设计,或者让他们调查某一环境问题并提出解决方案。这不仅有助于培养学生的科研能力和创新思维,也能提升他们的环保意识和可持续发展的责任感。同时,通过这些项目的实施,学生还能了解和掌握一些实用的环保技能和方法,为自己的未来生活和职业发展带来更多帮助。

② 资源利用项目:资源的有效利用是可持续发展的重要手段之一。高校可以组织学生参与资源利用方面的实践项目,例如,参与垃圾分类、资源回收等环保活动,既有助于培养学生的环保意识和资源利用能力,也能提升他们的社会责任感。同时,还可以推动学生在农业、工业、服务业等领域的资源利用方面进行深入研究,提出改进方案,进一步强化他们的资源利用意识。这些实践项目包括资源回收和利用、节能减排、循环经济等方面的研究和探索。通过这些项目的实施,学生不仅能够了解资源的珍贵性和可持续利用的重要性,也能够培养自己的资源利用能力和环保意识。同时,还能掌握一些实用的环保技能和方法,为自己的未来生活和职业发展带来更多帮助。

③ 社会经济项目:社会经济项目是培养学生了解社会、关注经济发展的重要环节。新工科高校可以组织学生参与社会经济方面的实践项目,例如,参与社区服务、支教等公益活动,让他们了解社会发展现状和问题,培养其社会责任感和创新能力。这类实践项目可以帮助学生更好地理解社会经济问题和社会发展趋势,提高他们的社会交往能力和社会服务意识,为他们的未来职业发展打下坚实的基础。同时也能增强他们的社会责任感和创新能力以及团队合作精神等综合素质,为推动社会的可持续发展做出贡献。

④ 技术创新项目:鼓励学生自主提出具有创新性的可持续发展项目,通过自主探索和研究,推动可持续发展的技术创新和应用。这种项目能培养学生的创新思维和创业精神,提高他们的创新能力和实践经验。同时也有助于培养学生的团队合作精神,提高他们的综合素质和应用能力。学校可以提供必要的资

金和技术支持,帮助学生实现自己的创新想法。这些项目包括新技术、新工艺的研究和开发、创新性产品的设计和制作等。通过这些项目的实施,学生不仅能够激发自己的创新思维和创业精神,也能够培养自己的创新能力和实践经验。同时,还能了解和掌握一些前沿的技术和工艺,为自己的未来职业发展带来更多机会和选择。

(4) 校企合作与产学研一体化

为了更好地培养学生的可持续发展理念和实践能力,新工科高校积极与企业合作,共同推进可持续发展。这种合作模式被广泛应用于高等教育中,并被证明是一种非常有效的培养学生实践能力和职业素养的途径。通过校企合作,学生可以更好地了解企业的可持续发展理念和实践操作,从而更好地将所学知识应用到实践中去。同时,高校与研究机构的合作也有利于推动可持续发展技术的创新和应用,为推动人类社会可持续发展做出更大的贡献。

① 校企合作是培养学生可持续发展理念和实践能力的重要途径之一。在与企业合作的过程中,高校可以组织学生到企业实地参观和实习,从而更好地了解企业实施可持续发展的情况以及实践操作技巧。企业作为市场的主体,对于可持续发展有着更为深刻的理解和应用。企业注重可持续发展可以提升自身形象和品牌价值,同时也可以更好地满足市场需求和未来发展需要。因此,企业也积极地将可持续发展理念融入自身的经营管理和生产过程中。通过与企业的合作,学生可以更加直观地了解到可持续发展的实际应用和实施过程,从而更好地将所学知识应用到实践中去。企业掌握着大量的生产经验,这些经验可以为学生提供宝贵的参考和学习机会。在与企业合作的过程中,学生可以接触到更多的实际案例和实践经验,从而更好地掌握可持续发展的实际应用和实施技巧。这些实践经验也可以为学生未来的职业发展提供帮助和支持。

② 校企合作还可以促进科研成果的转化和应用。高校和研究机构的科研成果往往具有很高的理论水平和实践价值,但是单纯的研究不能很好地转化为实际的生产力。这是因为科学研究和技术创新需要经过多次验证和试验,才能真正转化为推动社会进步的力量。而通过与企业的合作,高校和研究机构可以更好地将科研成果转化为实际的生产力和商业机会,从而为社会做出更大的贡献。企业具有丰富的实践经验和市场资源,可以将科研成果进行商业化运作,将理论转化为实际的生产力和产品。高校和研究机构可以将最新的科研成果带给企业,企业则可以利用其市场资源和技术实力将这些成果转化为具有市场竞争力的产品或服务。这样的合作模式不仅可以加速科研成果的转化和应用,还可以为企业提供新的创新能力和竞争优势。同时,校企合作还可以促进技术

转移和知识产权保护。高校和研究机构是知识产权的重要持有者,而企业则是技术转移的重要力量。通过校企合作,双方可以共同研究知识产权保护和转移机制,推动技术转移。这样的合作模式不仅可以加速科研成果的转化和应用,还可以为双方带来更多的商业机会和经济效益。

③ 校企合作和产学研一体化还可以促进资源共享和优势互补。高校和研究机构拥有丰富的理论知识和科研资源,而企业则拥有丰富的实践经验和市场资源。通过合作,高校和企业可以取长补短,共同开发新产品和新服务,推进科技创新和市场开拓。同时,这种合作也可以促进知识共享和人才培养,提高整体效益和竞争力。此外,校企合作和产学研一体化可以促进资源共享和优势互补、加速科技创新和市场开拓、降低成本和提高效率、促进知识共享和人才培养、提高整体效益和竞争力。高校和企业可以共同开展人才培养计划和课程设置,制定更加实用和有针对性的培养方案。通过合作,高校可以更好地了解企业的实际需求和发展趋势,从而更好地调整教学内容和方法,培养出更符合市场需求的人才。同时,企业也可以更好地了解学校的教育教学情况和科研实力,从而更好地选择合作伙伴和项目。

总之,校企合作和产学研一体化是推动可持续发展重要手段。通过校企合作和产学研一体化,学生可以更好地了解企业的可持续发展理念和实践操作,从而更好地将所学知识应用到实践中去。同时,高校和科研机构的合作也有利于推动可持续发展技术的创新和应用,为推动人类社会可持续发展做出更大的贡献。此外,校企合作与产学研一体化还能够促进学校与企业或者研究机构的相互了解和信任,加强可持续发展的实施力量,加速可持续发展技术在实践中的应用和发展。同时,校企合作与产学研一体化也能够促进高校与企业的深度融合与发展,增强中国科技创新能力和竞争力。因此,应进一步强化校企合作与产学研一体化的作用和影响力,加强政策引导和支持力度,创新合作模式和机制,实现更深层次、更广泛的合作与交流,共同推动中国可持续发展的进程。

新工科教育注重可持续发展理念的培养,这是非常重要的。这一理念贯穿于人才培养的全过程,对于提升学生的综合素质和社会责任感有着不可替代的作用。通过不断加强理论知识的传授和实践项目的开展,学生们能够更好地理解和应用可持续发展的理念,进而为推动人类社会的可持续发展做出更大的贡献。

此外,新工科教育在教学方法和手段上也进行了创新和改革,主要包括以下几个方面。

（1）采用多元化教学方法

新工科教育采用多元化的教学方法，包括讲授、案例分析、小组讨论、实践操作等。这些方法可以让学生更好地理解和掌握知识，提高学生的学习积极性和参与度。

（2）利用现代教学技术

新工科教育充分利用现代教学技术，如多媒体教学、网络教学等。这些技术可以让学生更加直观地了解课程内容，提高学生的学习效率和质量。

（3）强调实践教学

新工科教育强调实践教学，通过实验、课程设计、企业实习等环节，让学生更好地理解和掌握知识，提高学生的实践能力和创新能力。

（4）注重学生反馈

新工科教育注重学生反馈，通过学生评价、问卷调查等方式，了解学生的学习需求和问题，及时调整教学方法和内容，提升教学质量和效果。

总之，新工科教育是一种新型的教育理念和方法，旨在培养具备创新精神和实践能力的高素质复合型人才，以适应和引领未来科技和产业的发展。新工科教育在教学方法和手段上也进行了创新和改革，采用多元化教学方法，利用现代教学技术，强调实践教学，注重学生反馈等方面，这些方法和手段的实施，可以更好地满足学生的学习需求，提高学生的学习积极性和参与度，为培养具备创新精神和实践能力的高素质复合型人才提供有力保障。新工科教育通过培养创新精神与实践能力、促进多学科交叉、实施以学生为中心的教学、强化产教融合等路径，全面提升教学质量和效果。

2.3　新工科教育在蚕桑丝绸产业中的作用

新工科教育在蚕桑丝绸产业中的作用可以说是多方面的，如图 2-16 所示。首先，新工科教育提供了新的技术和方法，为蚕桑丝绸产业的发展提供了新的思路和方向。例如，新工科教育所教授的生物技术、基因工程等现代工程技术，可以被应用于蚕桑丝绸产业的生产过程中，从而提高生产效率和产品质量。其次，新工科教育培养了大量的高素质人才，为蚕桑丝绸产业提供了坚实的人才基础。这些人才不仅具备创新能力和实践能力，还拥有团队协作、项目管理等综合素质，他们能有效组织和管理人力资源，优化生产流程，提高生产效率，降低成本，推动蚕桑丝绸产业的可持续发展。

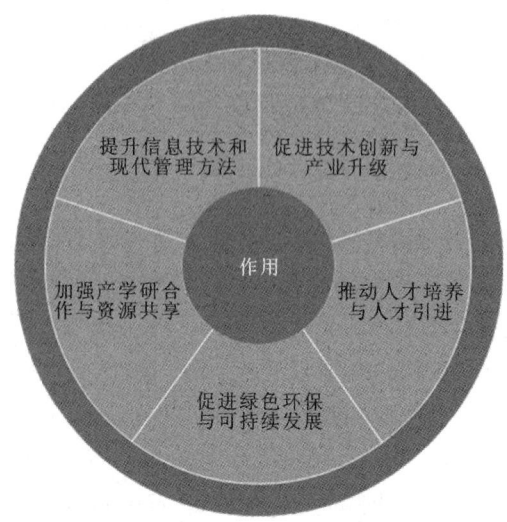

图 2-16　新工科教育在蚕桑丝绸产业中的作用

新工科教育在蚕桑丝绸产业中的引入,为这一传统产业注入了新的活力。随着科技的不断发展,新工科教育注重培养创新思维和实践能力,以适应快速变化的市场需求和国际竞争。在蚕桑丝绸产业中,新工科教育的引入不仅有助于提高生产效率和产品质量,还推动了产业的技术创新和转型升级。

2.3.1　促进技术创新与产业升级

新工科教育对蚕桑丝绸产业的技术创新和产业升级起到了积极的推动作用。其核心理念在于培养学生的创新思维和实践能力,鼓励他们运用现代科技手段解决实际问题。这种教育模式的引入为蚕桑丝绸产业带来了新的发展机遇,推动了产业的技术创新和升级。

首先,新工科教育在基因工程和生物技术方面的研究发展,为蚕桑丝绸产业提供了新的契机。通过基因工程的方法,科学家们能够改良蚕的品种,使其具有更优良的性状,如更高的蚕丝产量、更好的蚕丝质量、更强的抗病能力等。与传统蚕品种相比,改良后的蚕品种具有更高的生产效率和更好的产品质量,增强了蚕桑丝绸产业的竞争力。

其次,新工科教育所教授的现代制造技术和信息化技术也为蚕桑丝绸产业带来了新的发展机遇。通过引入自动化设备和智能化系统,可以实现生产流程的自动化和智能化。不仅能够提高生产效率,还可以减少人为因素对产品质量的影响,提升产品的品质和信誉度。例如,自动化缫丝机、智能化丝绸印花设备等现代制造技术能够显著提高生产效率,减少人为因素对产品质量的影响,提升产品的品质和信誉度。同时,信息化技术的运用也使得丝绸产品的生产过程更加透明化和可追溯化,为相关企业开拓了更广阔的市场空间。

此外,新工科教育还注重培养学生的实践能力和团队合作精神。在蚕桑丝绸产业中,学生可以通过参与实际项目和实习实训,将所学知识应用到实践中,锻炼实践能力。同时,团队合作是产业发展中不可或缺的一环,新工科教育强调培养学生的团队协作能力,使他们能够更好地融入产业创新和发展的过程。

综上所述,新工科教育对蚕桑丝绸产业的技术创新和产业升级起到了积极的推动作用。通过引入基因工程和生物技术的应用,培育出具有优良性状的蚕品种;利用现代制造技术和信息化技术实现生产流程的自动化和智能化;培养学生的创新思维、实践能力和团队合作精神,这些都为蚕桑丝绸产业的发展带来了新的机遇和挑战。相信在新工科教育的引领下,蚕桑丝绸产业有望迎来更加美好的未来。

2.3.2　推动人才培养与人才引进

随着科技的迅速发展和全球化的推进,新工科教育在全球范围内蓬勃发展,它的兴起为许多传统产业带来了新的机遇和挑战。蚕桑丝绸产业作为一项具有悠久历史的传统产业,在新工科教育的推动下,人才培养与引进工作迎来了新的发展阶段。

新工科教育注重培养学生的创新思维和实践能力,以适应现代科技发展的需求。在蚕桑丝绸产业中,新工科教育培养了大量的高素质人才,他们不仅具备丰富的理论知识,还拥有较强的实践能力和创新精神。为蚕桑丝绸产业提供了坚实的人才基础,为产业的创新发展注入了新的活力。

新工科人才具备创新能力和实践能力,拥有团队协作、项目管理等综合素质,能够有效组织和管理人力资源,优化生产流程,提高生产效率,降低成本。他们的加入推动了蚕桑丝绸产业的转型升级,使得这一传统产业焕发出新的生机和活力。

新工科教育不仅为蚕桑丝绸产业提供了大量高素质的人才,还通过与高校和科研机构的合作,为企业开辟了人才引进的渠道,让企业能够吸引到一批具有创新能力和实践经验的优秀人才,为企业带来新的发展思路和机遇。他们为企业的技术创新和产业升级提供了强大的支持,推动了蚕桑丝绸产业的持续发展。

同时,新工科教育也促进了蚕桑丝绸产业与外部的交流和合作。通过与高校、科研机构等的合作,企业能够引进先进的科技手段和理念,推动产业的技术创新和升级。这种交流与合作促进了产业内部的知识传递和技能提升,提高了产业人才的整体水平。

　　具体来说,新工科教育对蚕桑丝绸产业人才培养与引进的促进主要体现在以下四个方面,如图 2-17 所示。

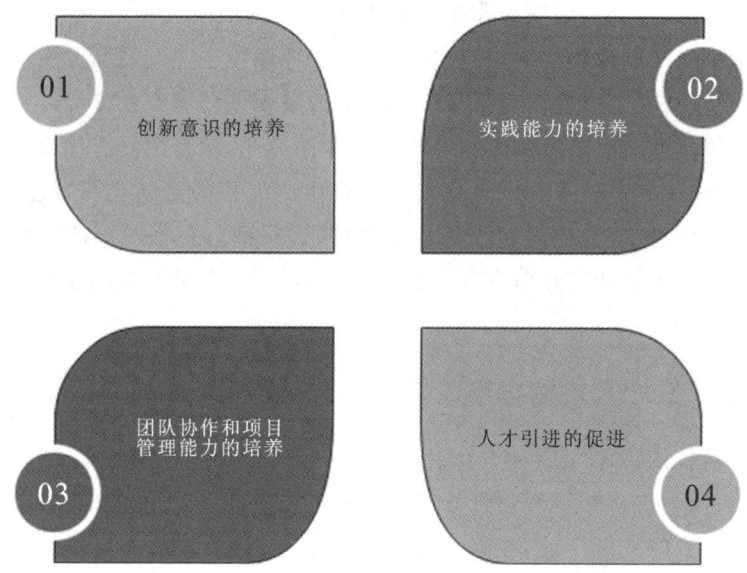

图 2-17　推动新工科教育对蚕桑丝绸产业人才培养与引进

　　(1) 创新意识的培养:在新工科教育中,创新意识的培养被视为至关重要的部分。本研究着重培养学生的独立思考能力,鼓励他们勇于挑战常规,并在面对复杂问题时,能够提出独特且高效的解决方案。这种创新思维在瞬息万变、复杂多变的丝绸产业中具有关键性的作用。它能够推动产业的技术创新,驱动生产流程的优化和升级,从而提升生产效率和产品品质。为了培养这种创新意识,本研究采用了多种方法。首先,鼓励学生参与项目实践,通过解决实际问题来体验创新过程,培养问题解决能力。其次,引入创新思维训练课程,通过教授创新思维的方法和技巧,帮助学生开发创新思维方式。最后,强调跨学科的学习和合作,拓宽学生视野,激发新的创新点。

　　(2) 实践能力的培养:新工科教育高度重视实践能力的培养。通过实践,学生才能真正理解理论知识,并将其应用于实际工作中。因此,鼓励学生积极参与实践活动,通过实践检验知识,培养创新精神。在丝绸产业中,具备扎实实践能力的人才在面对生产实践中的各种问题时,能够展现出强大的分析和解决问题的能力,从而提高生产效率,有效控制生产成本。为了培养学生的实践能力,与产业界建立了紧密的合作关系,为学生提供实习和参与实际项目的机会。此外,还开设了实践导向的课程,让学生在真实的生产环境中学习和实践。

(3) 团队协作和项目管理能力的培养:新工科教育强调团队协作精神和项目管理能力的培养。在蚕桑丝绸产业中,高效的团队能更好地组织和调配人力资源,确保生产流程的顺利执行,并提高工作效率。团队成员必须具备良好的团队协作和项目管理能力,以确保整个生产流程的高效运行。为了培养学生的团队协作和项目管理能力,本研究设计了一系列团队项目,让学生在实践中学习和体验团队合作的过程。这些项目需要学生共同协作,自主分配任务,制定计划,并解决团队中的冲突。通过这些实践经验,学生能够学会如何有效地与团队成员沟通,协调资源,共同完成任务。

(4) 人才引进的促进:新工科教育不仅为本地培养了大量创新型和实用型人才,还为企业的发展和国际化进程提供了引进海外优秀人才的有利条件。通过与高校和科研机构的紧密合作,企业可以吸引具有国际视野和丰富实践经验的人才,为丝绸产业的国际化发展提供坚实的人力支持。为了促进人才引进,学校应与企业建立紧密的合作关系,开展联合培养项目。这些项目为学生提供了在实践中学习并与行业专家直接接触的机会。此外,还积极邀请产业界的专家担任客座教授或导师,将他们的经验和知识引入教育过程。同时,通过举办行业讲座、研讨会和交流活动等方式,增进学生对丝绸产业的理解和兴趣,吸引更多优秀的人才加入该行业。

通过这些努力,致力于为丝绸产业培养具备创新思维、实践能力、团队协作和项目管理能力的人才,为产业的发展提供充足的人力资源。同时,重视人才引进,为企业和行业的发展注入新的活力和动力。随着新工科教育的深入推进,蚕桑丝绸产业的人才培养和引进将迎来更加广阔的发展空间。新工科教育将不断培养出更多具有创新能力和实践经验的人才,为蚕桑丝绸产业提供坚实的人才保障。通过与高校、科研机构等合作,企业也将持续引进高素质人才,推动技术创新和产业升级,拓展市场和提升产品品质,为人类的文明进步做出更大的贡献。

2.3.3　促进绿色环保与可持续发展

随着社会对环境保护和可持续发展的日益重视,新工科教育作为一种新型的教育模式,以其独特的理念和培养方式,对蚕桑丝绸产业的绿色环保与可持续发展起到了积极的推动作用。在环境污染问题日益严重的背景下,新工科教育鼓励学生在丝绸生产过程中采用环保材料和工艺,以减少对环境的污染,为保护生态环境贡献力量。同时,新工科教育还注重培养学生的环保意识和社会责任感,引导他们关注环境问题,从而推动蚕桑丝绸产业的绿色发展。

首先,新工科教育倡导的绿色环保理念对蚕桑丝绸产业的可持续发展具有重要的指导意义。传统的蚕桑丝绸生产往往依赖于大量的农药和化肥,这不仅会对土壤和水源造成污染,还会给农民带来健康风险。而新工科教育强调绿色生产的理念,鼓励学生采用环保材料和工艺,如有机农业、生物防治等,降低对环境的负面影响,为蚕桑丝绸产业提供了一种更加可持续的发展路径。

其次,新工科教育注重培养学生的环保意识和社会责任感。在新工科教育中,教师不仅教授专业知识,还注重培养学生的综合素质和社会责任感。教师会组织学生参观环保企业、参与环保活动等,让学生亲身感受到环境问题的紧迫性,激发他们对环境保护的热情。这种教育方式使得学生在毕业后能够主动关注环境问题,将环保理念融入自己的工作中,推动蚕桑丝绸产业的绿色发展。

此外,新工科教育还为蚕桑丝绸产业提供了创新的思维和方法。传统的蚕桑丝绸生产往往局限于传统工艺和技术,难以满足现代社会对绿色环保产品的需求。而新工科教育鼓励学生运用现代科技手段进行创新实践,探索新的生产工艺和技术路线。例如,学生可以通过研究新型纺织材料、开发节水灌溉技术等方式,在提高生产效率的同时减少对环境的损害。这种创新思维和方法的应用,为蚕桑丝绸产业的转型升级提供了有力支持。

综上所述,新工科教育以其独特的理念和培养方式,对蚕桑丝绸产业的绿色环保与可持续发展注入了新的活力。通过倡导绿色环保理念、培养学生的环保意识和社会责任感以及提供创新的思维和方法,新工科教育为蚕桑丝绸产业的绿色发展提供了重要支撑。在未来的发展中,新工科教育将继续发挥重要作用,推动蚕桑丝绸产业走向更加繁荣和可持续的未来。

2.3.4 加强产学研合作与资源共享

新工科教育在推动蚕桑丝绸产业的发展中扮演着重要的角色。它不仅鼓励高校与企业进行紧密的产学研合作,还促进了双方资源的共享和技术创新。这种合作模式为蚕桑丝绸产业带来了机遇和挑战。

首先,高校与企业之间的产学研合作是新工科教育的重要内容之一。通过建立合作关系,高校和企业可以共同开展科研项目,推动技术转化和产品推广。这种合作不仅可以提高科研成果的实际应用价值,还可以促进企业的技术创新和竞争力提升。高校作为知识创新的重要基地,可以为企业提供前沿的科研成果和技术支撑,帮助企业解决生产中的实际问题。

其次,资源共享也是新工科教育对蚕桑丝绸产业的重要贡献之一。在产学研合作中,高校和企业可以共享资源,包括人力资源、设备资源和信息资源等。这种资源共享可以有效提高资源利用效率,降低生产成本,推动产业链的协同发展。例如,高校拥有丰富的科研人才和技术设备,而企业则具备实际的生产经验和市场需求信息,双方的合作可以实现优势互补,共同推动产业发展。

此外,新工科教育还注重培养适应产业需求的高素质人才。高校可以通过开设相关专业课程、组织实践实习等方式,为学生提供与产业紧密结合的学习机会。同时,高校还可以为企业提供培训和咨询服务,帮助企业提高员工的技能水平和管理能力,提升整体竞争力。此外,高校还可以与企业共同制定人才培养方案,根据产业发展需求培养出更多符合市场需求的人才。这种人才培养模式有助于解决产业人才短缺问题,推动产业的快速发展。

综上所述,新工科教育对蚕桑丝绸产业的产学研合作与资源共享具有重要意义。通过紧密的合作和资源的共享,高校和企业可以共同推动科技创新和人才培养,促进产业的健康发展。这种合作模式不仅有助于提高企业的竞争力和市场份额,还为蚕桑丝绸产业的可持续发展奠定了坚实的基础。未来,随着新工科教育的不断推进和完善,相信蚕桑丝绸产业将迎来更加美好的发展前景。

2.3.5　提升信息技术和现代管理方法

随着时代的发展,信息技术的迅猛进步和现代管理方法的不断更新,对于传统产业来说,如何适应这些变化并实现可持续发展成为重要课题。而新工科教育正是针对这一问题提出的一种新的教育模式,它旨在培养学生掌握先进的信息技术和管理方法,应用于蚕桑丝绸产业的管理和营销。通过新工科教育的推动,蚕桑丝绸产业可以更好地应对市场的挑战,提高企业的竞争力和经营效率。

首先,通过大数据分析和人工智能技术的应用,可以深入了解市场需求和消费者行为。在传统的蚕桑丝绸产业中,市场调研往往依靠人工进行,耗时且准确性有限。如今,通过大数据分析,可以快速获取海量的市场数据并进行深入分析,从而准确把握市场需求的变化趋势和消费者的喜好、偏好。这为企业提供了精准的市场分析和营销策略的基础。例如,通过对销售数据的实时监测和分析,企业可以及时发现产品热销或滞销的情况,及时调整生产和销售策略,提高产品的市场响应速度和满足消费者需求的能力。

其次,新工科教育所教授的现代管理方法也可以帮助学生掌握高效的管理技巧和团队建设能力。在传统的蚕桑丝绸产业中,管理往往依赖于经验和个人能力的积累,缺乏科学的理论指导和系统化的方法支持。而新工科教育注重培养学生的创新思维和管理实践能力,通过理论学习和实践操作相结合的方式,帮助学生掌握现代管理的核心理念和方法。例如,项目管理、团队协作、决策分析等方面的知识和技能,都是现代管理中不可或缺的要素。学生通过学习这些内容,可以提高自己的管理水平和团队凝聚力,为企业的发展提供有力的支持。

此外,新工科教育还强调跨学科的融合与创新。在蚕桑丝绸产业的管理和营销中,往往需要综合运用多个学科的知识和技术。例如,产品设计与市场营销的结合、供应链管理的优化、智能化设备的运用等,都需要不同学科背景的专业人才共同合作。新工科教育通过打破学科壁垒和促进跨学科交流,培养了具有多学科知识结构和创新能力的人才队伍,为蚕桑丝绸产业的创新发展提供了源源不断的人才支持。

综上所述,新工科教育对蚕桑丝绸产业的信息技术和现代管理方法的提升具有重要意义。通过培养学生掌握先进的信息技术和管理方法,帮助他们更好地应用于蚕桑丝绸产业的管理和营销。同时,新工科教育所教授的现代管理方法也有助于提高企业的管理水平和团队凝聚力。

总之,新工科教育在蚕桑丝绸产业中的作用是多方面的,包括提供新的技术和方法、培养高素质人才、促进创新和发展等。通过引入新工科教育,蚕桑丝绸产业得以实现技术创新、产业升级、人才培养、绿色环保和可持续发展。同时,产学研合作与资源共享也为产业的发展提供了有力支持。在未来,随着科技的不断发展,新工科教育将在蚕桑丝绸产业中发挥更加重要的作用。

2.4 蚕桑丝绸产业的技术现状与未来发展趋势

2.4.1 蚕桑丝绸产业的技术现状

1. 蚕桑养殖技术

1)蚕种选育与繁殖技术

桑蚕,亦称家蚕或简称蚕,是一种以桑叶为主食的经济性昆虫,具有吐丝结茧的特性。其生命周期包含卵、幼虫、蛹和成虫四个阶段,这些阶段在生理机能上差异显著。值得注意的是,蚕在不同发育阶段的各个部位及其代谢物都具有广泛的药用价值。对于广大养殖户而言,桑蚕养殖能够带来可观的经济效益,尤其是桑蚕吐丝结茧时,其产出的丝质佳,在众多商业领域有着广泛的应用。桑蚕的养殖根据季节可分为春蚕、伏蚕和秋蚕,其中秋蚕还可细分为中秋蚕和晚秋蚕。在品质上,春蚕所产的丝质最佳,秋蚕次之。

桑蚕养殖需精选优质抗病性强的品种,严格剔除病害种,确保种质优良。催青环节是关键,需将活化蚕卵置于适宜的温湿光照环境中,直至孵化。收蚁时,将蚁蚕掸至新鲜桑叶上,均匀摊开并维持合理的温湿度。小蚕期需控制恒温恒湿,科学喂养,每日四次,根据生长阶段选用合适的桑叶。大蚕养殖要在低温干燥环境中进行,注意适宜的温湿度,避免极端温度。大蚕食桑量大,需妥善采摘、运输和储藏桑叶,确保良桑饱食,避免桑叶浪费或不足。随着蚕的生长,需适时扩座或匀座,防止过密。

(1) 优质蚕种的筛选标准

在蚕桑丝绸生产中,优质蚕种的筛选对于提高丝绸产量和品质具有至关重要的意义。为了确保蚕种的质量和适应性,生产过程必须遵循一系列严格的技术筛选标准。

首先,优质蚕种应具备遗传稳定性。遗传稳定性是蚕种品质的基础,它决定了蚕种的生长速度、抗病能力以及产丝性能。在筛选过程中,应对蚕种的遗传背景进行深入了解,选择经过长期驯化、遗传性状稳定的品种。通过对蚕种遗传特性的分析,可以预测其后代的生长表现,从而筛选出具有优良遗传特性的蚕种。

其次,优质蚕种应具备生长速度快、抗病能力强的特点。在蚕业生产中,蚕的生长速度和抗病能力直接影响蚕茧的产量和质量。因此,在筛选过程中,应对蚕的生长速度进行监测,选择在短时间内能够快速生长、发育良好的蚕种。同时,还需对蚕种的抗病能力进行评估,选择对常见病害具有较强抵抗力的蚕种,以降低养殖风险。

此外,优质蚕种还应具备高产丝性能。产丝性能是衡量蚕种品质的重要指标之一,它关系到蚕茧的产量和品质。在筛选过程中,应对蚕种的产丝量、茧丝长度、茧丝纤度等性状进行测定,选择具有高产丝性能的蚕种。通过选择具有优良产丝性能的蚕种,可以有效提高丝绸产量和品质,满足市场需求。

最后,优质蚕种的筛选还需考虑环境适应性。环境适应性决定了蚕种在不同养殖条件下的表现。在筛选过程中,应对蚕种的环境适应性进行评估,选择能够适应不同气候和环境条件的蚕种。这样可以确保蚕种在不同养殖地区都能表现出良好的生长和产丝性能,提高蚕业生产的稳定性和可持续性。

总之,优质蚕种的筛选标准包括遗传稳定性、生长速度、抗病能力、产丝性能以及环境适应性。遵循这些标准,可以有效提高蚕种的质量和适应性,为蚕业生产提供有力保障。随着科技的不断进步,未来还可以利用分子生物学、基因编辑等先进技术对蚕种进行更深入的研究和改良,以推动蚕业生产的持续发展和创新。

(2)蚕种繁殖技术的改进与创新

蚕种繁殖技术是蚕桑产业中的一项关键技术,其发展水平直接影响着蚕丝的产量和质量。当前,随着科技的进步,蚕种繁殖技术日新月异,逐渐向着更高效、更精准的方向发展。

在蚕种选育方面,现代生物技术如基因编辑、分子标记辅助育种等已得到广泛应用。这些技术能够精准识别并改良蚕种的遗传性状,从而提高其抗逆性、疾病抵抗力和丝质特性。通过基因编辑技术,科研人员可以定向敲除或插入特定基因,培育出具有优良性状的蚕种。同时,分子标记辅助育种技术则能够加速优良基因的聚合,提高选育效率。

在繁育技术方面,自动化和智能化技术的引入显著提升了蚕种的繁育效率。智能化蚕室控制系统能够实时监测并调节温度、湿度、光照等环境因子,为蚕种提供最佳的生长环境,如图2-18所示。此外,繁育过程中的饲料管理、病虫害防治等也实现了自动化和智能化,降低了人工成本,提高了繁育的成功率。

图 2-18 智能化蚕室

蚕种的保存与运输是繁殖技术中的重要环节。当前,蚕种保存技术已实现了低温冷藏、真空包装等多种方法的优化组合,有效延长了蚕种的保存期限。

在运输过程中采用了温度、湿度控制等技术手段,确保蚕种在运输过程中的安全与健康。

　　未来,随着科技的不断发展,蚕种繁殖技术将进一步实现智能化、精准化和高效化。同时,在面对环境保护和可持续发展的要求时,蚕种繁殖技术也将更加注重生态友好和资源节约。通过不断创新和优化技术手段,蚕种繁殖技术将为蚕桑产业的持续健康发展提供有力支撑。

　　(3)蚕种基因工程的研究进展

　　蚕种基因工程是近年来生物技术领域的一个研究热点。通过基因编辑和转基因等技术手段,对蚕种进行遗传改良,以提高其经济价值和生产效益。近年来,CRISPR/Cas9 等基因编辑技术的兴起,为蚕种遗传改良提供了新的工具,如图 2-19 所示。通过这些技术,科研人员能够精准地定位并编辑蚕种基因组中的特定基因,从而实现对其表达性状的定向改良。例如,利用基因编辑技术敲除或修饰与蚕丝合成相关的基因,可以提高蚕丝的产量和质量;编辑与蚕的抗病、抗逆性相关的基因,则能增强蚕种的适应性和生存能力。

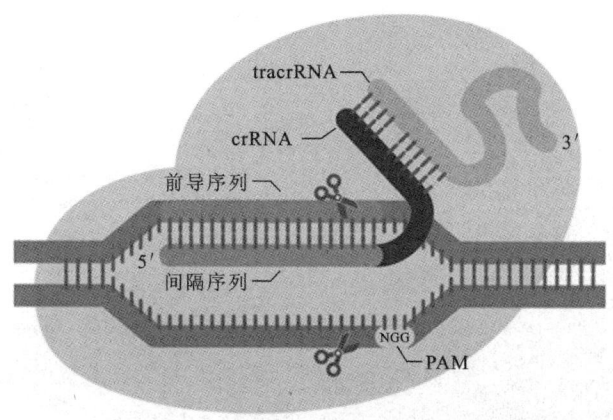

图 2-19　基因编辑技术

　　转基因技术是蚕种基因工程中的另一重要分支。通过将外源基因导入蚕种基因组,赋予其新的性状或功能,可以培育出具有特殊用途的蚕种。例如,导入荧光蛋白基因,培育出发光蚕,可用于环境监测和生物示踪;导入植物抗虫基因,培育出抗虫性增强的蚕种,有助于减少农药使用,保护生态环境。

　　尽管蚕种基因工程在遗传改良方面取得了显著进展,但仍面临诸多挑战。如基因编辑的精准性和效率问题、转基因生物的安全性评估等。未来,随着技术的不断发展和完善,有望解决这些问题,推动蚕种基因工程向更高层次发展。

同时,随着组学技术的快速发展,蚕种基因工程将更加注重基因功能的挖掘和利用,为蚕桑产业的可持续发展提供更有力的科技支撑。

综上所述,蚕种基因工程在遗传改良方面展现出巨大的潜力和广阔的应用前景。通过不断创新和优化技术手段,有望培育出更多具有优良性状的蚕种,为蚕桑产业的繁荣和发展贡献力量。

2) 桑树种植与管理技术

(1) 桑树品种的优化选择

桑树作为蚕桑产业的基础,如图 2-20 所示,其品种的优化选择对于提高蚕丝产量和质量具有至关重要的作用。随着生物技术和农业科技的不断发展,桑树品种的优化选择也日益受到关注。桑树品种的优劣直接影响到蚕的生长、发育和产丝量。优化选择桑树品种,可以提高叶片的营养价值,为蚕提供更好的饲料,从而促进蚕的健康生长和提高蚕丝质量。此外,优良的桑树品种还具有较强的抗逆性和适应性,能够在不同的环境条件下保持稳定的生长和产量。

图 2-20　桑树

首先,通过基因工程技术,可以定向改良桑树的遗传性状,培育出具有高产、优质、抗病等特性的新品种。例如,利用基因编辑技术敲除或修饰与桑叶营养成分合成相关的基因,可以提高桑叶的营养价值;导入抗病基因,则能增强桑树的抗病能力。

其次,分子标记技术为桑树品种的优化选择提供了更加精准的手段。利用分子标记对桑树进行遗传多样性分析,可以筛选出具有优良性状的种质资源,为新品种的培育提供基础材料。同时,分子标记还可以用于辅助选择优良基因型,加速育种进程。

通过对桑树生理生化指标的测定,可以评估其生长状况、营养价值和抗逆性。这些指标包括叶绿素含量、光合速率、酶活性等,可以为桑树品种的优化选择提供科学依据。

在实际应用中,桑树品种的优化选择需要结合当地的气候条件、土壤类型和养蚕需求等因素进行综合考虑。通过对比试验和示范推广,筛选出适应当地环境、产量高且品质优良的桑树品种。同时,还需要关注品种的抗逆性和适应性,以确保其在不同环境条件下的稳定表现。

总之,桑树品种的优化选择是蚕桑产业发展中的一项重要工作。利用基因工程、分子标记辅助育种和生理生化指标测定等手段,可以筛选出具有优良性状的桑树品种,为蚕桑产业的可持续发展提供有力支持。未来,随着技术的不断创新和进步,桑树品种的优化选择将更加精准和高效,为推动蚕桑产业的繁荣和发展做出更大贡献。

（2）桑树种植技术的改进

桑树作为蚕桑产业的基础,其种植技术的改进对于提高桑叶产量和质量至关重要。可从以下几个方面探讨桑树种植技术。

首先,种植前的准备工作是确保桑树健康生长的基础。这包括选择适宜的种植地点,确保土壤肥沃、排水良好,并进行必要的土壤改良。同时,选用优良品种的桑树苗,进行合理的密植规划,以确保每棵桑树都能获得充足的生长空间。

其次,改进种植技术是提高桑树成活率和生长速度的关键。采用科学的种植方法,如容器育苗技术,可以提高桑树苗的成活率和生长整齐度。此外,合理施肥也是促进桑树生长的关键环节。根据土壤养分状况和桑树生长需求,制定科学的施肥方案,确保桑树获得充足的营养。在施用氮、磷、钾肥的同时,注重铁、锌、硼等元素的补充。通过合理配比肥料,满足桑树生长的营养需求。同时,根据桑树的生长周期和养分需求规律,进行分时期施肥。在萌芽期、生长期等关键时期,适时追施速效肥料,促进桑树的生长和发育。

在桑树生长过程中,合理的灌溉和排水管理也是至关重要的。根据气候条件和土壤状况,制定科学的灌溉计划,确保桑树在关键生长期获得足够的水分。

同时,加强排水设施建设,防止积水对桑树生长造成不利影响。

此外,修剪和整形也是桑树种植技术的重要组成部分。通过定期修剪和整形,可以去除病弱枝条,保持桑树良好的树形结构,提高桑叶的光合作用效率和产量。

最后,病虫害防治是确保桑树健康生长的重要保障。采用综合防治措施,如生物防治、物理防治和化学防治相结合的方法,可以有效控制病虫害的发生和传播,降低对桑树生长的威胁。

综上所述,通过改进种植前的准备工作、采用科学的种植方法、合理施肥、加强灌溉和排水管理、修剪和整形以及病虫害防治措施的实施,可以显著提升桑树的种植效果,为蚕桑产业的可持续发展奠定坚实基础。

(3)桑树病虫害防治技术

桑树病虫害防治是确保桑叶产量和质量的关键环节,对于蚕桑产业的稳定发展具有重要意义。在病虫害防治过程中,首先要坚持"预防为主,综合防治"的原则。通过加强桑园管理,提高桑树的抗病能力,减少病虫害的发生。例如,合理施肥、科学灌溉、及时修剪等措施,都可以增强桑树的长势,提高其抵御病虫害的能力。

针对常见的桑树病害,如桑疫病、桑褐斑病等,可采取农业防治和化学防治相结合的方法。在农业防治方面,通过选用抗病品种、合理密植、清理病源等措施,可降低病害的发生概率。在化学防治方面,在病害发生初期,及时喷洒对症的药剂,以控制病害的蔓延。

对于桑树虫害,如桑螟、桑尺蠖等,同样可以采取综合防治措施。一方面,通过保护天敌、利用生物农药等方法进行生物防治;另一方面,在虫害严重时,可使用化学农药进行应急防治,但需注意选择低毒、低残留的药剂,并严格遵守使用说明和安全间隔期。

此外,物理防治方法在桑树病虫害防治中也具有重要地位。例如,利用害虫的趋光性,设置黑光灯进行诱杀;使用黄板诱杀蚜虫等小型害虫;以及利用性信息素干扰害虫交配等。这些方法具有安全、环保的优点,对于减少化学农药的使用量、保护生态环境具有重要意义。

总之,桑树病虫害防治技术的改进和创新是确保蚕桑产业健康发展的重要保障。通过综合运用农业防治、生物防治、化学防治和物理防治等方法,可以有效控制桑树病虫害的发生和传播,为蚕桑产业的可持续发展提供有力支撑。

3）蚕桑生产环境调控技术

（1）蚕室温度、湿度和光照的控制

蚕室作为蚕桑养殖的重要场所，其温度、湿度和光照条件的控制对于蚕的生长发育和蚕丝质量具有至关重要的影响。

首先，蚕室温度的控制是确保蚕正常生长发育的关键。蚕是变温动物，其体温随环境温度的变化而变化。因此，维持适宜的蚕室温度对于促进蚕的新陈代谢、提高食欲和消化能力具有重要意义。一般来说，蚕室的温度应控制在 $24\sim28℃$ 之间，并根据蚕的生长阶段和季节变化进行适当调整。在春季和秋季，要注意防止蚕室温度过低或过高，以免影响蚕的生长发育。

其次，湿度控制对于保持蚕室环境稳定和防止病菌滋生同样重要。湿度过高容易导致病菌繁殖，引发蚕病；湿度过低则会影响蚕的生理活动和生长发育。因此，蚕室的湿度应保持在 $70\%\sim85\%$ 之间，具体数值根据蚕的生长阶段和外界环境湿度进行调整。在干燥季节，要注意增加蚕室的湿度，以保持蚕体水分平衡和正常生长。

最后，光照控制对于调节蚕的生物钟和促进其正常生长发育也具有重要作用。适当的光照可以刺激蚕的活动，提高其食欲和消化能力。然而，过强的光照会对蚕造成应激反应，影响其正常生长。因此，蚕室的光照应控制在适宜范围内，一般每天保持 $10\sim12$ 小时的光照时间即可。在夏季和中午时段，要注意防止阳光直射蚕室，以免造成光照过强。

总之，蚕室温度、湿度和光照的控制是确保蚕正常生长发育和蚕丝质量的重要保障。通过合理调节蚕室的温度、湿度、光照条件，可以为蚕提供一个适宜的生长环境，促进其健康生长和发育。同时，这也有助于提高蚕丝的产量和质量，为蚕桑产业的可持续发展奠定坚实基础。

（2）蚕桑养殖自动化与智能化设备

随着科技的不断发展，蚕桑养殖行业正逐步引入自动化与智能化设备，以提高生产效率、降低劳动强度，并实现精准养殖。这些先进技术的应用，不仅优化了传统养殖模式，还为蚕桑产业的现代化转型提供了有力支撑。

自动化设备在蚕桑养殖中发挥着重要作用。例如，自动喂蚕机能够定时、定量地投放桑叶，确保蚕在不同生长阶段都能获得充足的食物。这种设备通过传感器和控制系统，精确计算桑叶的投放量和频率，避免了人工喂养时可能出现的误差和延误。自动除沙机则能够高效清理蚕座中的残叶和蚕沙，保持蚕室环境的清洁卫生，减少疾病的发生。

智能化设备在蚕桑养殖中的应用也日益广泛。智能温控系统通过温度传感器和调节装置,实时监测并调节蚕室内的温度,确保其在适宜范围内波动。这种系统可以根据季节和天气变化,自动调整加热或降温设备的工作状态,为蚕提供舒适的生长环境。智能湿度控制系统则通过湿度传感器和加湿、除湿装置,精确控制蚕室内的湿度水平,防止过湿或过干对蚕的生长造成不利影响。

此外,还有一些集成了自动化和智能化技术的蚕桑养殖设备,如智能蚕茧收获机。这种设备能够自动识别并抓取成熟的蚕茧,避免了对未成熟蚕茧的破坏和浪费。通过图像识别和机械臂抓取技术,智能蚕茧收获机实现了高效、精准的收获作业,大大提高了生产效率。

总的来说,蚕桑养殖自动化与智能化设备的应用,不仅提高了养殖效率和质量,还降低了劳动强度和成本。随着这些技术的不断发展和完善,相信未来蚕桑产业将实现更高水平的自动化和智能化,为蚕丝产业的可持续发展注入新的活力。

(3) 养殖废弃物的处理与资源再利用

在蚕桑养殖过程中,会产生一定量的废弃物,如蚕沙、残叶、病蚕和不良茧等。这些废弃物若处理不当,不仅会对环境造成污染,还可能传播疾病,影响养殖效益。因此,合理处理与再利用这些废弃物,对于蚕桑养殖的可持续发展具有重要意义。

蚕沙是蚕桑养殖中产生的主要废弃物之一,含有丰富的有机物和氮、磷、钾等养分。通过科学的处理方法,可以将蚕沙转化为有机肥料,用于农田施肥,提高土壤肥力。处理方法包括堆积发酵、添加微生物菌剂等,可以有效分解蚕沙中的有机物,杀灭病菌和寄生虫卵,提高其肥效。

残叶是指在喂蚕过程中剩余的桑叶碎片和残渣。这些残叶虽然不再适合喂蚕,但仍含有一定的营养价值。可以将残叶收集起来,经过粉碎和发酵处理后,作为饲料添加剂或有机肥料使用。这样不仅可以减少废弃物的排放,还能实现资源的再利用。

对于病蚕和不良茧等废弃物,需要采取严格的处理措施,以防止疾病传播和污染环境。一般来说,这些废弃物应进行深埋或焚烧处理。深埋时应选择远离水源和居民区的地点,挖深坑并覆盖严实,以防止病菌和寄生虫的扩散。焚烧处理则需要注意选择合适的焚烧设备和燃烧条件,确保废弃物能够完全燃烧,减少污染物的排放。

此外,随着科技的发展,一些新技术也被应用于蚕桑养殖废弃物的处理与再利用中。例如,通过生物发酵技术可以将蚕沙和残叶转化为生物燃气或生物柴油等能源产品;利用微生物发酵和提取技术可以从废弃物中提取有用成分,开发新的生物制品等。这些新技术的应用为蚕桑养殖废弃物的资源化利用提供了新的途径和思路。

总之,蚕桑养殖废弃物的处理与资源再利用是实现蚕桑产业可持续发展的重要环节。通过科学的处理方法和新技术的应用,可以将这些废弃物转化为有价值的资源,实现变废为宝、化害为利的目标。这不仅有助于保护环境、减少污染,还能提高蚕桑产业的经济效益和社会效益。

2. 丝绸加工技术

1) 蚕茧收烘与检测技术

(1) 蚕茧收烘工艺流程

蚕茧收烘是蚕桑产业链中的关键环节,对于确保蚕茧质量和提升蚕丝产业的整体效益具有至关重要的作用。在蚕茧收获阶段,需要密切关注蚕的发育状态,确保在蚕茧成熟时及时采摘。采摘过程中,应采用专用的蚕茧采摘工具,避免对蚕茧造成损伤。同时,还需对采摘下的蚕茧进行初步筛选,去除其中的不良茧和病茧,确保进入后续流程的蚕茧质量。

接下来是蚕茧的烘干处理。烘干前,需要对蚕茧进行适当的预处理,如清洁、除杂等,以去除附着在蚕茧表面的污物和杂质。预处理后,将蚕茧均匀地摆放在烘干设备上,确保每个蚕茧都能受到均匀的热量和通风。

烘干过程中,温度、湿度和通风量的控制至关重要。温度过高或通风不足都可能导致蚕茧质量下降,甚至引发烘茧火灾等安全事故。因此,需要采用先进的烘干设备和精确的控制系统,确保烘干过程中的各项参数都在最佳范围内。同时,还需定期对烘干设备进行检查和维护,确保其正常运行和安全性。

在烘干过程中,还需对蚕茧进行翻动和调整位置,以确保其均匀受热和通风,避免出现粘连、变形等不良现象。翻动时要小心谨慎,避免对蚕茧造成损伤。

烘干完成后,需要对蚕茧进行质量检测和分级。质量检测主要包括对蚕茧的外观、色泽、手感等方面的检查,以及对其内在质量的评估,如丝长、解舒率等指标的测定。根据检测结果,将蚕茧分为不同等级,以满足后续加工和销售的需求。

蚕茧收烘工艺流程涉及多个环节和关键技术,需要严格控制各项参数和操作细节,以确保蚕茧质量和安全。通过不断优化工艺流程和提高技术水平,可以进一步提升蚕丝产业的竞争力和可持续发展能力。

（2）蚕茧质量检测方法与标准

蚕茧作为蚕丝产业的基础原料，其质量直接关系到后续加工产品的品质。因此，采用科学的质量检测方法和标准，对于确保蚕茧质量、提升蚕丝产业的整体水平具有重要意义。

在蚕茧质量检测方面，首先需要关注其外观质量。这包括蚕茧的形状、大小、色泽以及茧壳的完整性和紧密度等。通过目视检查和手工触摸，可以初步判断蚕茧的外观质量是否符合要求。例如，优质的蚕茧通常呈椭圆形，大小均匀，色泽鲜亮，茧壳完整且紧密。

除了外观质量，蚕茧的内在质量也是检测的重点。这主要包括茧丝长、解舒率、茧层率等指标。茧丝长是指从蚕茧中抽取出的单根丝的长度，它直接影响到蚕丝的强度和耐磨性。解舒率是指蚕茧在煮茧、缫丝过程中的解舒程度，解舒率高的蚕茧能够产出更长的连续丝。茧层率是指蚕茧中丝胶层所占的比例，它关系到蚕丝的柔韧性和光泽度。这些内在质量指标可以通过专业的仪器和设备进行检测，如电子纤维测量仪、解舒机等。

在蚕茧质量检测过程中，还需要注意检测环境的控制。温度、湿度等环境因素都可能对检测结果产生影响。因此，需要在恒定的环境条件下进行检测，以确保结果的准确性和可比性。

至于蚕茧质量标准，则是指用于衡量蚕茧质量的一系列量化指标和等级划分。这些标准通常由国家或行业组织制定，并根据市场需求和技术进步进行定期更新。蚕茧质量标准不仅为生产者和消费者提供了明确的参考依据，也为蚕丝产业的规范化发展奠定了基础。

总的来说，蚕茧质量检测方法与标准是确保蚕茧质量的重要手段。采用科学的检测方法和严格的质量标准，可以有效提升蚕丝产业的整体水平和竞争力。同时，随着科技的不断进步和市场需求的变化，还需要不断更新和完善现有的检测方法和标准体系，以适应蚕丝产业持续发展的需要。

（3）蚕茧收烘设备的改进与创新

在蚕丝产业链中，蚕茧收烘设备作为关键环节设备，其技术水平和运行效率直接影响到蚕茧的质量和产量。近年来，随着科技的不断进步和行业需求的变化，蚕茧收烘设备也在经历着持续的改进与创新。

传统的蚕茧收烘设备往往存在能效低、烘干不均匀、操作复杂等问题。为了解决这些难题，技术人员从多个方面入手进行了改进。首先，在热源方面，传统的燃煤、燃油等热源方式逐渐被电加热、生物质能等清洁能源所取代，这不仅提高了能效,还减少了环境污染。其次,在烘干技术上,引入了先进的热风循环系统和温度湿度控制系统,确保蚕茧在烘干过程中受热均匀,避免了因温度过高或湿度不足而造成的质量损失。

除了对传统设备的改进,创新型的蚕茧收烘设备也不断涌现。例如,一些设备采用了智能化控制系统,通过传感器和计算机技术的结合,实现了对烘干过程的精准控制。这种设备可以根据蚕茧的实时状态自动调整烘干参数,大大提高了烘干效率和质量。另外,还有一些设备引入了物联网技术,实现了远程监控和数据采集,为生产者提供了更加便捷的管理手段。

在蚕茧收烘设备的改进与创新过程中,还需要考虑设备的适应性和可靠性。由于不同地区的气候条件和蚕茧品种存在差异,因此设备需要具有一定的适应性和调整能力。同时,设备的可靠性也是至关重要的,只有确保设备长时间稳定运行,才能满足大规模生产的需求。

总的来说,蚕茧收烘设备的改进与创新是一个持续不断的过程。通过引入新技术、新材料和新工艺,可以不断提升设备的能效、烘干质量和操作便捷性,为蚕丝产业的可持续发展提供有力支撑。同时,随着科技的不断进步和市场需求的变化,还需要不断探索新的创新点和发展方向,推动蚕茧收烘设备向更高水平迈进。

2)缫丝工艺与技术

(1)传统缫丝工艺与现代缫丝技术的比较

缫丝作为蚕丝产业中的核心环节,经历了从传统工艺到现代技术的演变。传统缫丝工艺与现代缫丝技术在多个方面存在显著的差异,如表 2-1 所示。

表 2-1　传统缫丝工艺与现代缫丝工艺对比

项　目	传统缫丝工艺	现代缫丝工艺
工艺流程	依赖手工操作,包括选茧、煮茧、缫丝、复摇等多个步骤	引入自动化和智能化设备,简化工艺流程
设备	使用木制或铁制的缫丝车,结构简单,操作灵活,但生产效率较低	采用高精度的机械设备和电控系统,如自动缫丝机、智能控制系统等,生产效率高,能够精准控制各项参数
产品质量	生产的蚕丝具有独特的质感和光泽,但质量波动较大	能够生产出质量稳定、均匀度高的蚕丝,满足多样化的市场需求

项　　目	传统缫丝工艺	现代缫丝工艺
环境影响	生产过程中产生的废弃物较多，处理难度较大，容易对环境造成污染	注重环保和资源循环利用，采用先进的废弃物处理技术和资源再利用方案，减少废弃物排放，降低环境污染

从工艺流程上看，传统缫丝工艺主要依赖手工操作，包括选茧、煮茧、缫丝、复摇等多个步骤。每个步骤都需要经验丰富的工人精心操作，以确保蚕丝的质量和产量。而现代缫丝技术则引入了自动化和智能化设备，大大简化了工艺流程。通过先进的控制系统和机械装置，现代缫丝机能够自动完成选茧、煮茧、缫丝等步骤，显著提高了生产效率。

在设备方面，传统缫丝工艺主要使用木制或铁制的缫丝车，这些设备结构简单，操作灵活，但生产效率较低。而现代缫丝技术则采用了高精度的机械设备和电控系统，如自动缫丝机、智能控制系统等。这些设备不仅生产效率高，而且能够精准控制缫丝过程中的各项参数，如温度、湿度、张力等，从而确保蚕丝的质量稳定。

从产品质量上看，传统缫丝工艺生产的蚕丝往往具有独特的质感和光泽，但受到手工操作的影响，质量波动较大。而现代缫丝技术则通过精确的控制和先进的设备，能够生产出质量稳定、均匀度高的蚕丝。此外，现代缫丝技术还能够根据市场需求生产出不同规格和品质的蚕丝，以满足多样化的市场需求。

在环境影响方面，传统缫丝工艺在生产过程中产生的废弃物较多，且处理难度较大，容易对环境造成污染。而现代缫丝技术则注重环保和资源循环利用。通过采用先进的废弃物处理技术和资源再利用方案，现代缫丝企业能够有效减少废弃物排放，降低环境污染。

因此，传统缫丝工艺与现代缫丝技术在工艺流程、设备、产品质量和环境影响等方面存在显著差异。虽然传统工艺具有独特的历史价值和文化内涵，但现代技术凭借其高效、精准和环保的优势，在蚕丝产业中占据了主导地位。随着科技的不断进步和市场需求的变化，现代缫丝技术将继续创新和发展，为蚕丝产业的繁荣做出更大的贡献。

（2）自动缫丝机的原理与应用

中华人民发明了家蚕驯化和丝绸生产技术，它不仅代表了中华民族的智慧和勤劳，也传递着丰富的文化意义。自动缫丝机是现代蚕丝产业中最重要的设备之一,其原理和应用能够有效提高蚕丝的生产效率、保证蚕丝质量。

首先,在技术原理方面,自动缫丝机是结合了机械自动化和智能控制技术的产物。选茧机构、煮茧机构、缫丝机构和控制系统是自动缫丝机的核心内容,如图 2-21 所示。选茧机构是决定选茧质量的关键,直接影响产品质量、生产效率和经济效益等。该部分主要通过光学传感器和机械手臂自动识别并抓取合格的蚕茧;煮茧机构决定了缫丝品质,影响着缫丝效率和成品的品质。通过温湿度传感器和控制器可以精确控制水温和时间,使蚕茧在一定的温度和湿度条件下软化,从而获得品质较好的缫丝;缫丝机构则负责将软化后的蚕茧进行解舒和缫丝,通过多个滚筒和丝导的协同作用,将蚕丝从蚕茧中连续抽出,并确保蚕丝的质量和连续性。控制系统是自动缫丝机的“大脑”,通过 PLC(可编程逻辑控制器)或微处理器等控制器件实现对各个机构的精确控制和协调。控制系统是各部件协同运作的关键,通过调整参数以适应不同情况,从而提高生产效率和产品质量。这些核心部件共同作用,确保自动缫丝机能够高效、稳定地完成蚕丝生产过程。

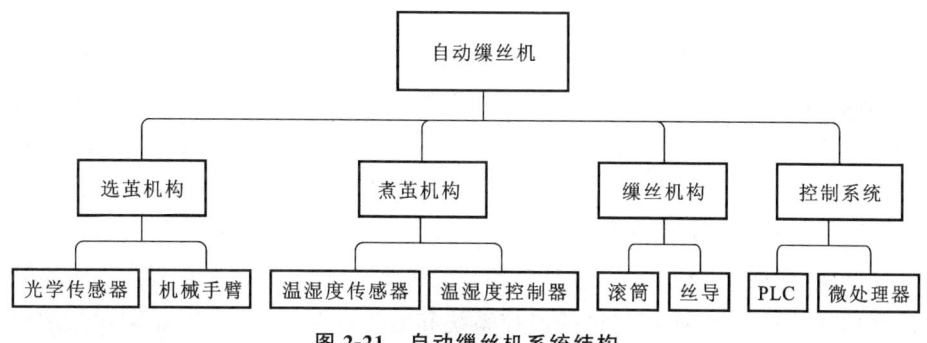

图 2-21　自动缫丝机系统结构

自动缫丝机还采用先进的算法和传感器技术,例如模糊控制算法、张力传感器和速度传感器等,以实现精准的控制。通过根据蚕茧的实时状态自动调整煮茧和缫丝参数,确保蚕丝的质量稳定。同时,监测蚕丝的张力和速度等参数,可及时避免断丝和乱丝等问题,减少不必要的损失。

其次,自动缫丝机在蚕丝产业中具有广泛的应用前景。它能够显著提高生产效率,保证生产质量,同时减少人工成本。与传统的手工缫丝方式相比,自动缫丝机可以连续 24 小时不间断工作,且生产速度可调节,能满足不同规模的生产需求,契合市场需求。此外,自动缫丝机还可以提高蚕丝的质量稳定性,生产出质量均匀、规格一致的蚕丝,满足高端市场的需求。

随着科技的进步、市场需求的改变,自动缫丝机也在不断地更新迭代。一些先进的自动缫丝机已经引入了物联网、人工智能和大数据等技术,实现了远程监控和数据采集功能。通过采集和分析大量生产数据,可以优化和改进生产工艺,提升产品质量和生产效率。此外,自动缫丝机还可以采用模块化设计,不仅有利于设备的维护和更换,也方便用户根据实际需求进行定制和升级。

综上所述,自动缫丝机凭借其高效、精准和可靠的性能优势,在蚕丝产业中得到了广泛的应用和推广。它不仅提高了生产效率和质量稳定性,还推动了蚕丝产业的智能化和可持续发展。随着技术的不断进步和市场的不断发展,自动缫丝机将会更加智能化、自动化和人性化,为蚕丝产业的可持续发展做出更大的贡献。同时,自动缫丝机在节能环保技术应用、自动化程度提升、数据分析和优化,以及维护保养的便利性等方面的改进,也将进一步提升其在蚕丝产业中的应用价值和市场竞争力。

（3）生丝质量与产量的提升技术

在蚕丝产业中,生丝的质量与产量是衡量整个产业效益的关键指标。随着科技的不断进步,多种技术被应用于提升生丝的质量和产量,以满足日益增长的市场需求。

首先,针对生丝质量提升方面,选茧技术发挥了至关重要的作用。通过引入先进的图像识别技术和机器学习算法,现代化的选茧设备能够精确识别蚕茧的外观质量、内部结构和丝质特性。这些设备能够自动剔除不良茧和病茧,确保进入缫丝环节的蚕茧质量上乘。同时,结合大数据分析技术,生产者还可以对蚕茧的质量进行追溯和预测,进一步优化选茧策略。

其次,在缫丝工艺方面,通过改进煮茧和缫丝技术,可以显著提高生丝的解舒率和丝长。例如,采用先进的温控系统和湿度控制技术,可以确保煮茧过程中的水温和湿度稳定,避免蚕茧过度软化或硬化。同时,优化缫丝机的滚筒设计和丝导布局,可以减少断丝和乱丝现象的发生,提高生丝的连续性和均匀度。

此外,为了进一步提升生丝质量,许多企业还引入了丝质检测技术。这些技术包括电子显微镜观察、红外光谱分析、力学性能测试等,能够全面评估生丝的微观结构、化学成分和物理性能。通过这些检测手段,生产者可以及时发现并解决生丝质量问题,确保出厂的每一批生丝都符合高标准。

在提升产量的技术方面,自动化和智能化设备的广泛应用成为关键。现代化的缫丝机配备了自动上茧、自动缫丝、自动复摇等功能,大大减少了人工干预和操作时间。通过引入先进的控制系统和传感器技术,这些设备能够实现精确的速度控制和张力调节,确保生丝在高速缫制过程中保持稳定性和连续性。同时,智能化设备还可以对生产过程进行实时监控和数据分析,帮助生产者及时调整工艺参数和设备状态,提高生产效率和产量。

综上所述,通过引入先进的选茧技术、改进缫丝工艺、应用丝质检测技术以及推广自动化和智能化设备,可以有效提升生丝的质量和产量。这些技术的应用不仅提高了蚕丝产业的整体效益和市场竞争力,还为蚕丝产业的可持续发展奠定了坚实基础。

3）丝绸织造与印染技术

（1）丝绸织造设备与工艺的改进

丝绸作为古老且华贵的纺织品,其织造设备与工艺的改进对于提升产品质量、提高生产效率具有重要意义。近年来,随着科技的不断进步,丝绸织造设备与工艺也迎来了显著的改进。

首先,在设备方面,传统的丝绸织机逐渐被现代化的自动织机所取代。这些自动织机采用了先进的控制系统和机械装置,实现了对经纬线的高速、精确控制,如图 2-22 所示。例如,通过引入电子提花技术,自动织机可以织造出更为复杂、精美的花纹图案;同时,采用伺服驱动系统和精密的张力控制装置,确保了丝绸织物的平整度和紧密度。此外,一些先进的自动织机还配备了在线质量检测系统,能够实时监测织物的质量和织造过程中的异常情况,从而大大提高了产品的合格率和生产效率。

图 2-22　自动织机

其次,在工艺方面,丝绸织造也进行了一系列的改进。针对传统工艺中存在的效率低、能耗高等问题,现代丝绸织造工艺引入了多种新技术和新材料。例如,采用新型的浆料和助剂,可以改善丝绸的润滑性和抗静电性能,提高织造效率;同时,通过优化织造参数和工艺路线,可以降低能耗和生产成本。此外,一些创新的织造工艺,如双层织造、多色交织等,也被应用于丝绸织造中,使得丝绸产品更加丰富多彩,具有更高的附加值。

在技术层面,丝绸织造设备与工艺的改进还体现在对生产环境的优化上。由于丝绸织造对环境温度、湿度等条件的要求较高,因此现代丝绸织造车间通常配备了先进的空调系统和湿度控制设备,以确保生产环境的稳定性和适宜性。同时,通过引入智能化管理系统和物联网技术,生产者可以实现对生产设备的远程监控和数据分析,及时发现并解决潜在问题,提高生产效率和产品质量。

总的来说,丝绸织造设备与工艺的改进是一个持续不断的过程。通过引入新技术、新材料和新工艺,可以不断提升丝绸产品的质量和生产效率,满足日益多样化的市场需求。同时,随着科技的不断进步和市场需求的变化,还需要不断探索新的创新点和发展方向,推动丝绸织造设备与工艺向更高水平迈进。

(2) 丝绸印染技术的创新与发展

丝绸印染技术作为丝绸产业链中的关键环节,其创新与发展对于提升丝绸产品的附加值和市场竞争力具有重要意义。近年来,随着科技的不断进步和环保理念的深入人心,丝绸印染技术也迎来了一系列的创新与发展。

首先,在印花技术方面,传统的丝绸印花工艺逐渐被数字化印花技术所取代。数字化印花技术采用了高分辨率的喷墨打印设备,可以将图案直接打印在丝绸面料上,实现了印花过程的精准控制和高效率生产。这种技术不仅大大提高了印花的清晰度和色彩鲜艳度,还能够满足个性化定制和快速响应市场需求。同时,数字化印花技术在节能环保方面也具有显著优势,减少了传统印花工艺中的废水和废料排放。

其次,在染色技术方面,新型的染色工艺和环保染料的应用成为丝绸印染技术创新的重要方向。例如,超临界流体染色技术利用超临界二氧化碳作为染色介质,实现了无水染色过程,大大减少了水资源的消耗和废水的排放。此外,一些天然植物染料和功能性染料的开发也为丝绸染色提供了更多的选择。这些新型染料不仅具有良好的染色性能和色牢度,还具有抗菌、防晒等特殊功能,拓展了丝绸产品的应用领域。

此外,丝绸印染技术的创新与发展还体现在生产工艺的优化上。通过引入智能化控制系统和自动化设备,可以实现对染色和印花过程的精准控制,提高生产效率和产品质量。同时,一些先进的在线监测和质量控制技术也被应用于丝绸印染生产中,确保产品质量的稳定性和一致性。此外,随着物联网和大数据技术的发展,丝绸印染企业还可以实现生产过程的可追溯性和数据分析,为生产决策提供有力支持。

综上所述,丝绸印染技术的创新与发展是一个不断追求更高效率和更环保的过程。通过引入数字化印花技术、新型染色工艺和环保染料等创新手段,可以不断提升丝绸产品的附加值和市场竞争力。同时,随着科技的不断进步和市场需求的变化,还需要继续探索新的创新点和发展方向,推动丝绸印染技术向更高水平迈进。

(3)功能性丝绸面料的研发与应用

随着科技的不断进步和人们对生活质量要求的提高,功能性丝绸面料作为一种集美观、舒适与实用性于一体的新型纺织材料,其研发与应用日益受到关注。这种面料不仅保留了丝绸的天然优雅,还通过技术手段赋予了其多种特殊功能。

在研发方面,功能性丝绸面料的创新主要集中在纤维改性和织物结构设计两个层面。纤维改性是通过物理、化学或生物方法改变丝绸纤维的性能,以引入新的功能特性。例如,通过纳米技术将抗菌剂、抗紫外线剂或导电材料等纳米粒子嵌入丝绸纤维中,可以赋予面料抗菌、抗紫外线或防静电等特殊功能。此外,利用生物技术还可以培育出具有特定性能的蚕丝,如抗虫、抗病或增强力学性能等。

织物结构设计则是通过改变丝绸织物的经纬密度、组织结构或引入其他纤维材料等方式,创造出具有特殊功能的面料。例如,通过调整织物的孔隙大小和分布,可以开发出透气性好、导湿快干的丝绸面料,适用于运动服装和夏季服饰。另外,将丝绸与其他高性能纤维(如聚酯纤维、氨纶等)混纺,可以进一步提升面料的力学性能、耐磨性或弹性等。

在应用方面,功能性丝绸面料的多样化特性使其在众多领域具有广阔的市场前景。在高端时装领域,具有抗皱、易护理功能的丝绸面料能够满足消费者对服饰便捷性的需求;在医疗保健领域,抗菌、防敏感的丝绸面料可用于制作手术服、床单和伤口敷料等;在户外运动领域,抗紫外线、透气的丝绸面料则是制作防晒服、运动衫的理想选择。此外,功能性丝绸面料还在家居装饰、汽车内饰等领域展现出其独特的应用价值。

功能性丝绸面料的研发与应用还涉及面料后整理技术的创新。后整理是通过物理或化学方法进一步改善和提升面料性能的重要工序。例如,采用微纳米技术对面料表面进行处理,可以增强其防水防污性能;通过先进的涂层技术,可以在丝绸面料上形成一层超薄的保护膜,以提高其耐磨性和耐久性。

总体而言,功能性丝绸面料的研发与应用是一个不断创新和发展的过程。随着科技的进步和消费者需求的多样化,未来功能性丝绸面料将在更多领域展现其独特的魅力和实用价值。

3. 技术创新现状

(1) 当前蚕桑丝绸产业技术创新的主要成果与进展

蚕桑丝绸产业作为历史悠久的传统产业,近年来在技术创新方面取得了显著成果和持续进展。这些创新不仅提升了丝绸产品的质量和生产效率,还为产业的可持续发展注入了新的活力。

在蚕种改良方面,通过基因编辑和遗传育种技术,成功培育出多个高产、优质、抗病力强的蚕品种。这些新品种的推广应用,显著提高了蚕茧的产量和质量,为丝绸产业的原料供应提供了有力保障。同时,基于生物信息学和蛋白质组学的研究,也为深入了解蚕的生理生化特性,进一步优化蚕种性能提供了理论基础。

在桑树栽培技术上,通过引入先进的种植管理模式和生物技术手段,如智能灌溉系统、土壤养分监测与调控等,实现了桑树的精准化、高效化栽培。这不仅提高了桑叶的产量和品质,还降低了种植成本,减少了环境污染。

在缫丝和织造环节,自动化和智能化设备的广泛应用极大地提升了生产效率。例如,自动缫丝机、智能织机等先进设备的研发和应用,实现了从蚕茧到丝绸成品的连续化、自动化生产。同时,通过引入物联网和大数据技术,实现了生产过程的实时监控和数据分析,为生产决策提供了有力支持。

在印染和后整理技术方面,环保、高效的新型印染工艺和功能性整理剂的研发应用,显著提升了丝绸产品的附加值和市场竞争力。例如,数码印花技术、超临界流体染色技术等创新手段的应用,不仅提高了印花和染色的效果,还降低了能耗和废水排放。同时,通过引入纳米技术和功能性整理剂,赋予了丝绸产品抗菌、抗紫外线、防水防污等特殊功能。

此外,在蚕桑丝绸产业链的整合和优化方面,通过构建全产业链的信息化平台,实现了从原料到终端产品的全程追溯和协同管理。这不仅提高了产业的整体效率和响应速度,还为产业的转型升级和可持续发展提供了有力支撑。

（2）面临的主要技术挑战与问题

尽管蚕桑丝绸产业历史悠久且在多个环节已实现了显著的技术创新，但仍然面临着一系列技术挑战与问题，这些问题对产业的持续发展构成了制约。

首先，在蚕种改良方面，虽取得了一定成果，但在面对多变的环境条件和疾病压力时，蚕种的适应性和抗病力仍需进一步提高。现有的基因资源和育种技术还不能完全满足产业对高产、优质、多抗新品种的迫切需求。此外，对蚕的生理生化特性研究仍有待深入，以揭示更多与产量、质量相关的关键基因和调控机制。

其次，在桑树栽培方面，尽管已引入了先进的种植管理技术和生物技术手段，但如何实现桑树的精准化、高效化栽培仍是一个技术难题。特别是在面对气候变化、土壤退化等不利条件时，如何保持桑叶的高产和优质成了一个亟待解决的问题。

再者，缫丝和织造环节的自动化和智能化水平虽然得到了显著提升，但在一些关键工序上，如复杂花纹的织造、高精度的缫丝控制等，仍需突破现有技术的限制。此外，随着消费者对丝绸产品质量和个性化的要求越来越高，如何实现定制化、小批量的高效生产也成了产业面临的一个技术挑战。

在印染和后整理技术方面，尽管已开发出多种环保、高效的印染工艺和功能性整理剂，但在降低能耗和废水排放、提高印染效果等方面仍有待进一步的技术突破。特别是在应对日益严格的环保法规和市场竞争时，如何实现丝绸产品的绿色印染和功能性整理成了产业发展的关键。

最后，在产业链的整合和优化方面，尽管已构建了全产业链的信息化平台，但在实现全程追溯、协同管理以及优化资源配置等方面仍面临着诸多技术难题。特别是在面对全球化、网络化的市场环境时，如何提升蚕桑丝绸产业的整体效率和响应速度成为了一个亟待解决的问题。

总之，蚕桑丝绸产业在技术创新的过程中仍面临着多方面的技术挑战与问题。这些问题的解决需要产业内外各方的共同努力和持续投入，以期推动蚕桑丝绸产业的持续健康发展。

（3）国内外技术创新与合作现状

蚕桑丝绸产业作为传统优势产业，在国内外一直备受关注，技术创新与合作现状也呈现出积极的发展态势。

在国内，蚕桑丝绸产业技术创新持续深入。政府、科研机构和企业之间形成了紧密的合作关系，共同推动产业技术进步。例如，通过设立蚕桑丝绸产业技术创新联盟，汇聚了行业内的优势资源，加速了新技术的研发和推广。在蚕种改良、桑树栽培、缫丝织造、印染整理等关键环节,国内科研机构和企业不断取得突破,推出了一系列具有自主知识产权的新技术和新产品。例如,西部(重庆)科学城种质创制大科学中心家蚕种质创制团队设计了抗病性强化蚕种,该蚕种通过基因编辑技术增强了抗病毒和细菌的能力,显著提高了蚕茧的产量和质量,降低了养殖风险。广西农投时宜农业科技有限公司开发了智能灌溉与养分管理系统,该系统结合土壤和气象数据,实现桑树的精准灌溉与养分补给,提升了桑叶产量和品质,同时节约了水资源和肥料。万事利集团有限公司开发了环保数码印花技术,该技术使用低能耗、低排放的数码印花设备,实现了丝绸产品的高精度印花和个性化定制,同时降低了环境压力。

在国际上,中国蚕桑丝绸产业也积极参与全球技术创新与合作。通过与国际丝绸联盟、国际蚕业委员会等国际组织以及法国、意大利等丝绸产业发达国家的交流与合作,中国蚕桑丝绸产业不断吸收和借鉴国际先进技术和管理经验,提升了自身的创新能力和竞争力。例如,2021 年 6 月 10 日,在杭州召开国际丝绸联盟主席会议暨丝绸可持续发展国际智库论坛,该论坛会议旨在讨论丝绸行业实现"碳中和"的方案、路径与关键技术,推进适合丝绸全产业链的生命周期评价研究,维护丝绸行业的国际形象与产业利益,促进全球丝绸可持续的绿色消费。2022 年 11 月 16 日,在澳门举办"海上丝绸之路文化遗产保护与可持续发展"为主题的"海上丝绸之路"国际文化论坛,论坛通过专家分享海上丝绸之路遗产保护和研究的前沿成果,让与会者、市民了解海上丝绸之路文化遗产的重要性,持续加深海丝沿线地区对海丝遗产保护的交流和合作,加强人文交流,促进民心相通。2023 年 11 月 14 日,在苏州召开中法文化论坛,在本届中法文化论坛中,苏州丝绸博物馆拟与里昂纺织博物馆,建立国际友好专题博物馆关系,在丝绸保护、研究、利用、展示和数字化方面,开展多层次交流合作。2024 年 9 月 20 日,在昆明举办首届丝绸之路城市文化和旅游发展国际论坛暨丝绸之路城市文化和旅游季,论坛围绕"新质生产力赋能城市旅游发展的路径探索""经济全球化与文化多样性:丝绸之路城市的文化交流与旅游发展"两个主题展开讨论。2025 年 2 月 20 日,中国丝绸博物馆携手浙江理工大学,并特邀意大利驻上海总领事馆、意大利马兰戈尼学院及央视《衣锦天下》节目组在中国丝绸博物馆举办"2025 中意时尚艺术之约"灵感源发布会。该项活动面向中国、意大利的青年设计师及服装专业大学生征集设计稿件,鼓励其围绕发布的灵感源传统纹样进行创新设计,展现古老文化与现代时尚的充分融合。

同时,中国蚕桑丝绸产业还通过"一带一路"倡议等国际合作机制,加强了与共建"一带一路"国家的产业对接与技术合作。通过援建蚕桑丝绸生产基地、提供技术培训和推广先进技术等方式,帮助这些国家提升蚕桑丝绸产业水平,实现了互利共赢。例如,2014 年 7 月,在古巴蚕桑项目组和中国农业科学院蚕业研究所分别建立蚕桑科技合作中心,开展桑树种植、蚕养殖和产品生产开发合作。多个科研院所面向古巴蚕桑产业需求,开展科学研究与技术开发。经过多年的发展与沉淀,中国帮助古巴逐渐形成从种植、养殖到加工利用的蚕桑产业体系。2019 年 11 月,在肯尼亚建立现代丝绸产业园。该园区集成了中国先进的丝绸生产技术和设备,为肯尼亚丝绸企业提供了技术支持和市场渠道,助力当地丝绸产业的升级换代。2019 年 9 月,在老挝万象成功举办了绿色丝绸研究中心首期蚕桑技术培训班。中国专家向老挝的蚕桑产业从业人员传授了桑树育苗、栽培、收获与利用,蚕种孵化、桑蚕饲养、茧丝处理等相关的先进技术,提升了当地蚕桑种养的生产效率和品质。

尽管国内外技术创新与合作取得了一定的成果,但蚕桑丝绸产业仍面临着一些挑战和问题。国际市场竞争激烈、环保法规日益严格等都对产业技术创新提出了更高的要求。因此,未来蚕桑丝绸产业需要进一步加强国内外技术创新与合作,共同推动产业向更高水平发展。

综上所述,蚕桑丝绸产业的国内外技术创新与合作现状呈现出积极的发展态势。通过政府、科研机构和企业的共同努力以及国际间的交流与合作,相信蚕桑丝绸产业将不断突破技术瓶颈、拓展市场空间,迎来更加广阔的发展前景。

2.4.2　蚕桑丝绸产业的未来发展趋势

蚕桑丝绸产业的未来发展趋势将围绕技术赋能多维变革、现代蚕桑丝绸产业体系建设、全产业链多元创新以及多领域跨界深度融合等核心方向展开,如图 2-23 所示。在技术赋能多维变革方面,将注重蚕桑良种的选育,开发省力化蚕桑机械,并研发智能化缫丝设备,以科技力量推动产业多维变革。同时,构建现代蚕桑丝绸产业体系将成为关键,包括推动蚕桑生产的产业化与集约化,推广种桑养蚕的产业化模式,以及发展全龄饲料工厂化养蚕。传统蚕桑丝绸产业的升级同样重要,丝绸企业需要加快数字化转型,注重技术创新与绿色制造,同时实现大中小企业的融通发展,以及建设现代丝绸产业体系。此外,全产业链多元创新将深化"三品"专项行动实施,丰富产品种类,打造丝绸精品,培育丝绸品牌,并弘扬传统丝绸文化,保护和利用丝绸文化遗产。最后,多领域跨界深度融合将推动蚕桑国际产能合作,加强丝绸产业的国际合作,为蚕桑丝绸产业的未来发展注入新的活力。

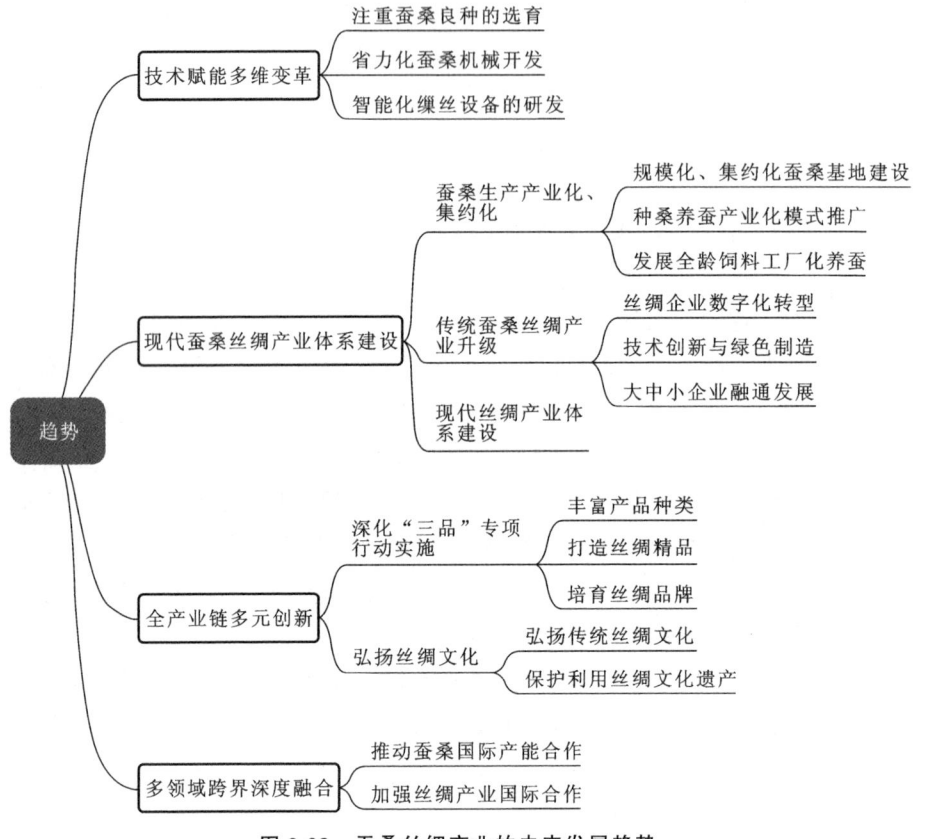

图 2-23　蚕桑丝绸产业的未来发展趋势

1. 技术赋能多维变革

蚕桑丝绸产业,作为一条横跨农业、工业、服务业的完整产业链,正面临着技术赋能带来的多维变革。从种桑养蚕的前端环节,到缫丝织绸、成品制造、对外贸易的中后端环节,科技创新正在推动产业的全面升级。

在前端蚕桑生产环节,未来的发展趋势将更加注重蚕桑良种的选育。为了适应工厂化、规模化养蚕的需求,将大力支持培育抗病性高、整齐性好、质量优良的蚕桑品种。通过现代遗传育种技术,结合分子生物学手段,有望培育出更加适应现代养蚕业的优良品种,为蚕桑丝绸产业的可持续发展提供坚实基础。

同时,省力化蚕桑机械的开发将成为未来的重要方向。为了降低劳动强度,提高生产效率,将研发桑树种植、桑叶采摘、蚕种制育、自动喂养、智能养蚕等环节的机械设备。这些设备的应用将极大地提升蚕桑生产的自动化和智能化水平,推动传统蚕桑生产方式的现代化转型。

在中后端丝绸加工环节,智能化缫丝设备的研发将成为关键。具备自动选茧、智能煮茧、在线监测等功能的智能化缫丝生产线将实现丝绸加工过程的自动化和智能化。这不仅能提高生产效率,降低能耗和成本,还能提升丝绸产品的质量和附加值。通过引入先进的人工智能和机器学习技术,智能化缫丝设备有望实现更加精准和高效的生产控制。

此外,随着蚕桑资源多元化利用技术的不断发展,蚕桑产业已从传统的绢丝生产拓展到多元发展领域。未来,将更加注重实现三产融合、上下游贯通,形成完整的循环链。围绕种桑养蚕规模化、生产智能化、综合利用产业化和文旅融合数字化等目标,推动蚕桑资源的多元高值化利用,为传统蚕桑产业的转型和升级注入新的活力。

在品牌建设和营销方面,未来的蚕桑丝绸产业将更加注重品牌引领和线上线下结合的营销模式。通过数字化技术构建的柔性快反生产链,实现个性化设计和数实融合营销新模式等创新举措,推动一批丝绸产品成为人们追捧的新国潮。这将进一步提升中国蚕桑丝绸产业的国际竞争力和市场影响力。

未来的蚕桑丝绸产业将在技术赋能的推动下,实现良种选育、省力化机械设备和智能化缫丝设备技术改造等多维度的变革。这些变革将共同推动蚕桑丝绸产业向着更加高效、环保、可持续的方向发展,为全球消费者提供更加优质、多样化的丝绸产品。

2. 现代蚕桑丝绸产业体系建设

随着科技的持续进步与市场需求的不断变化,蚕桑丝绸产业正迎来一场深刻的现代化转型。未来,这一产业将围绕蚕桑生产的产业化、集约化以及整体产业升级与现代丝绸产业体系建设两大核心方向,展开全面的创新与发展。

在蚕桑生产方面,产业化与集约化成为主导趋势。规模化、集约化蚕桑基地的建设正在加速推进,旨在形成机械化、标准化的新型蚕桑种养体系。这种模式的推广,不仅有助于提高土地利用率和劳动生产率,更能确保蚕桑生产的稳定性和可持续性。同时,种桑养蚕的产业化模式也能得到广泛推广。龙头企业在此过程中发挥着关键作用,它们通过向产业上游延伸产业链,采用"公司＋"模式,与农户形成紧密的利益联结机制,实现共赢发展。

特别值得一提的是,全龄饲料工厂化养蚕作为一种创新的养蚕方式,正在浙江、江苏、四川、广西等产业基础较好的地区得到积极培育和推广。这种方式不仅改变了传统养蚕对自然条件的依赖,更大大提高了养蚕的效率和产量,为蚕桑生产的现代化转型提供了有力支撑。

在产业升级与现代丝绸产业体系建设方面,数字化、绿色化以及大中小企业的融通发展成为关键。丝绸企业正在积极推动数字化转型,通过研发设计、生产制造、产品销售、企业管理运营等环节的数字化升级,建设智能车间和工业互联网平台,提高生产效率和产品质量。同时,绿色技术的推广和应用也成为产业升级的重要内容。通过开展绿色产品评价、建设绿色工厂等措施,推动蚕桑丝绸产业向更加环保、可持续的方向发展。

此外,大中小企业的融通发展也是现代丝绸产业体系建设的重要一环。通过支持龙头企业平台化运营、提升中小企业专精特新能力等措施,形成创新链共享、供应链协同、数据链联动的大中小企业融通发展产业生态。这种生态的构建,不仅有助于提升整个产业的竞争力和创新能力,更能促进产业健康、持续的发展。

最后,优化国内产业供需体系也是未来蚕桑丝绸产业发展的重要方向。通过积极推动中西部地区承接蚕桑丝绸产业转移,实现市场、集群、企业联动发展等措施,进一步优化产业布局和资源配置,提高整个产业的运行效率和市场竞争力。

综上所述,未来蚕桑丝绸产业的发展将围绕蚕桑生产的产业化、集约化以及整体产业升级与现代丝绸产业体系建设两大方向展开全面的创新与发展。通过科技赋能、模式创新、生态构建等多维度举措的推进实施,蚕桑丝绸产业将焕发出新的生机与活力。

3. 全产业链多元创新

随着科技的进步和市场的不断拓展,蚕桑丝绸产业正迎来前所未有的发展机遇。全产业链的多元创新成为推动这一古老产业焕发新活力的关键所在。

在深化"三品"专项行动方面,蚕桑丝绸产业正积极推动资源的综合利用,以丰富产品种类,通过加快桑、蚕领域的产品研发,努力开发出更多具有市场潜力的新产品。特别是在食品、化妆品、药品等领域,一批骨干企业正迅速崛起,成为推动产业发展的重要力量。这些企业不仅注重产品的品质和安全性,还积极探索新的市场渠道,为消费者提供更多元化的选择。

同时,蚕桑丝绸产业也在不断提高产品质量,致力于打造丝绸精品。通过完善茧、丝绸产品质量分等分级制度,企业能够更准确地评估产品的品质和价值,从而为消费者提供更优质的产品。此外,加大上下游合作力度,推动时尚化、个性化、绿色化丝绸服装、家纺等消费品的发展,也是产业提升竞争力的重要途径。这些举措不仅有助于满足消费者的多样化需求,还能进一步拓展蚕桑丝绸产业的市场空间。

在提升创意设计水平方面,蚕桑丝绸产业正积极培育丝绸品牌。通过支持举办各类展会和创意设计大赛,产业界能够汇聚更多创新资源和设计人才,为丝绸产品的创新设计提供有力支持。同时,鼓励地方和企业创建国家级工业设计中心、纺织服装创意设计园区等项目,有助于形成一批具有影响力的丝绸品牌,提升产业的整体形象和竞争力。

此外,弘扬丝绸文化也是蚕桑丝绸产业未来发展的重要方向之一。通过开展丝绸文化研究及文化资源普查,建立数据平台,产业界能够更好地传承和弘扬传统丝绸文化。同时,支持非物质文化遗产传承人传播普及丝绸文化,有助于增强丝绸文化的社会影响力。保护利用丝绸文化遗产,支持桑蚕丝绸传统技艺申报非物质文化遗产,以及建设丝绸特色小镇等措施,将进一步推动丝绸文化与旅游产业的融合发展,为蚕桑丝绸产业注入新的活力。

总之,蚕桑丝绸产业的未来发展趋势将围绕全产业链的多元创新展开。通过深化"三品"专项行动、弘扬丝绸文化等举措,蚕桑丝绸产业将不断拓展新的发展空间,为全球消费者带来更多优质、创新的丝绸产品和文化体验。

4. 多领域跨界深度融合

蚕桑丝绸产业未来发展趋势将不可避免地涉及多领域的跨界深度融合,其中,加强国际合作成为推动产业进一步发展的重要策略。

在全球化的背景下,推动蚕桑国际产能合作显得尤为重要。中国与非洲国家在蚕桑养殖、种植、加工技术交流合作方面已经取得了积极进展。通过持续推进这种合作模式,可以在非洲等地建立蚕桑产业示范园,实现技术输出和产能转移,进一步拓展蚕桑丝绸产业的国际市场。这种合作不仅有助于提升当地蚕桑产业的发展水平,还能为中国蚕桑丝绸产业带来新的发展机遇。

同时,丝绸产业的国际合作也是未来发展的重要方向。中国丝绸企业具备丰富的生产经验和先进的技术水平,而拉美、中亚、东南亚等地则拥有丰富的丝绸原料资源和市场需求。通过鼓励国内丝绸企业与这些地区开展丝绸生产合作,可以实现资源优势互补,共同推动丝绸产业的繁荣发展。这种合作不仅有助于提升中国丝绸产品的国际竞争力,还能为全球消费者带来更多优质的丝绸产品。

在品牌、技术、创意设计、营销渠道等多方面,国内外企业也拥有广阔的合作空间。通过加强与国际知名品牌的合作,可以提升中国丝绸产品的品牌影响力和附加值;通过引进国际先进技术,可以推动中国蚕桑丝绸产业的技术创新和产业升级;通过与国际设计机构的合作,可以开发出更多具有国际水准的丝绸产品;通过拓展国际营销渠道,可以将中国优质的丝绸产品推向更广阔的国际市场。

综上所述,加强国际合作是蚕桑丝绸产业未来发展的重要趋势之一。通过推动蚕桑国际产能合作、支持丝绸产业国际合作以及加强在品牌、技术、创意设计、营销渠道等多方面的国际合作,可以实现蚕桑丝绸产业与全球市场的深度融合,共同推动产业的繁荣与发展。

第 3 章　蚕桑丝绸产业
新工科育人模式探索

3.1　人才培养目标与课程体系

在工科发展的新形势下,当前人才培养目标正悄然发生改变,随着对工程人才,特别是应用型工程人才需求的不断变化,高校更应深入贯彻落实本科工程人才教育的培养目标,紧跟新工科发展大势,在此基础上,依托通识教育,融合科学、人文等其他学科方向,实现跨学科融合,培养应用型复合型通识人才。

3.1.1　构建跨界学科人才培养方案

在新时代工业发展潮流下,人才培养需要制定明确的学科融合培养目标,即重新建构培养目标体系,应将新时代下产业行业的新需求纳入培养目标体系,从专业分割向多学科交叉融合转变,从单一的专业教育向通识教育与专业教育相结合转变,培养学生运用多学科知识解决问题的能力。其次,学生专业培养方案亟须更新,除了涵盖新工科所需专业基础知识外,还应将其他相关背景的融合学科知识也纳入教学内容中。新的培养内容和培养方式还应将行业发展以及科研院校的最新成果纳入教育教学中,使人才培养方案能够与时俱进,与行业发展同步,构建动态更新的专业课程体系。在融合学科人才培养中,最重要的是注重多方协作培养,实现跨界融合。新工科背景下,工程人才培养要善于调动多学科、多部门、多领域的资源优势,共同努力,探索更适合当前工程人才培养的模式和路径。因此,在制定培养方案时,要明确行业产业、科研院所的责任,充分利用行业产业、研究院所、国际组织等多方资源,探索多种产学研育人模式,培养适应当地经济发展需求的人才,为当地经济发展服务。

在蚕桑丝绸产业新工科育人模式的探索中,人才培养目标与课程体系的设计是核心。这一部分旨在明确教育目标,构建符合产业需求的课程体系,以及确定教育方法和评估机制。

首先,人才培养目标应当紧密结合蚕桑丝绸产业的发展趋势和未来需求。目标应包括培养学生的专业知识、实践能力、创新精神和国际视野。专业知识不仅涵盖蚕桑养殖、丝绸加工等核心技术,还应包括市场营销、企业管理、国际贸易等相关领域。实践能力则强调学生在实际操作中的技能,如养殖技术的应用、丝绸工艺的创新等。创新精神鼓励学生敢于突破传统,探索新的技术和市场。国际视野则帮助学生了解全球蚕桑丝绸产业的动态,培养跨文化交流和合作的能力。积极推动信息技术与蚕桑丝绸产业深度融合,促使蚕桑丝绸产业转型升级。结合产业未来发展,确定工科类高素质应用型人才应具备通识认知、知识应用、工程创新、综合集成、管理协调和创业执业等6种能力,切实提高人才培养的目标达成度、社会适应度、条件保障度、质保有效度和结果满意度。

3.1.2 调整优化课程结构

新工科是应对过去所培养的人才已不能满足当前新经济、新产业发展需要而适时提出的一个新概念。当今世界,新一轮的科技革命和产业革命蓬勃兴起,我国科技产业的飞速发展带动了工程行业的崛起,实现了从跟跑到领跑的跨越。高校作为工程人才培育的摇篮,打好人才专业素养培养的根基,有助于加速中国工程行业在全球的跨越式发展。因此,坚持调整专业课程结构以匹配新时代人才需求,显得尤为重要。

课程体系紧密对接蚕桑丝绸产业工程技术,打破传统课程体系架构,以能力培养为主线,采用"树状反演法"重构"平台＋课程群"为模式的全新课程体系,如图3-1所示。搭建基础知识、基础能力两平台,设置创新能力、综合能力和企业定制三类课程群。各课程群包含4～6门具有典型工程性和学科交叉性的课程;量身打造蚕桑丝绸企业定制课程群,融入以典型工程项目为载体的教学内容,实现课程群内课程之间的高度关联,着力培养学生工程创新能力。

课程体系的设计需要围绕人才培养目标展开,涵盖理论课程和实践课程两大类。理论课程如蚕桑生物学、丝绸工艺学、市场营销学等,旨在为学生提供全面的知识基础;实践课程则包括实验室操作、实习、项目研究等,旨在培养学生的实际操作能力和创新能力。此外,课程体系还应注重跨学科融合,例如将信息技术、环境科学等领域的知识引入蚕桑丝绸产业的相关课程中。在课程设置和教学过程中需要考虑以下几个方面。

1. 定期更新课程内容

定期对课程内容进行更新,是确保学生掌握最新行业知识和技能的关键举

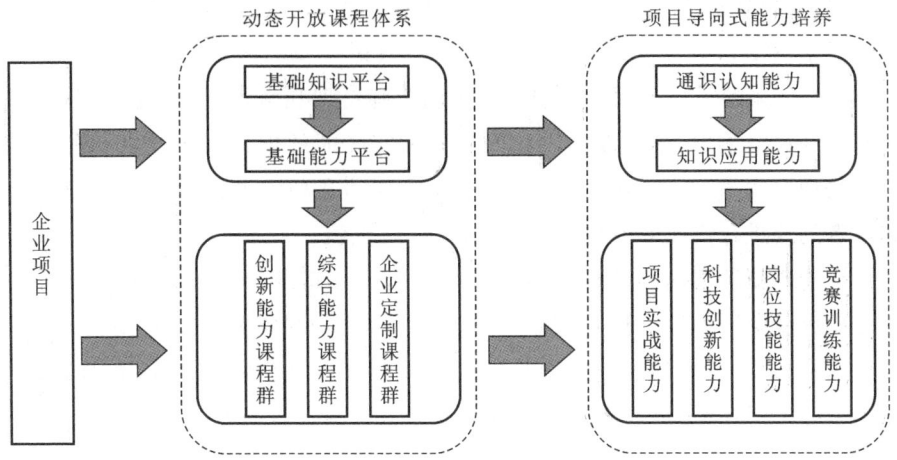

图 3-1   蚕桑丝绸产业新工科专业课程新体系框架示意图

措。在蚕桑丝绸产业新工科育人模式中,课程内容的更新至关重要。

（1）定期更新课程内容。定期对课程内容进行审查与更新,确保课程内容与行业最新发展保持同步。例如,可每学期对课程内容进行一次全面审查,更新和调整过时或不准确的部分。同时,邀请行业专家参与课程内容的更新,以保障内容的实用性和前沿性。

（2）引入最新产业技术和理念。在课程内容中引入最新的产业技术和理念,使学生能够及时了解和掌握行业发展的最新动态。例如,在蚕桑生物学课程中,引入最新的基因编辑技术（如 CRISPR-Cas9）,用于研究蚕的遗传改良和品种选育;在丝绸生产工艺课程中,引入最新的自动化和智能化生产技术（如智能制造和工业互联网）,以提高生产效率和产品质量。

（3）加强实践性教学。在课程内容中强化实践性教学,使学生能够将所学的理论知识应用于实际问题解决。例如,在蚕桑生物学课程中设置实验课程,让学生通过实际操作理解和掌握相关理论知识;在丝绸生产工艺课程中设置实习课程,让学生在实际生产环境中了解和掌握生产工艺和技术。

（4）建立产学研合作机制。与行业企业和研究机构建立紧密的合作关系,共同开发和更新课程内容。例如,邀请行业企业专家参与课程设计,将企业的实际需求和案例融入课程内容;与研究机构合作,开展前沿技术的研究和应用,将最新的研究成果引入课程内容中。

（5）建立在线学习平台。建立在线学习平台,为学生提供丰富的在线学习资源,包括最新的行业资讯、技术动态和在线课程等。例如,可以利用 MOOC、在线讲座、行业论坛等形式,为学生提供多样化的学习资源。同时,鼓励学生利用在线学习平台进行自主学习,以提高学习效果。

(6)加强教师培训和学术交流。加强教师培训和学术交流,提升教师的教学水平和研究能力,确保课程内容的更新和实施的效果。例如,组织教师参加行业培训和学术交流活动,使其了解行业最新动态和前沿技术;邀请行业专家和学者到校进行讲座和研讨,与教师开展学术交流。

定期更新课程内容是确保学生掌握最新行业知识和技能的关键措施。通过定期更新课程内容、引入最新产业技术和理念、加强实践性教学、建立产学研合作机制、建立在线学习平台以及加强教师培训和学术交流,可以有效提升课程内容的更新效果,培养出更多符合产业需求的高素质人才。

2. 采用案例教学法

案例教学法是通过对实际案例的分析和讨论,帮助学生将理论知识与实际应用相结合,提高学生实践能力和解决问题能力的有效方法。在蚕桑丝绸产业新工科育人模式中,案例教学法能够帮助学生理解和应用所学知识。具体的建议和措施如下。

(1)案例的选择。选择具有代表性的实际案例,使学生能够从中学习和借鉴。案例既可以是成功的商业案例,也可以是失败的反面案例。成功的案例可以帮助学生了解成功的经验和做法,而失败的案例则可以帮助学生了解可能出现的问题及其解决方法。案例的选择应考虑时效性、典型性和相关性,确保案例能够反映行业最新发展和学生所学知识的应用。

(2)案例的分析和讨论。在课堂上,通过案例的分析和讨论,帮助学生将理论知识与实际应用相结合。可以采用小组讨论、课堂提问、角色扮演等多种方法,引导学生深入分析和讨论案例。例如,可以让学生分析一个成功的商业案例,了解其中的关键因素和成功经验,并探讨如何将这些经验应用到自己的学习和未来的职业生涯中。同时,也可以让学生分析一个失败的反面案例,了解其中的问题和教训,并探讨如何避免这些问题和错误。

(3)案例的实践应用。鼓励学生将案例中的经验和教训应用到实际问题解决中。可以组织学生进行实际项目或模拟项目,让学生在实际操作中应用案例中的知识和经验。例如,可以组织学生进行一个模拟项目,让学生在项目中应用案例中的关键因素和成功经验,以提高项目的成功率和效率。

(4)案例的反思和总结。在案例教学结束后,引导学生进行反思和总结,使学生能够从案例中学到更多的知识和经验。可以让学生反思自己在案例分析和讨论中的表现和收获,总结案例中的关键因素和成功经验,以及如何将这些经验和教训应用到自己的学习和未来的职业生涯中。

(5)案例库的建立和更新。建立一个案例库,收集和整理各种实际案例,为学生提供丰富的学习资源。案例库应涵盖不同领域的案例,以满足不同学生的学习需求。同时,应定期更新案例库,将最新的行业案例和研究成果纳入其中,以保持案例库的时效性和相关性。

案例教学是一种有效的教学方法,通过实际案例的分析和讨论,可以帮助学生将理论知识与实际应用相结合,提高学生的实践能力和解决问题的能力。通过选择具有代表性的实际案例、进行案例的分析和讨论、鼓励学生将案例中的经验和教训应用到实际问题解决中、引导学生进行案例的反思和总结以及建立和更新案例库,可以提高案例教学的实施效果,培养出更多具有实践能力和创新精神的高素质人才。

3. 鼓励学生参与实践项目

在蚕桑丝绸产业新工科育人模式中,实践项目是提升学生实践能力的重要途径。通过参与实际项目,如蚕桑丝绸机械产品的开发与加工、蚕桑养殖场的管理与运营、丝绸产品的开发与营销等,学生能够将所学理论知识应用于实际操作中,从而提高实践能力。具体的建议和措施如下。

(1)实践项目的选择。选择与蚕桑丝绸产业相关的实践项目,如蚕桑丝绸机械产品的开发与加工、蚕桑养殖场的管理与运营、丝绸产品的开发与营销等。这些项目可以让学生在实际操作中应用所学的理论知识,提高实践能力。例如,可以让学生参与蚕桑养殖场的管理与运营项目,了解养殖场的日常运作和管理流程,学习如何提高养殖效率和蚕茧质量;也可以让学生参与丝绸产品的开发与营销项目,了解产品开发和市场推广的全过程,学习如何进行市场调研、产品设计以及营销策略的制定。

(2)实践项目的实施。鼓励学生积极参与实践项目,并通过团队协作共同完成实践项目。在项目实施过程中,教师可以提供必要的指导和帮助,引导学生正确应用所学的理论知识,解决实际问题。例如,在蚕桑养殖场的管理与运营项目中,可以让学生进行团队协作,制定养殖计划和管理方案,实施养殖过程的监控和管理,以提高养殖效率和蚕茧质量;在丝绸产品的开发与营销项目中,可以让学生进行团队协作,开展市场调研和产品设计,制定营销策略和推广方案,以提高产品的市场竞争力。

(3)实践项目的评估。对实践项目进行评估,以了解学生的实践能力和项目实施的效果。可采用定量和定性相结合的评估方法,对学生的实践能力、团队合作能力、问题解决能力等进行综合评估。同时,可以邀请行业专家和企业导师对实践项目进行评估,提供针对性的建议和指导。例如,邀请行业专家对蚕桑养殖场的管理与运营项目进行评估,了解养殖场的运作效率和蚕茧质量,提供改进意见和建议;邀请企业导师对丝绸产品的开发与营销项目进行评估,了解产品的市场表现和营销效果,提供改进意见和建议。

(4)实践项目的反思和总结。引导学生进行实践项目的反思和总结,使学生能够从实践中学习到更多的知识和经验。可以让学生反思自己在实践项目中的表现和收获,总结实践项目中的关键因素和成功经验,并思考如何将这些经验和教训应用到自己的学习以及未来的职业生涯中。

(5)实践项目的推广和应用。将实践项目中的成功经验和做法推广和应用到其他领域和项目中。可组织学生开展实践项目的分享与交流活动,将实践项目中的成功经验和做法分享给其他同学和教师。同时,可以邀请行业专家和企业导师对实践项目进行评估和指导,将其中的成功经验和做法应用到其他领域和项目中,以实现更广泛的推广和应用。

实践项目是提升学生实践能力的重要途径。通过精心选择与蚕桑丝绸产业相关的实际项目,鼓励学生积极参与实践项目的实施,对实践项目进行科学评估,引导学生进行反思与总结,并将实践项目中的成功经验和做法推广和应用到其他领域和项目中,能够有效提升实践项目的实施效果,培养出更多具有实践能力和创新精神的高素质人才。

4. 积极参与国际交流与合作

国际交流与合作是蚕桑丝绸产业新工科育人模式的重要组成部分。通过与国内外相关高校和企业建立合作关系,为学生提供国际交流和实习的机会,可以拓宽学生的国际视野,增强其国际竞争力。具体的建议和措施如下。

(1)合作高校的选择。选择与蚕桑丝绸产业相关的国内外高校建立合作关系。这些高校应具有先进的教学和科研资源,以及丰富的国际交流经验。例如,可以与日本、韩国、意大利等国家的相关高校建立合作关系,学习他们在蚕桑丝绸产业领域的先进技术和经验。

(2)合作企业的选择。选择与蚕桑丝绸产业相关的国内外企业建立合作关系。这些企业应具有较高的国际知名度和影响力,以及丰富的实践经验和项目资源。例如,可以与丝织品生产企业、蚕种研发企业、养殖设备制造企业等建立合作关系,了解他们在行业中的先进技术和经验。

（3）国际交流和实习机会的提供。通过与国内外高校和企业建立合作关系，为学生提供丰富的国际交流和实习的机会。可以组织学生参加国际学术会议、研讨会等活动，了解行业前沿动态和技术；安排学生到合作企业进行实习，参与实际项目，提高实践能力。同时，鼓励学生参加国际志愿者项目、海外交流项目等，拓宽国际视野。

（4）国际合作项目的开展。与国内外高校和企业共同开展国际合作项目，促进资源共享和优势互补。可以开展联合科研项目、联合课程开发、联合人才培养等合作项目，提升学生的国际竞争力。同时，可以邀请国外专家来校进行讲座和研讨，分享国际经验和先进技术。

（5）学生国际交流能力的培养。通过国际交流与合作，培养学生的国际交流能力。可以开设国际交流课程，教授学生跨文化沟通技巧、国际礼仪等知识；组织学生参加外语角、外语演讲比赛等活动，提高学生的外语交流能力。同时，鼓励学生参加国际交流社团、学生组织等，锻炼国际交流能力。

（6）国际合作与交流的评估。对国际合作与交流的效果进行评估，了解学生的国际交流能力和项目实施效果。可采用定量和定性相结合的评估方法，对学生在国际交流中的能力、项目参与度、收获和反馈等进行综合评估。同时，可以邀请行业专家和企业导师对国际合作与交流进行评估，提供针对性的建议和指导。

国际交流与合作是蚕桑丝绸产业新工科育人模式的重要组成部分。通过与国内外相关高校和企业建立合作关系，为学生提供丰富的国际交流和实习机会，开展国际合作项目，培养学生的国际交流能力，并对国际合作与交流的效果进行科学评估，能够有效提升国际交流与合作的实施效果，培养出更多具有国际视野和创新精神的高素质人才。

3.2　实践教学体系的教学理念

实践教学的教学理念是实践教学的首要元素和前提条件，只有在科学的实践教学理念引导下，实践教学的教学方式和教学过程才能发生相应的变化。在当前社会以新技术、新产品、新业态和新模式为特点的新经济发展模式下，蚕桑丝绸产业工程人才的培养理念必须随着高等工程教育在经济社会的发展中角色的变化和重要性的提升而及时调整和更新。因此，在新工科背景下推进蚕桑丝绸产业实践教学的改革时，必须以新的理念为引导。

3.2.1 对接产业行业的理念

新工科建设的立足点在于积极对接并满足产业界的需求。蚕桑丝绸产业实践教育的目的就是为相关产业培养合格的工程科技人才。当前,随着蚕桑丝绸产业的调整、转型升级,新旧增长动能的转换,以及新型产业和新的产业形态的出现,拥有一批多层次、多类型的优秀工程科技人才对于我国的蚕桑丝绸产业的持续发展是十分必要的,而这也正是蚕桑丝绸产业新工科建设的目标所在。

在人才需求日益多样化、工程人才竞争日益激烈的背景下,新工科建设必须通过充分的市场和产业研究,了解当前工程人才在工程实际中存在的不足。根据蚕桑丝绸产业结构的变化,适当调整教学内容,并根据蚕桑丝绸产业行业的变化及时优化实践教学体系,确保工程人才的培养符合蚕桑丝绸产业行业的需求。积极应对蚕桑丝绸产业的变化和发展,主动培养行业急需的工程科技人才。

3.2.2 以学生为中心的理念

"以学生为中心"的教育理念由卡尔·罗杰斯于 20 世纪 50 年代提出。他强调关注学生的"学",重视学习过程的本身,认为教师在学习的过程中不应起到主导作用,学生才是教学过程的主体。近年来,随着我国高等教育改革的不断深入,以及对其他国家高等教育改革经验的持续借鉴,"以学生为中心"的理念逐渐被教师、教育专家和学生广泛认可。

在蚕桑丝绸产业实践教育中,必须树立"以学生为中心"的教学理念,并将其贯穿于实践教学的全过程。这一理念更多的是强调在实践过程中要注重学生的学习兴趣和学习规律,从而更好地提升学生的实践能力,提高实践教学的成效。这要求在蚕桑丝绸产业的实际实践教学中,教师要了解学生的潜力和个性,开展因材施教的教育教学工作。教师既要熟悉不同学生的个性特征,实施针对性的教学;又要在实际的教学过程中,引导学生的兴趣爱好,激发其对实践知识的探索热情;还要挖掘学生自身的潜力,为其未来的职业发展奠定基础。只有这样才能真正提高学生的实践能力。

3.2.3 学生学习成果导向的理念

"学习成果导向"是一种以学生学习成果为核心的教育理念。其主要特点可以概括为"目标导向"模式:每个学生都能获得成功,这种成功并不是唯一标准的成功,而是一种因人而异的定制化教育目标。这种模式从教育目标出发,反向设计教育的各个环节,相较于传统的"过程决定结果"、"静态"模式,"学习成果导向"模式是动态的,具有更强的适应能力。它能够全面阐述学校类型、教学目标、毕业要求、课程体系、教学方法、师资队伍之间的关系:企业需求决定学校定位;学校定位决定专业教学目标;专业教学目标决定学生的毕业要求;毕业要求决定课程体系;课程体系决定师资队伍的建设和教学资源的配置。

3.3　实践教学体系的建设原则

建设一个科学合理、高效运行的蚕桑丝绸产业工程实践教学体系,对提升蚕桑丝绸产业人才培养质量具有重要意义。这是一项复杂的系统工程,必须反映工程教育的本质,将实践教学体系的自身特色与社会发展需求相结合,并遵循一定的教学体系建设规律。具体而言,就是要坚持以下原则。

3.3.1　未来需求原则

高校在建设工程实践教学体系时,应遵循未来需求的原则,具备前瞻性视野,实现工程人才培养与市场需求的有效匹配。蚕桑丝绸产业新工科建设强调适应变化、主动布局、引领未来发展。因此,未来需求原则要求蚕桑丝绸产业新工科工程实践教学体系建设做好两方面的工作。

一是蚕桑丝绸产业工程人才需求预测。即以蚕桑丝绸产业工程人才培养现状为基础,预测并追踪未来经济与蚕桑丝绸产业发展对工程人才的能力、素质和知识结构的需求变化。通过科学的需求预测,更好地设置蚕桑丝绸产业工程实践教学内容,前瞻性地培养新工科人才。为此,在宏观层面,要熟悉和掌握国家蚕桑丝绸产业发展规划、宏观经济政策、产业导向以及国民经济和社会发展规划等;在微观层面,必须加强与蚕桑丝绸产业行业、企业的合作,主动适应产业发展,了解技术更新迭代的速度和企业用人需求。

二是根据预测分析结果,完善蚕桑丝绸产业工程实践教学体系动态调整机制。准确把握蚕桑丝绸产业发展的最新趋势,考虑未来蚕桑丝绸产业发展对工程人才的需求,明确工程实践教学目标,适时更新教学内容,加强"双师型"师资队伍建设,构建高效运作、自我优化的蚕桑丝绸产业新工科工程实践教学体系。

3.3.2 整体优化原则

实践教学体系建设是一个复杂多元的系统工程,涉及多个教学要素以及学校、学生和社会等众多相关主体。因此,对于蚕桑丝绸产业工程实践教学体系的建设,必须坚持系统性思维,遵循整体优化的原则,理顺教学体系的内外关系,运用系统科学的方法对整个实践教学体系进行统筹规划。在系统设计过程中,不断完善和优化各组成要素,细化工程实践教学目标体系,创新工程实践教学内容体系,完善工程实践教学资源体系,充分发挥各要素的功能。同时,研究要素之间的相互关系和相互作用规律,使其相互配合、协调统一,形成有机整体,以实现系统的整体功能。具体而言,应从以下三个方面入手。

(1)教学目标与专业特点相结合。蚕桑丝绸产业实践教学体系的建设必须将教学目标与专业特点紧密结合,将学生综合能力培养贯穿于人才培养的全过程,落实到每个环节,强化实践教学各环节之间的内在联系,保持四年不断线。在实践教学过程中,实现全程管理与全程质量监控,确保工程实践教学体系的良好运行。

(2)实践教学与理论教学的协调性。注重实践教学与理论教学的协调性,保证二者之间相互补充、彼此渗透、互相支持,实现理论知识与实践能力的有机统一,避免形式化、孤立地建设实践教学体系。

(3)分层次、分阶段设计实践教学环节。人才培养和综合能力的提升是一个循序渐进的过程,实践教学也是一个由浅入深、从简单到复杂的过程。因此,应按照不同阶段学生应获得的知识与能力,分层次、分阶段地设计实践教学环节,并根据各环节的作用和内在联系,将不同阶段的实践教学环节进行有效衔接,形成有序递进的工程实践教学体系。

3.3.3 能力导向原则

实践教学对工程人才能力培养和发展具有理论教学不可替代的作用,以能力为导向构建工程实践教学体系是新工科人才培养的关键。为此,应紧紧围绕蚕桑丝绸产业新工科人才需具备的各项能力,如判断分析能力、实践创新能力、跨领域整合能力等,将能力培养贯穿于蚕桑丝绸产业实践教学体系的各个方面,全方位、多角度培养和提升蚕桑丝绸产业新工科人才的核心能力和竞争力。能力培养的核心不仅要注重学生动手能力的培养并强化实践技能,更要注重开阔学生视野并引导学生形成正确的思维方式,开发内在潜能,使工程思想与工程实践得以高度综合,有效提升学生的工程实践和创新能力。具体措施包括以下几点。

（1）依托蚕桑丝绸产业工程实际案例和工程项目开展实践教学活动,学生通过对蚕桑丝绸产业工程问题的分析与讨论,获取解决实际问题的能力。

（2）设置多学科融合的综合性蚕桑丝绸产业实践课程。能力的塑造和提升需要多学科的协同作用,多学科交叉融合是新工科人才创新能力和跨界整合能力培养的必由之路。现代工程实践需要将学生从狭窄单一的实践活动引向多学科交叉渗透的综合工程实践。

（3）为学生设置个性化实践创新项目。这类蚕桑丝绸产业实践项目以学习者为中心,提倡自主探究、主动实践。学生综合运用所学知识和能力对项目进行整体设计,在自主设计过程中培养探索精神和创新意识。

3.3.4　针对服务原则

服务面向是指毕业生的主要就业区域和行业领域,即人才培养主要面向的地区和行业。从蚕桑丝绸产业人才培养的角度来看,其服务面向自然是蚕桑丝绸产业聚居地区,然而,这些地区由于地理位置较为偏僻,长期以来经济发展相对滞后。如何利用高校与蚕桑丝绸产业行业企业的联系,为这些地区培养适销对路的蚕桑丝绸产业工程人才,是学校面临的主要问题。

3.4　实践教学体系的建设路径

3.4.1　明确实践教学目标

新工科实践教学目标的设立需要紧密围绕新工科人才培养目标,将实践教学体系的顶层设计与新工科建设的具体要求深度融合,推动新工科实践教学体系建设落实到实处。明确蚕桑丝绸产业实践教学目标是实现新工科人才培养目标的关键。蚕桑丝绸产业新工科人才培养目标不仅要符合工程教育的本质属性,还要适应时代发展的需求。

首先,以实践、设计和综合为核心。蚕桑丝绸产业实践教育强调"学以致用",注重专业知识和工程能力的整合,致力于培养具备实践能力,能创造性解决工程实际问题的工程人才。蚕桑丝绸产业工程师应具备以下基本特质:掌握数学、物理、化学、生物学和信息技术等工程科学基础;理解真实蚕桑丝绸产业工程活动过程;具备系统化、创造性、批判性思维和多学科视野;多方面、多角度了解蚕桑丝绸产业实践环境;具有良好的表达交流能力和团队合作能力;较强的适应能力和突发事件处理能力;良好的职业操守和工程伦理,以及终身学习和持续改进的能力等。

其次,社会需求是蚕桑丝绸产业实践教学目标的价值导向。工程作为科技革命和产业变革的驱动力量,立足当前社会需求并引领未来产业发展是现代工程实践的应有之义。当前,科技创新步伐持续加速,信息化、云计算、智能化等新概念不断涌现,以多学科为背景的新兴产业层出不穷,工程问题愈加复杂。蚕桑丝绸产业实践需要面向综合化的实践,对包括社会、经济、政治等工程背景环境保持高度敏感度,进行大规模复杂系统的分析、设计与综合运作,在有限的时间内实现工程创意和技术革新。立足蚕桑丝绸产业经济需求,从硬技能、软技能、综合素养、跨学科协同能力、工程创新能力和智能化应用能力六个维度构建引领未来的蚕桑丝绸产业人才能力框架,见图 3-2 所示。

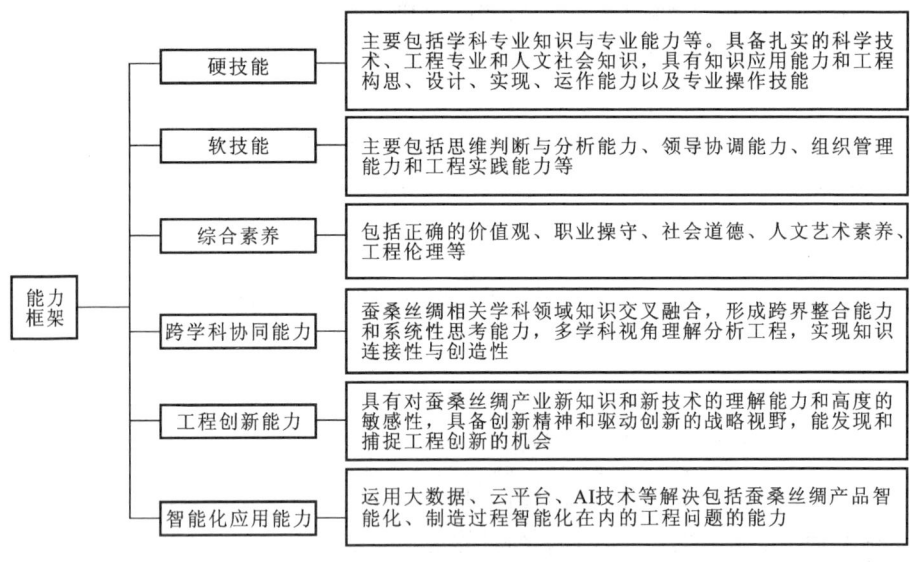

图 3-2　蚕桑丝绸产业人才能力框架

实践教学体系是以培养学生综合能力为目标,开展一系列实践教学活动的相关要素构成的有机整体,是知识转化为能力的必要途径。对于新工科人才能力的培养,最终需要落实到实践教学中。因此,新工科实践教学目标旨在通过设计出科学合理的实践教学内容、创新实践教学方法、完善实践教学环境等,培养具备硬技能、软技能、综合素养、跨学科协同能力、工程创新能力和智能化应用能力的新工科人才,将核心能力塑造与提升贯穿于实践教学的全过程。

3.4.2　开展多科综合实践课程

我们正处在科学技术飞速发展、行业产业密切联系、学科专业高度融合的知识经济时代。传统的基于单一学科知识设置的实践环节,往往缺乏跨学科背景,难以培养学生较为完整的系统集成工程能力。相比之下,跨学科融合教育能够为学生带来更多的收益。因此,科学设计课程体系,开展多学科综合实践课程,已成为实践教学体系建设的重要切入点。

首先,在课程体系设计方面,应紧密追踪蚕桑丝绸产业的发展动态,增设多类型交叉课程,加强各院校之间的联系与协作,为学生提供多领域、多样化的选修课程资源,补充跨学科基础知识,构建知识深度与广度平衡发展的课程体系,形成"拓宽知识、夯实基础、强化实践、实现创新"的实践课程理念。丰富的跨学科课程为现代化系统实践奠定了坚实的基础,让学生在专精于工程专业知识的同时,不断拓宽跨学科视野,形成合理完整的知识结构,为实践提供更广阔的发展空间。在增设跨学科课程的同时,还需要注重课程内容的整合与重组,精简课程门类,加强不同学科知识之间的渗透与融合,合理调整学分分布,避免课程内容的交叉重复,使学生有更充裕的时间和精力补充多学科知识,进而将多学科知识与实践紧密结合。其次,可以采用基于项目学习的蚕桑丝绸产业育人实践模式,开展多学科综合实践训练。以工程项目为导向,组织不同学科背景的师生形成"实践共同体",联合开展关键工程技术问题攻关。项目源自真实复杂的蚕桑丝绸产业工程问题,不受单一学科限制,但又需要不同学科知识的融合。此外,聚焦特色学科与产业发展趋势,创设跨学科组织,为跨学科实践提供平台。

3.4.3　创新实践教学方法

随着知识更新周期不断缩短、科学技术创新持续加速,人类已迈入"知识爆炸"的新时代。面对浩瀚无际的新知识、新技术,学生很难在阶段性的学校教育中全面系统地掌握终身受用的知识与技能。正如"授人以鱼,不如授人以渔",只有将传统的知识灌输式教学方式转变为以能力培养为主的主动学习模式,才能培养学生终身学习的能力和知识运用能力。能力的培养需要改变单一的实践教学形式,创新教学方法,构建以学生为中心的蚕桑丝绸产业实践教学环境。

首先,要把握蚕桑丝绸产业人才的核心素养,注重培养工程人才的终身学习、自主探究和实践创新的能力。以教师为主导,以学生为主体,增加师生互动,根据学生的认知规律,将工程基础知识和蚕桑丝绸产业领域的前沿问题渗透到综合实践中,尽可能地引导学生主动实践、独立思考、自主设计。只有通过动手与动脑相结合的主动实践,才能激发学生的强烈探索欲望,鼓励学生发现问题、解决问题,增强学习的内驱力,启发学生求是、求真。

其次,针对实践特性,可以将基于项目或问题的教学方法引入实践教学。问题是学生探究与实践的起点。因此,实践训练应减少验证性实验,增加以工程设计为主的开放性实践。以复杂工程问题为导向,结合蚕桑丝绸产业工程实际项目,使学生围绕真实的项目问题,设定目标结果、发现问题、剖析问题、应用理论知识解决实际问题,并对整个实践过程进行反思总结。学生在解决项目问题的过程中,将专业知识与蚕桑丝绸产业工程实际问题相结合,充分发挥解决实际问题的工程创造力,整体设计并形成最终的解决方案。这种实践教学方式以项目问题的解决为脉络,为学生提供"做中学"的机会,有效培养学生自主学习、主动思考、知识应用和工程创造的能力。

再次,促进科教协同,利用科研反哺实践教学。可以将承担的蚕桑丝绸产业科研项目向本科生开放,鼓励学生参与导师的课题研究和科研项目,提前接触实践训练。同时,可根据学生的认知规律和实践资源,为学生制定个性化的课外科研实践项目。学生可自由选择、自主设计,也可通过双向选择接受专业教授指导,共同完成蚕桑丝绸产业创新实践项目。教师将蚕桑丝绸产业的科学研究成果进行整理,有效转化为实践教学内容,增加学生对学科前沿的了解,掌握专业领域的新进展和实践发展的新经验。学生不仅能够接受科研训练,还能及早了解蚕桑丝绸行业,熟悉蚕桑丝绸产业工程实际,在探索中塑造科研精神、实践能力和创新意识。科研与教学的结合,让学生感受到真实的研究过程,亲身参与到现实的实践训练中,有效提高了科研资源和教学资源的利用效率,充分发挥资源优势,激发学生的内在探究精神和创新意识。

3.4.4 强化实践教学资源建设

实践教学资源在整个蚕桑丝绸产业实践教学体系运行过程中起着重要的支撑保障作用,主要包括实践基地和师资队伍两大资源。其中,蚕桑丝绸产业实践基地是实践教学体系建设的硬件条件保障,而高水平的师资队伍则是蚕桑丝绸产业实践教学体系建设的软件条件保障。强化实践教学资源建设,保障蚕桑丝绸产业人才培养质量,是当前蚕桑丝绸产业实践育人的当务之急。

首先,关于实践教学基地建设。实践基地是学生进行知识应用和技术创新的重要场所,主要包括校内实践基地和校外实践基地。

(1)校内实践基地建设。应重视校内实践基地建设与校外实践基地建设并重,为实践教学开展创造良好的实践环境。应根据不同的蚕桑丝绸产业实践教学目标,建立不同功能的实验室,满足相关专业学生对各种技能训练的专业化需求。所有实验室都应按照真实的蚕桑丝绸产业工程环境来进行建设,模拟从构思到运作的各个环节,解决学生实践"只能看不能练"的问题。此外,结合蚕桑丝绸学科特色和工程科技前沿,创建一批跨学科研究中心和创新实践基地,为学生开展跨学科研究工作和创新实践搭建平台。可以设计多样化的跨学科创新项目,突出其超前性、综合性和创新性的特点。学生可自由申请并开展创造性实践,在高起点的工程环境中培养更高层次的实践创新能力。

(2)校外实践基地建设。校外实践基地主要由高校和企业合作共建,双方应秉持"互惠互利、合作共赢"的原则,形成完整的利益共同体,共同建设以校外实习教育基地、产学研合作教育基地为代表的各级校外实践教学平台。高校与企业通过签订相关协议,明确双方的权利和义务。依托校外实践基地,以项目合作为纽带,充分发挥企业资源优势和高校人才优势,使学生与实践零距离接触,实现校企双方资源共享、优势互补的双赢局面。

其次,关于实践师资队伍建设。高校应根据蚕桑丝绸产业建设对工程人才的要求,采用"内培外引"等有效措施,建设一支校内专职教师和校外兼职教师相结合的"双师型"师资队伍。"双师型"教师应具备扎实的基础理论知识、较高的教育教学水平和过硬的实践应用能力。对校内的专职教师,应开展有针对性的在职培训和实习工作,形成制度化的高校在职教师培养机制,丰富教师实践经历,提升实践教学能力。一是学历教育与企业实训相结合。探索"学历教育+蚕桑丝绸企业实训"的培养办法。分期、分批为教师提供校外培训机会,安排教师在蚕桑丝绸产业生产一线进行现场参观、实践与经验交流,积累现场工程经验。二是参与企业实际工程项目。通过校外实践基地和产学研合作教育基地,组织教师直接参与蚕桑丝绸企业的实际工程项目,与企业工程师联合进行重大技术攻关,不断更新实践经验。三是定岗挂职锻炼。鼓励专职教师到蚕桑丝绸企业定岗挂职。通过高校与蚕桑丝绸企业的协调,安排教师到企业相关部门进行挂职锻炼。蚕桑丝绸产业企业对教师的工作进行评价,并将其作为教师职称晋升的重要考核指标。

校内实践教师缺乏现场实践经验的问题在短时间内难以解决。因此,高校需要采取兼职外聘、柔性引进等策略,聘请行业企业和科研机构中具有丰富实践经验的资深专业工程师担任兼职实践指导教师,与专职教师形成优势互补,完善"双师型"师资队伍结构,满足卓越工程人才培养需要。兼职教师一经聘用,需签订合同并接受系统的教学培训,以确保兼职教师队伍的稳定性和专业性。同时,加强专职教师和兼职教师的沟通与交流,分享实践教学经验,取长补短,形成"双导师制",联合指导学生的企业实习与毕业设计,有针对性地制定培养计划,发挥各自的优势,实现人才培养与社会需求的无缝对接。

3.5 实践教学体系建设机制

3.5.1 互动机制:校政企协同参与实践教学环节

新工科建设立足于产业发展需求,引领未来科学技术发展。因此,"产学研"协同创新越来越受到工程教育界的关注,多主体的深度参与有利于实践教学体系的构建。高校、政府、企业之间的合作关系,更加重视每个主体在协同创新过程中扮演的角色和发挥的功能,旨在强调高校、政府、企业三种力量在创新过程中交叉合作、相互作用,构成一个动态的、开放的协作系统,以实现工程人才培养的协同创新效应。在互动机制上,只有校政企三方共同努力,发挥各自的作用,相互配合,才能形成校企联合培养人才、促进科技创新的良好局面。

高校在工程人才培养中扮演着"直接培养者"的角色,在实践教学体系建设中占据主导地位。因此,高校应当深入了解实践教学的每个环节和各个因素,厘清各要素之间的相互关系,强化主动服务国家战略发展和社会企业需求的意识,以实践创新能力培养为核心,构建面向工程的开放式实践教学体系。高校应以市场为导向,密切关注行业发展需求,积极主动寻求与企业的合作,联合培养蚕桑丝绸产业工程人才。同时,高校可设立专门的校企合作办公室,通过联合培养、成果转让、技术攻关等多种合作方式,加大与蚕桑丝绸产业界合作的广度和深度,实现工程人才培养与产业发展需求的有效对接。政府不直接参与蚕桑丝绸产业实践教学中,而是以"引导者"的身份为校企合作搭建平台。政府可通过蚕桑丝绸产业政策引导和税收优惠等手段提高企业的参与度,以立法的方式规定和协调校企双方的责权利。同时,加大对产学研合作的资金投入和财政支持力度也是必不可少的。企业以"合作培养者"和"验收者"的身份参与到工程人才培养中。作为"合作培养者",企业借助相关扶持政策和合作平台积极参与高校人才培养,将蚕桑丝绸产业发展需求反馈到工程教育中,充分发挥自身资源优势,挖掘工程人才潜力,实现技术突破。作为工程人才的"验收者",企业对工科毕业生的综合能力进行检验,及时反馈工程人才培养质量,为实践教学体系的完善和发展提供参考意见。通过政府对蚕桑丝绸产业的政策引导、高校开放创新、蚕桑丝绸企业积极参与,形成政产学研良性互动的人才培养机制,推动实践教学体系的持续完善。如图 3-3 所示。

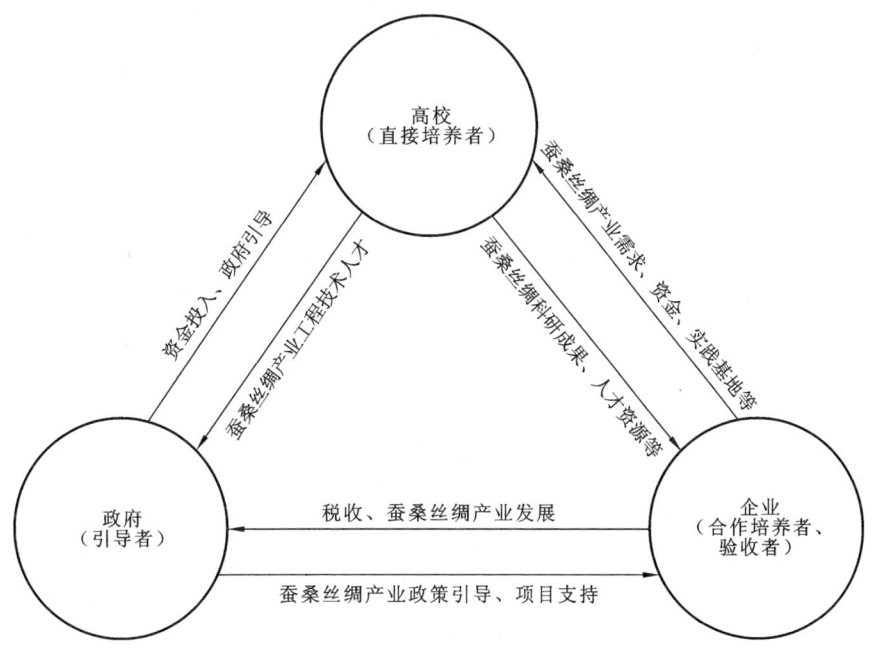

图 3-3　校政企协同育人互动机制图

在校企合作机制方面,高校可以通过联合培养、成果转化和技术创新等多种合作方式,与蚕桑丝绸企业建立相对稳定且深度的合作机制。首先,高校应面向蚕桑丝绸产业的实际需求,与企业联合制定人才培养标准、设计培养方案,并共同建设课程体系、开发教学内容,同时共建实验室和实践教学基地。在此过程中,企业可为高校的专业设置和实践教学提供专业性意见,将蚕桑丝绸工程领域最前沿的研究成果和工程应用实例引入实践教学环节。此外,高校还应设置与蚕桑丝绸产业发展相匹配的专业动态调整机制及培养目标适应机制,定期反馈产业界的变化,并据此做出适应性调整,切实解决工程教育脱离工程实际的问题。

其次,在校企协同育人的过程中,高校应进一步加强与蚕桑丝绸企业在成果转化、应用开发和技术服务等方面的合作。高校拥有科学研究和人才资源的优势,而企业则具备成熟完备的蚕桑丝绸生产设备和基地,且开发应用能力较强。双方通过资源共享、优势互补,实现互惠双赢。一方面,高校可以有偿转让蚕桑丝绸科研成果,将拥有自主知识产权的技术成果与蚕桑丝绸企业的生产实际相结合,加速科技成果向企业生产力的转化,助力企业实现技术创新。另一方面,蚕桑丝绸企业可根据自身发展需求,对高校进行蚕桑丝绸专项科研投资,委托高校的科研团队开展有方向性的技术攻关,从而补充企业的研发力量。通过多元主体的协同参与,可实现对学生从点到面、由浅入深、从工程基础到实践再到工程创新的立体化、综合化培养。

3.5.2 激励机制:科学评价与有效激励有机结合

实践教学评价体系是工程人才培养的动力机制,也是实践教学效果评估与反馈的核心环节。根据评价结果和反馈信息,学校可以及时调整实践教学目标、修订实践教学内容、完善实践教学计划,确保实践教学工作进入新一轮的良性运行状态。因此,完整的蚕桑丝绸产业实践教学体系需要根据产业建设需求,构建一个与之相适应且具有较强可操作性的评价指标体系,以便对整个实践教学效果进行科学合理的评价,使教学各主体及时获得全方位的反馈,并在此基础上实行有效的激励手段。

对于蚕桑丝绸产业实践教学的评价,应坚持评价主体多元化、评价指标合理化、评价方式多样化的原则。从评价主体来看,应引入多方评价主体,注重内部评价和外部评价相结合。具体包括教师教学评价、学生自评与互评、企业导师考核以及同行评估等。在进行校外实践活动时,需加大对学生实践过程的及时评估和全程监控,在实践活动结束后,企业应对学生进行全面评估。此外,学校可定期进行毕业生调查回访,了解毕业生的就业质量和企业满意度。

在评价指标方面,相比理论教学,实践教学评估目标难以有效量化,需结合实践环节进行层层分解,制定详细明确且具体化的评价指标。同时,要注重考核内容的"发展性",关注学生知识应用能力、解决实际问题能力和实践创新能力等方面的考核,发挥对学生综合能力提升的导向作用。可将学生的实训活动、科技竞赛和项目经历等纳入考核范围;将实践教师的专利、校企合作、课题项目和技术服务等作为主要评价指标。从评价方法来看,由于实践教学具备动态性特征,单一的评价方法难以进行全方位评估,终端考核容易忽视学生在实践过程中取得的成绩。因此,应将过程性评价和终结性评价相结合,对实践教学活动进行全程系统化考核。例如,每次实验都要建立个人实验日志,记录实验过程情况和总结;对于项目任务,每个环节结束都要及时向导师汇报情况,确保实践教学落实到实处。

通过多渠道将评价结果进行信息反馈,教师能够及时了解学生的实践学习情况,并根据个人的学习效果给予相应的指导。在实践教学中,依据反馈的信息,及时发现实践教学中存在的问题,并做出适时地调整,保障实践教学体系的良好运行。科学的评价体系具有导向和激励功能,应根据评价结果采取合理可行的激励措施,让教师和学生在思想上和行动上重视实践教学。为了鼓励教师投身实践教学,向"双师型"教师方向发展,可以对长期在蚕桑丝绸产业实践教学一线工作并取得丰硕成果的教师给予表彰奖励,或在职称晋升方面给予"双师型"教师一定的政策倾斜。鼓励教师到蚕桑丝绸企业挂职锻炼,并将此与教师职称晋升的考核指标挂钩。同时,制定多样化的蚕桑丝绸产业科技创新实践项目,支持学生参与科研竞赛,将学生的科技竞赛和项目经历等纳入考核范围,保证学生学分获得渠道的多样性和灵活性。

评价本身并非目的,而是通过评价分析实践教学效果,诊断现有问题,及时调整实践教学计划,健全实践教学机制,从而使下一轮的实践教学体系得以良性运转。这种多元化、多角度、全过程的评价体系,保证了信息反馈的客观性、全面性和及时性,也为实践教学激励机制的建立提供了有力的依据。

3.5.3　保障机制:全方位、多角度监控教学质量

蚕桑丝绸产业实践教学质量直接关系到蚕桑丝绸产业人才培养的质量,是新工科建设能否实现其主要目标的根本所在,其重要性不言而喻。因此,蚕桑丝绸产业实践教学体系的建设必须高度重视实践教学的质量保障,从建设伊始就着手建立相应的质量保障机制,从而确保实践教学目标和人才培养目标的最终实现。蚕桑丝绸产业实践教学质量保障是一项系统性、整体性的工作,必须形成全员参与、全方位、全过程的质量保障机制,才能切实保证实践教学质量的持续改进和稳步提升。系统完善的实践教学质量保障机制主要由确定质量衡量标准、收集实践教学信息、监督分析教学质量、反馈质量信息、调控改进质量五个环节构成循环机制,如图 3-4 所示。

确定质量衡量标准是为监督分析教学质量和调控改进质量提供明确依据。应当对蚕桑丝绸产业实践教学质量标准进行研讨,结合专业特点和蚕桑丝绸产业实践教学特色,制定满足蚕桑丝绸产业发展需求的实践教学质量标准。注重实践教学的应用性特征和工程人才培养的多元化特征,避免质量衡量标准的趋同化和单一化。蚕桑丝绸产业实践教学质量标准应当涵盖建设思路、内涵要求

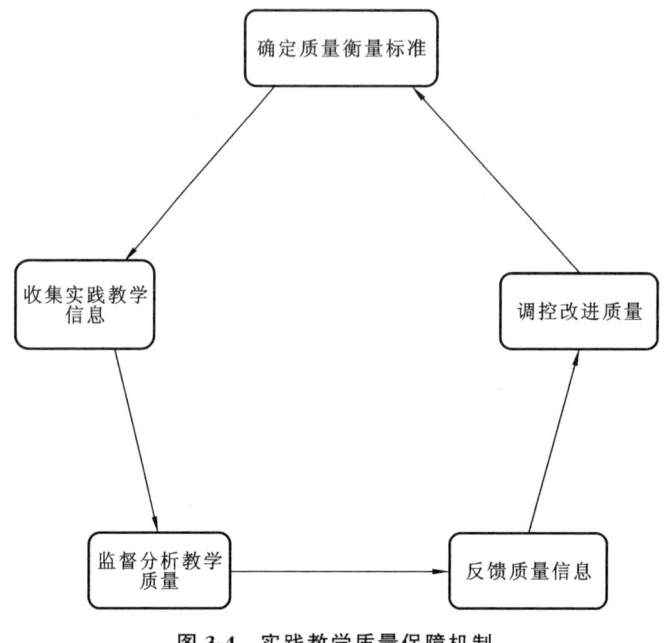

图 3-4　实践教学质量保障机制

以及工程专业认证标准等内容。收集实践教学信息贯穿于实践教学活动的全过程,从实践教学活动准备、实施到结束的所有相关信息都需要收集,以便全方位了解蚕桑丝绸产业实践教学状况。信息的全面收集需建立来自学生、指导教师、实践机构、蚕桑丝绸产业用人单位等多渠道的信息收集系统,及时掌握学生评教、教师评学信息、督导教学检查记录以及用人单位反馈等信息。监督分析教学质量需采用科学有效的方法,对收集的教学信息进行统计分析,形成准确的分析报告,然后将分析结果与相应的质量衡量标准相对比,发现蚕桑丝绸产业实践教学实施过程中是否存在偏差或问题。反馈质量信息是将最终分析结果及时上报给调控系统,并将相应的改进建议反馈给教学活动的相关主体。调控改进质量是指上级单位根据反馈信息,宏观调整实践教学体系建设方案,对实践教学的实施进行有效调控;实践教学活动的主体依据反馈结果和改进建议,改进提升教学质量。通过以上五个环节的循环运行,全方位、多角度地监控教学质量,确保实践教学体系的高效运行和人才培养目标的高质量达成。

蚕桑丝绸产业实践教学质量保障机制的良好运行需要坚持两个原则。首先,坚持全面开展与重点突出相结合。实践教学质量保障是一项动态性、全局性的工作,需要全面覆盖实践教学的各个环节,确保质量保障工作的系统性和完整性。然而,全面开展工作并不意味着面面俱到、不分主次,而是在统筹兼顾的基础上,集中力量解决关键问题,实现全面开展与重点突出相结合。蚕桑丝绸产业实践教学质量保障的重点主要涵盖以下几个方面:一是蚕桑丝绸产业实践教学目标是否与蚕桑丝绸产业人才培养目标相吻合;二是蚕桑丝绸产业实践教学内容能否适应时代发展;三是实践教学方法能否有效挖掘学生潜能,培养学生的核心能力;四是实践教学是否面向蚕桑丝绸产业,形成良好的产学合作协同育人长效机制等。其次,坚持内部监控与外部监控相结合。蚕桑丝绸产业实践教学质量内部监控是指高校内部对实践教学活动的质量监控行为。为确保教学质量监控的客观性和公正性,高校应邀请用人单位、蚕桑丝绸企业、蚕桑丝绸产业科研院所等校外组织机构和专家参与教学质量监控过程,建立多元化、多角度的质量监控制度。

第4章 蚕桑丝绸产业
新工科育人模式实践

4.1 实践教学体系建设实践

建设一个科学合理、高效运行的实践教学体系,是新工科建设的重点,对我国工程人才培养质量有着密切影响,是一项复杂的系统工程。它必须反映工程教育的本质,将实践教学体系的自身特色与社会发展需求相结合,并遵循一定的教学体系建设规律。

4.1.1 构建蚕桑丝绸产业新工科专业实践教学体系框架

实践是工程教育的基石,工程教育的目的不仅在于求知,更在于致用。实践教学能够将理论知识的学习提升到创新实践能力的培养,而工程人才的培养最终需要落实到实践教学体系中。构建完整系统的实践教学体系,不能仅停留在"外在"的教学形式和教学条件的改变上,更重要的是要转变"背后"的价值、理念和目标。理念是行动的先导,如果没有明确的理念和目标指引,很难达到预期效果。新工科实践教学目标的设立需要紧密围绕新工科人才培养目标,将实践教学体系的顶层设计与新工科建设的具体要求深度融合,推动新工科实践教学体系建设落实到实处。

以保障实际工程能力养成为重点,创建实践育人新架构。"产学研用"多元主体共同挖掘蚕桑丝绸产业链上下游企业的全生命周期实际工程问题,提炼典型工程项目案例,贯穿实践教育全过程,如图4-1所示。建立基础训练、提高训练和研究开发的三层次项目库。将实践教学过程优化为基础实践和综合实践能力培养两个层次,分别在校内和企业生产车间完成培养,创建"车间式"教学课堂。

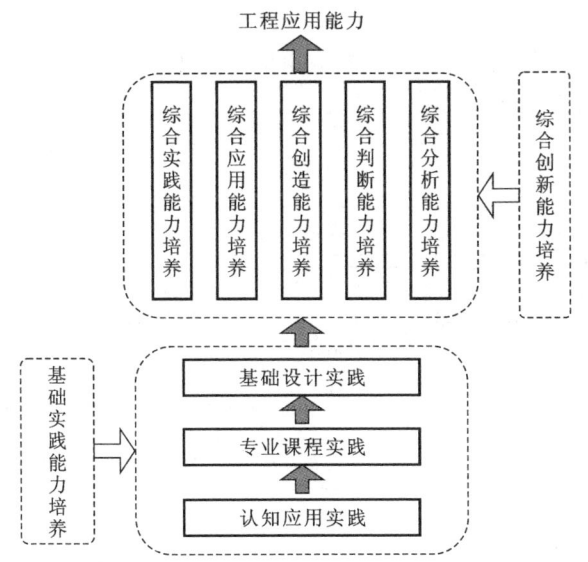

图 4-1　蚕桑丝绸产业新工科专业实践教学体系框架示意图

4.1.2　创建蚕桑丝绸产业新工科专业多元协同实践教学模式

以真实工程项目为依托,创建全要素人才培养新平台。围绕蚕桑丝绸产业,共建一批开放型新工科特色实验室,确保学生能够零距离参与实际产品开发的全流程,顺利完成实践培养环节。采取"请进来,走出去"的方式,让专职教师与企业技术人员互换角色,形成将"产学研用"多元协同贯穿于工程实际能力培养全过程的实践教学模式,如图 4-2 所示。

4.1.3　蚕桑丝绸产业新工科专业实践教学体系内容

无论建设何种形式的教学体系,内容体系始终是核心主体。实践教学是连接理论知识和实践能力的纽带,能够将"纸上得来终觉浅"的理论知识转化为"绝知此事要躬行"的实践能力。新工科关注学生的实践能力和工程创新能力,而创新能力的培养离不开实践能力的提升。实践能力是通过开放式的实验教学、多样化的课程设计、实地的工程训练等实践教学活动获得的。只有通过系统的实践教学体系,才能最大限度地发挥实践教学的作用。学生通过参与层层递进且密切联系的系统化、科学性实践训练,全面掌握工程理论知识,塑造创新意识和能力。

实践教学体系的建设是蚕桑丝绸产业新工科育人模式探索中的关键环节,

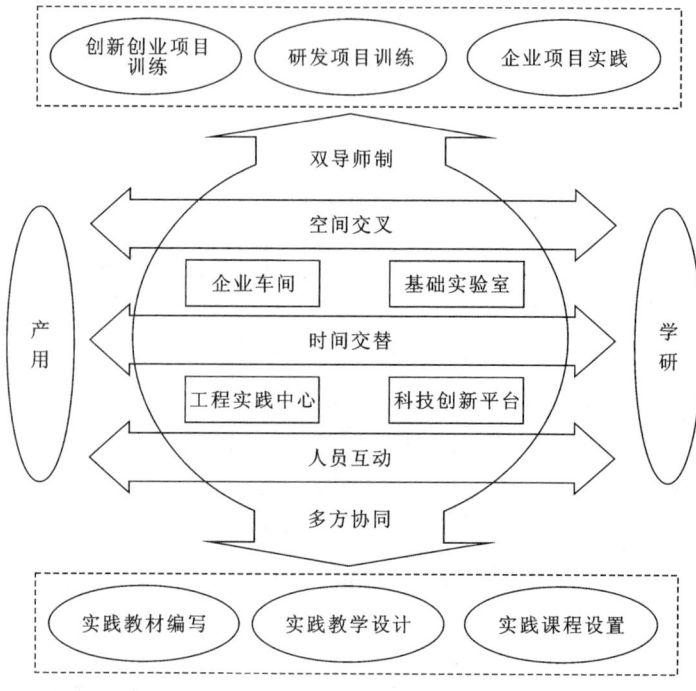

图 4-2 蚕桑丝绸产业新工科专业多元协同实践教学模式示意图

旨在通过实际操作和应用场景的模拟,培养学生的实践能力和创新能力。为此,需要明确蚕桑丝绸产业新工科专业实践教学体系的目标设定、内容设计、实施策略以及评估机制。

4.1.3.1 明确实践教学体系的目标

1. 提升学生的实际操作技能

在蚕桑丝绸产业新工科育人模式中,提升学生的实际操作技能(如蚕桑养殖技术的应用、丝绸加工工艺的掌握等)是培养高素质应用型人才的关键。具体的建议和措施如下。

(1)强化实践教学环节。在课程设置中,增加实践教学环节,如实验、实习、项目实践等。通过实际操作和场景模拟,将理论知识应用于实际问题的解决。例如,在蚕桑养殖技术课程中,可以设置实验室操作环节,让学生亲自进行蚕的饲养和养殖技术的应用;在丝绸加工工艺课程中,可以设置实践课程,让学生亲自进行丝绸的加工和制作。

(2)加强实践基地建设。与相关企业、养殖场、加工厂等建立合作关系,建立实践基地。学生可以到实践基地进行实地操作和实习,了解实际生产流程和操作技能。例如,与养殖场建立合作关系,让学生到养殖场进行实地养殖实习,学习养殖技术和操作技能;与加工厂建立合作关系,让学生到加工厂进行实地加工实习,学习丝绸加工工艺和操作技能。

（3）引入先进的实训设备和技术。引进先进的实训设备和技术,为学生提供实践操作的平台。例如,引进先进的养殖设备和技术,让学生了解最新的养殖技术和操作方法;引进先进的丝绸加工设备和技术,让学生了解最新的丝绸加工工艺和操作方法。

（4）开展技能竞赛和实践活动。组织学生参加技能竞赛和实践活动,提升学生的实际操作技能。可以举办养殖技能竞赛、丝绸加工技能竞赛等活动,鼓励学生积极参与,展示自己的技能和才华。同时,开展科技创新实践活动,鼓励学生结合所学知识开展科技创新和实践活动,提高实践操作技能。

（5）建立完善的实践教学评估体系。建立完善的实践教学评估体系,对学生的实践操作技能进行评估和反馈。可以采用定量和定性相结合的评估方法,对学生的实践操作技能、实践报告、实习表现等进行评估。同时,邀请行业专家和企业导师对学生的实践操作技能进行评估,提供有针对性的建议和指导。

通过强化实践教学环节、加强实践基地建设、引入先进的实训设备和技术、开展技能竞赛和实践活动以及建立完善的实践教学评估体系,可以有效提升学生的实际操作技能,培养出更多符合产业需求的高素质应用型人才。

2. 培养学生的创新思维和解决问题的能力

在蚕桑丝绸产业新工科育人模式中,培养学生的创新思维和解决问题的能力至关重要,应鼓励学生在实际操作中发现问题并提出解决方案。具体的建议和措施如下。

（1）引入创新思维培养课程。在课程体系中,设置专门的创新思维培养课程,如创新思维训练课程、问题解决技巧课程等,教授学生如何运用创新思维和方法来解决问题。这些课程可采用案例分析、思维导图、头脑风暴等教学方法,帮助学生培养创新思维和解决问题的能力。

（2）鼓励学生参与科研项目。鼓励学生参与科研项目,如蚕桑养殖技术改进、丝绸产品创新等。通过参与科研项目,学生能够接触实际问题,运用所学知识和技能进行研究和创新,从而培养解决问题的能力。例如,可以设立科研项目基金,支持学生开展创新性研究项目。

（3）组织创新实践活动。组织学生参加创新实践活动,如科技创新竞赛、创业大赛等。通过参与这些活动,学生可以锻炼创新思维和解决问题的能力,同时积累实践经验。可邀请行业专家和创业导师进行指导和评审,为学生提供宝贵的反馈和建议。

(4)建立创新工作室和实验室。建立创新工作室和实验室,为学生提供创新实践的平台。学生可以在这些工作室和实验室中开展创新性研究和实践,并与其他学生和教师进行交流与合作。学校可以提供必要的设备和资源,支持学生的创新实践。

(5)鼓励学生开展创新创业实践。鼓励学生开展创新创业实践,如创办自己的养殖场、开发新的丝绸产品等。通过创新创业实践,学生可以将所学知识和技能应用于实际生产,进一步培养解决问题的能力。学校可以提供创新创业指导和支持,帮助学生实现自己的创新创业梦想。

(6)建立创新思维和解决问题能力的评估体系。建立创新思维和解决问题能力的评估体系,对学生的创新思维和解决问题的能力进行评估和反馈。可采用定量和定性相结合的评估方法,对学生的创新项目、研究报告、创业实践等进行评估。同时,邀请行业专家和创业导师对学生的创新思维和解决问题的能力进行评估,提供针对性的建议和指导。

培养学生的创新思维和解决问题的能力是打造高素质应用型人才的关键环节。通过引入创新思维培养课程、鼓励学生参与科研项目、组织创新实践活动、建立创新工作室和实验室、鼓励学生开展创新创业实践以及建立创新思维和解决问题能力的评估体系,能够有效培养学生的创新思维和解决问题的能力,有利于培养出更多具有创新精神和实践能力的高素质应用型人才。

3. 强化学生的团队协作意识

在蚕桑丝绸产业新工科育人模式中,强化学生的团队协作意识并提升其团队协作能力至关重要。让学生在实践活动中分工合作,能够有效提升学生的团队协作能力。具体的建议和措施如下。

(1)培养团队协作意识。在课程设置中,增加与团队协作相关的内容,如团队协作技巧、沟通与协调等。学生通过学习知识和分析案例,了解团队协作的重要性,掌握团队协作的基本原则和方法。例如,可以设置团队协作训练课程,教授学生如何进行有效的沟通、协调和合作。

(2)开展团队协作实践活动。开展团队协作实践活动,如团队项目、团队竞赛等。学生通过实践活动在实际操作中体验团队协作的过程,培养团队协作意识和能力。例如,可以组织学生进行团队项目,要求学生分工合作,共同完成一个具体的任务。在项目实施过程中,学生需要进行沟通、协调和合作,共同解决问题并完成任务。

（3）提升团队协作能力。通过开展实践活动提升学生的团队协作能力。在实践活动开始前,教师可以为学生分配不同的角色和任务,让学生明确自己的职责和目标。在实践活动过程中,教师可以引导学生进行有效的沟通和协调,帮助学生解决问题和克服困难。同时,教师还可以组织学生进行团队协作能力的评估和反馈,让学生了解自己的优势和不足,进一步提升团队协作能力。

（4）营造团队协作文化。营造良好的团队协作文化,使学生认识到团队协作的重要性,自觉培养团队协作意识和能力。可以通过组织团队协作活动、分享团队协作的成功案例、鼓励学生进行团队协作实践等方式,营造团队协作的文化氛围。同时,教师还可以在课堂上鼓励学生进行团队协作,培养学生的团队协作意识和能力。

（5）建立团队协作评估体系。建立团队协作评估体系,对学生的团队协作意识和能力进行评估和反馈。可以采用定量和定性相结合的评估方法,对学生的团队协作项目、团队竞赛表现、团队协作报告等进行评估。同时,可以邀请行业专家和教师进行评估,为学生提供针对性的建议和指导。

强化学生的团队协作意识并提升其团队协作能力,是培养高素质应用型人才的关键措施。通过培养团队协作意识、开展团队协作实践活动、提升团队协作能力、营造团队协作文化以及建立团队协作评估体系,可以有效提高学生的团队协作意识和能力,培养出更多具有团队协作精神和实践能力的高素质应用型人才。

4. 增强学生的职业素养

在蚕桑丝绸产业新工科育人模式中,增强学生的职业素养是培养学生综合素质的关键,能够为学生未来的就业和创业奠定坚实的基础。具体的建议和措施如下。

（1）积累实践经验。学生通过多样化的实践活动,如实习、项目实践、创新创业实践等,在实际工作中积累经验。学校可以与企业和行业协会建立紧密合作关系,为学生提供实习机会,使学生在实际工作中了解企业运作模式,熟悉行业需求,进而增强职业素养。

（2）培养职业素养。在教学过程中,注重培养学生的职业素养,包括职业道德、职业态度、职业行为等。通过讲解职业素养的重要性、分享职业素养的成功案例、开展与职业素养相关的活动等方式,引导学生树立正确的职业观念,培养良好的职业素养。

（3）提供就业和创业指导。为学生提供系统的就业和创业指导，帮助他们了解就业市场和创业环境，提升就业和创业能力。可以邀请行业专家和企业导师举办就业和创业讲座，提供就业信息和创业资源，指导学生进行职业规划和创业准备。

（4）建立实践基地和创业孵化平台。建立实践基地和创业孵化平台，为学生提供实践和创业的空间与资源。可以与企业和行业协会合作，建立实践基地，为学生提供实习和项目实践的机会。同时，可以建立创业孵化平台，为学生提供创业指导和资源支持，帮助学生实现创业梦想。

（5）建立实践经验和职业素养的评估体系。建立实践经验和职业素养的评估体系，对学生的实践经验和职业素养方面的指标进行评估和反馈。可采用定量和定性相结合的评估方法，对学生的实习表现、项目实践成果、职业素养报告等进行评估。同时，可以邀请行业专家和教师参与评估，为学生提供针对性的建议和指导。

增强学生的职业素养是培养学生综合素质的关键措施。通过积累实践经验、培养职业素养、提供就业和创业指导、建立实践基地和创业孵化平台以及建立实践经验和职业素养的评估体系，能够有效提升学生的职业素养，培养出更多具备实践经验和职业素养的高素质应用型人才，为学生未来的就业和创业奠定坚实的基础。

4.1.3.2 确定实践教学体系的内容

实践教学体系的内容设计应紧密围绕人才培养目标展开，涵盖实验室操作、实习、项目研究、校企合作等多种形式。实验室操作可以让学生在教师的指导下，进行蚕桑养殖、丝绸加工等实验操作，掌握基本的实验技能；实习为学生提供到相关企业或研究机构实习的机会，让学生在真实的工作环境中学习和成长；项目研究鼓励学生参与科研项目或自主选题，进行深入的实践探索；校企合作则通过与企业的合作，为学生搭建实践平台，拓展就业渠道。

1. 加强实践教学资源的投入

加强实践教学资源的投入是确保学生获得充足实践机会和资源的关键措施。通过更新与扩充实验室设备、建设与完善实习基地、提供项目研究资金、培养实践教学师资、优化实践教学课程体系以及展示与交流实践教学成果，可以提升实践教学的实施效果，培养出更多具有实践能力和创新精神的高素质应用型人才。

（1）更新与扩充实验室设备。定期对实验室设备进行更新和扩充，引进先进的实验设备和技术，以满足教学和科研的需求。例如，可以引进自动化养殖设备、丝绸加工设备等，让学生能够接触到最新的产业技术。

（2）建设与完善实习基地。与企业和行业建立稳定的合作关系，建设一批高质量的实习基地。这些实习基地应具备良好的工作环境和实践条件，能够为学生提供充分的实习机会。同时，加强对实习基地的管理和评估，确保实习质量。

（3）提供项目研究资金。为学生提供充足的科研项目资金，鼓励学生参与科研项目。可以设立学生科研项目基金，支持学生开展创新性的科研项目。同时，加强对项目研究的指导和评估，确保研究项目的顺利进行。

（4）培养实践教学师资。加强对实践教学师资的培养，提高教师的教学水平和实践能力。可以定期组织教师参加实践教学培训和交流活动，提升教师的教学水平。同时，鼓励教师参与实践教学研究和改革，推动实践教学的创新发展。

（5）优化实践教学课程体系。优化实践教学课程体系，将实践教学贯穿于整个培养过程。可以设置专门的实践教学课程，如实验课程、实习课程、项目实践课程等，确保学生能够获得充分的实践机会。同时，加强对实践教学课程的评估和反馈，持续改进实践教学课程。

（6）展示与交流实践教学成果。定期举办实践教学成果展示和交流活动，让学生有机会展示自己的实践成果，分享实践经验。可以组织学生参加各类竞赛和实践活动，提高学生的实践能力和创新能力。同时，加强与其他高校和实践基地的交流与合作，拓宽学生的实践视野。

2. 优化实践教学的组织和管理

优化实践教学的组织和管理是确保实践教学活动有序进行的重要措施。通过制定实践教学计划、建立实践教学团队、加强实践教学资源管理、完善实践教学过程管理、建立实践教学评价体系、加强实践教学交流与合作以及提升实践教学信息化水平，能够有效提升实践教学的实施效果，培养出更多具有实践能力和创新精神的高素质应用型人才。

（1）制定实践教学计划。根据培养目标和课程体系，制定详细的实践教学计划。实践教学计划应涵盖实践教学的内容、时间、地点、方法等要素，确保实践教学活动的有序开展。

（2）建立实践教学团队。组建一支专业的实践教学团队，团队成员应包括教师、实验员、技术人员等。实践教学团队应具备丰富的实践经验和教学能力，能够为学生提供专业的实践指导。

（3）加强实践教学资源管理。对实践教学资源进行统一管理和分配，确保实践教学资源的合理利用。实践教学资源包括实验室设备、实习基地、项目研究资金等，应建立资源管理制度，加强对资源的管理和维护。

（4）完善实践教学过程管理。建立实践教学过程管理制度，加强对实践教学过程的监控和评估。实践教学过程管理应涵盖实践教学活动的组织、实施、反馈等环节，确保实践教学活动的顺利进行。

（5）建立实践教学评价体系。建立实践教学评价体系，对实践教学活动进行全面的评价和反馈。实践教学评价体系应涵盖学生评价、教师评价、企业评价等，评价指标应包括实践教学活动的内容、过程、成果等方面。

（6）加强实践教学交流与合作。加强与其他高校和实践基地的交流与合作，共享实践教学资源，提高实践教学水平。可以开展实践教学交流活动，分享实践教学经验和成果，促进实践教学的创新发展。

（7）提升实践教学信息化水平。利用现代信息技术，提升实践教学信息化水平。可以建立实践教学管理平台，实现实践教学活动的在线管理和监控，提高实践教学的效率和质量。

3. 提升教师的实践教学能力

鼓励教师参与实践教学，提升教师的实践教学能力是提高教学质量的重要环节。通过培养实践教学能力、积累实践教学经验、投入实践教学资源、展示和交流实践教学成果、建立实践教学评价体系、加强实践教学交流与合作以及建立实践教学奖励机制，可以提高教师的实践教学能力，进而培养出更多具有实践能力和创新精神的高素质应用型人才。

（1）培养实践教学能力。为教师提供实践教学能力的培训和提升机会，如实践教学工作坊、实践教学研讨会等。教师通过培训和研讨可深入了解实践教学的重要性，熟练掌握实践教学的基本原则和方法。

（2）积累实践教学经验。鼓励教师参与实践教学活动，如实验、实习、项目实践等。通过实际操作和模拟场景，了解企业运作流程、熟悉行业需求，从而积累丰富的实践教学经验。同时，可以邀请行业专家与教师分享实践教学经验，开展交流活动。

（3）投入实践教学资源。为教师提供充足的实践教学资源，如实验室设备、实习基地、项目研究资金等。教师可利用这些资源开展实践教学活动,提升实践教学的实施效果。

(4)展示和交流实践教学成果。鼓励教师展示和交流实践教学成果,形成实践教学案例、实践教学报告等。通过展示和交流,教师可以互相学习、借鉴,进一步提高实践教学水平。

(5)建立实践教学评价体系。建立实践教学评价体系,对教师的实践教学活动进行全面的评价和反馈。实践教学评价体系应涵盖学生评价、同行评价、企业评价等,评价指标应包括实践教学活动的内容、过程、成果等方面。

(6)加强实践教学交流与合作。加强与其他高校和实践基地的交流与合作,共享实践教学资源和经验。可以开展实践教学交流活动,分享实践教学经验和成果,促进实践教学的创新发展。

(7)建立实践教学奖励机制。建立实践教学奖励机制,对在实践教学中取得显著成绩的教师进行奖励和表彰。通过奖励和表彰,激发教师参与实践教学的积极性和主动性,提升实践教学的质量和水平。

4. 强化实践教学与理论教学的结合

强化实践教学与理论教学的结合是实现知识的系统性与实践的针对性的必要措施。通过整合课程内容、嵌入实践教学环节、促进实践教学与理论教学的互动、建立评价体系、实施反馈与改进机制以及共享教学资源,可以强化实践教学与理论教学的结合,培养出更多具有实践能力和创新精神的高素质应用型人才。

(1)整合课程内容。在课程设置中,将实践教学内容与理论教学内容进行整合,确保知识的系统性和实践的针对性。例如,在蚕桑养殖课程中,可将理论教学和实践教学相结合,使学生既掌握蚕桑养殖的基本原理,又具备实际操作技能。

(2)嵌入实践教学环节。在理论教学过程中嵌入实践教学环节,让学生能够将理论知识应用于实际问题的解决。例如,在理论授课后,可安排实验、实习、项目实践等环节,引导学生将所学知识应用于实际操作。

(3)促进实践教学与理论教学的互动。促进实践教学与理论教学的互动,帮助学生更好地理解和掌握理论知识。例如,在实践教学中,可邀请理论课教师进行现场指导和讲解,使学生能够将理论知识与实践操作相结合。

(4)建立评价体系。建立实践教学与理论教学的评价体系,对实践教学与理论教学的效果进行全面评价和反馈。评价体系应涵盖学生评价、同行评价、企业评价等,评价指标应包括实践教学与理论教学的内容、过程、成果等方面。

(5)实施反馈与改进机制。根据实践教学与理论教学的评价结果,及时进行反馈和改进。针对存在的问题和不足,及时调整和优化教学内容与方法,以强化实践教学与理论教学的结合。

(6)共享教学资源。加强实践教学与理论教学的资源共享,充分利用各种教学资源提高教学效果。例如,可建立实践教学与理论教学的资源共享平台,实现教学资源的共享与利用。

4.1.3.3 构建实践教学体系的评估机制

实践教学体系的评估机制对于保障实践教学效果具有至关重要的作用。评估机制可以包括过程评估和结果评估两个方面。过程评估着重考察学生在实践教学活动中的参与度、表现以及进步情况;结果评估则聚焦于学生在实践教学活动结束后对技能的掌握程度、创新的能力提升以及职业素养的增强。依据评估结果,能够及时对实践教学体系的内容和实施策略进行调整,从而提升实践教学的整体效果。

实践教学体系的建设对于蚕桑丝绸产业新工科育人模式的探索意义非凡。通过明确目标、合理设计内容、有效实施策略以及建立完善的评估机制,能够培养出既具有实践能力又富有创新精神的高素质人才,为蚕桑丝绸产业的持续发展提供有力的人才支撑。

4.2 创新创业教育与实践

在蚕桑丝绸产业新工科育人模式中,创新创业教育与实践是培养学生创新思维、创业精神和实践能力的关键环节。其核心目标是通过系统的创新创业教育,激发学生的创新潜能,培养其创业意识和能力,并搭建实践平台,助力学生将创新想法转化为实际成果。

4.2.1 创新创业教育的目标

1. 提升学生解决问题的能力

提升学生解决问题的能力是培养学生综合素质的关键措施。通过开设创新思维培养课程、鼓励学生参与科研项目、组织创新实践活动、建立创新工作室和实验室、鼓励学生开展创新创业实践以及建立评估体系,能够全方位提升学生解决问题的能力,为社会培养出更多具有创新精神和实践能力的高素质应用型人才。

(1)开设创新思维培养课程。设置专门的课程,如创新思维训练课程、问题解决技巧课程等,来系统培养学生的创新思维和解决问题的能力。这些课程可采用案例分析、小组讨论、实践操作等多种教学方法,激发学生的思维活力,培养他们的创新意识和解决问题的能力。

(2)鼓励学生参与科研项目。积极鼓励学生参与科研项目,使他们在实际科研过程中提升解决问题的能力。学生既可以参与教师主持的研究项目,也可以自主选题进行研究。通过科研项目,学生可以学习如何提出问题、分析问题、设计解决方案,并运用所学知识解决实际问题,从而提升自身能力。

(3)组织创新实践活动。定期组织各类创新实践活动,如创新设计竞赛、创业计划大赛等,鼓励学生主动思考、勇于尝试。这些活动不仅能激发学生的创新热情,还能锻炼他们的团队协作能力和实际操作能力,进一步培养他们的创新思维和解决问题的能力。

(4)建立创新工作室和实验室。建立创新工作室和实验室,为学生提供创新实践的平台和资源。学生可以在这些平台上开展创新实践,提升解决问题的能力。同时,可以邀请行业专家和学者进行指导,为学生提供更多的创新实践机会,提升实践效果。

(5)鼓励学生开展创新创业实践。鼓励学生开展创新创业实践,如开设自己的小企业、参与创业项目等。通过创新创业实践,学生可以提升解决问题的能力,培养创业精神和实践能力。同时,学校应为学生提供创业指导和资源支持,助力学生成功创业。

(6)建立评估体系。建立科学的评估体系,对学生解决问题的能力进行全面评估和反馈。评估体系可以包括学生自我评估、教师评估、同行评估、企业评估等多元评估方式,评估指标应涵盖创新思维、问题解决能力、实践操作能力等多个方面,以确保评估的全面性和客观性。

2. 培养学生的创业意识和创业精神

培养学生的创业意识和创业精神是提升学生综合素质的重要途径。通过开设创业意识培养课程、组织创业实践项目、举办创业讲座和交流活动、提供创业指导和服务、开展创业竞赛和创业活动、教授创业风险和机遇评估方法以及普及创业环境与政策知识,能够有效增强学生的创业意识和创业精神,为社会输送更多具备创业精神和实践能力的高素质应用型人才。

（1）开设创业意识培养课程。在课程设置中，设置专门的创业意识培养课程，如创业学、创业心理学、创业政策解读等，系统培养学生的创业意识和创业精神。这些课程可采用案例分析、角色扮演、实践操作等多种教学方法，激发学生的创业热情，帮助他们树立正确的创业观点。

（2）组织创业实践项目。积极鼓励学生参与创业实践项目，让他们在实际创业过程中培养创业意识和创业精神。学生既可以参与教师组织的创业实践项目，也可以自主创业。通过创业实践项目，学生可以学习如何发现创业机会、制订创业计划、组建创业团队、管理创业企业等，全方位提升创业能力。

（3）举办创业讲座和交流活动。定期邀请成功的创业者和企业家举办创业讲座和交流活动，分享他们的创业经验和教训。通过讲座和交流活动，学生可以深入了解创业过程中的风险与机遇，学习创业者的坚韧精神和创业方法，进一步激发创业热情。

（4）提供创业指导和服务。为学生提供全方位的创业指导和服务，如创业咨询、创业培训、创业孵化等。通过专业的指导和服务，学生可以获得创业所需的资源和信息，降低创业风险，提高创业成功率。

（5）开展创业竞赛和创业活动。组织各类创业竞赛和创业活动，如创业计划大赛、创业挑战赛等，鼓励学生积极参与。通过创业竞赛和创业活动，学生不仅能够培养创业意识和创业精神，还能提升团队协作能力和市场竞争意识，增强创业能力。

（6）教授创业风险和机遇评估方法。教育学生掌握科学的创业风险和机遇评估方法，使其充分了解创业过程中可能面临的各种风险和机遇。通过评估创业风险和机遇，学生能够做出更加明智的创业决策，有效降低创业风险，提高创业成功率。

（7）普及创业环境与政策知识。向学生普及创业环境和相关政策知识，让他们了解创业的政策支持和环境优势。通过深入了解创业环境和政策，学生可以更好地利用创业资源，把握创业机会，提高创业成功率。

3. 提供实践平台和资源支持

提供实践平台和资源支持是帮助学生将创新想法转化为实际项目或产品的重要环节。通过加强实践平台建设、提供资源支持、建立创新项目孵化机制、搭建创新成果展示和交流平台以及拓展创新合作伙伴，可以提高学生的创新实践能力，培养更多具有创新精神和实践能力的高素质应用型人才。

（1）加强实践平台建设。构建多元化的实践平台,如实验室、工作室、创新空间等,为学生提供充足的实践场所和先进设施。实践平台需配备先进的设备和工具,满足学生开展创新实践的需求。学生可以在这些平台上进行创新实验、制作创新产品、开展创新项目等,将创新想法转化为实际成果。

（2）提供资源支持。为学生提供必要的资源支持,如资金、材料、技术、指导等。资源支持应包括创新项目的启动资金支持、创新材料的支持、创新技术的支持、创新导师的支持等。通过这些资源支持,学生可以更好地开展创新实践,推动创新想法转化为实际项目或产品。

（3）建立创新项目孵化机制。建立健全的创新项目孵化机制,为学生提供项目孵化的机会和支持。创新项目孵化机制应包括项目立项、项目实施、项目评估等关键环节,助力学生积累项目孵化经验,提高项目孵化的成功率。

（4）搭建创新成果展示和交流平台。搭建创新成果展示和交流平台,为学生提供展示和交流创新成果的机会。创新成果展示和交流平台可以包括创新成果展览、创新成果报告会、创新成果竞赛等。通过创新成果展示和交流,学生能够获得专业的认可和反馈,进一步激发更多的创新灵感。

（5）拓展创新合作伙伴。积极拓展创新合作伙伴关系,为学生引入外部资源与合作机会。创新合作伙伴可以包括企业、科研机构、政府部门等。通过与这些机构合作,学生可以获得创新项目的合作机会,获取更多创新项目的支持和资源,拓宽创新视野。

4.2.2　创新创业教育的内容

1. 创新思维训练

创新思维训练是培养学生创新思维和问题解决能力的关键环节。通过案例教学、头脑风暴、设计思维、跨学科合作、创新竞赛以及创新导师指导等多种方式,能够有效提升学生解决问题的能力,为培养具有创新精神和实践能力的高素质应用型人才奠定坚实基础。

（1）案例教学。在教学过程中引入相关的案例,通过案例分析、小组讨论等形式,激发学生的思维活力,培养其创新意识和解决问题的能力。案例教学可以帮助学生理解理论知识在实际中的应用,使其更好地掌握创新思维方法。

（2）头脑风暴。组织学生开展头脑风暴活动,鼓励他们大胆提出各种想法和解决方案。头脑风暴可以帮助学生打破思维定式,激发创新思维,提升解决问题的能力。

（3）设计思维。采用设计思维方法，引导学生从用户需求出发，通过迭代设计和原型制作，将创新想法转化为实际的产品或服务。设计思维有助于学生深入理解创新过程，培养系统性创新思维和实践能力。

（4）跨学科合作。鼓励学生开展跨学科合作，将不同领域的知识和技能相结合，解决复杂问题。跨学科合作可以帮助学生拓展思维视野，培养其综合运用知识的创新能力和解决问题的能力。

（5）创新竞赛。组织并鼓励学生积极参与创新竞赛，通过竞赛激发他们的创新热情和竞争意识。为学生提供将创新想法转化为实际项目或产品的实践机会，进一步锻炼其创新思维和解决问题的能力。

（6）创新导师指导。为学生配备创新导师，为其提供专业指导，帮助他们解决创新过程中遇到的问题和困惑。创新导师可根据学生的兴趣和特长，提供个性化指导和建议，助力学生培养创新思维和解决问题的能力。

2. 创业知识传授

创业知识传授是培养学生创业意识和创业精神的重要途径。通过开展创业过程介绍、商业模式分析、市场营销策略、财务管理知识、创业案例分析、创业资源整合以及创业环境分析等方面的教学活动，能够有效提升学生的创业意识和创业精神，培养出更多具有创业精神和实践能力的高素质应用型人才。

（1）创业过程介绍。在课程中详细介绍创业的过程，包括创业动机的产生、创业前的准备工作、创业项目的实施以及创业企业的持续发展等内容。通过详细介绍创业过程，学生可以全面了解创业的基本要素和流程，为未来的创业活动奠定坚实基础。

（2）商业模式分析。在课程中介绍多种常见的商业模式，如直销、分销、B2B、B2C 等，并深入分析每种商业模式的特点、优势及适用场景。通过商业模式分析，学生能够掌握如何根据自身创业项目的特点构建有效的商业模式，为创业找准方向。

（3）市场营销策略。在课程中讲解市场营销的基本概念及策略，如市场调研、目标市场选择、产品定位、价格策略、促销策略等。通过学习市场营销策略，学生可以了解如何制定科学合理的市场营销计划，为创业项目提供有力的支持。

（4）财务管理知识。在课程中讲授财务管理的基本概念和原则，如成本控制、资金管理、财务报表分析等方面的知识。通过学习财务管理知识，学生可以了解如何进行有效的财务管理，为创业项目的稳健运行提供有力保障。

（5）创业案例分析。在课程中选取并分析一些具有代表性的成功创业案例,如分析马云、马化腾、任正非等知名创业者的成功经验。通过创业案例分析,学生可以深入剖析创业成功的关键要素和关键步骤,从中汲取经验教训,为自身的创业活动提供有益借鉴。

（6）创业资源整合。在课程中介绍如何整合创业所需的各类资源,如人才、技术、资金、市场资源等。通过学习创业资源整合的方法和技巧,学生可以了解如何充分挖掘和利用各种资源,为创业项目提供支持。

（7）创业环境分析。在课程中介绍当前的创业环境及相关政策,如创业支持政策、市场环境、竞争环境等。通过创业环境分析,学生可以清晰地了解创业过程中可能面临的机会与挑战,为创业决策提供科学依据。

3. 实践能力培养

实践能力培养是培养学生创业意识和创业精神的重要环节。通过创业实验室建设、创业孵化器建设、创业项目合作、创业竞赛和活动、创业成果展示和交流以及创业导师制度等多种方式,提高学生的实践能力,培养出更多具有创业精神和实践能力的高素质应用型人才。

（1）创业实验室建设。建设创业实验室,为学生提供实践场所和先进设施。创业实验室应配备先进的设备和工具,满足学生开展创新实践的需求。学生可在实验室中进行创新实验、制作创新产品、开展创新项目等,从而培养实践能力。

（2）创业孵化器建设。建设创业孵化器,为学生提供全方位的创业支持和服务。创业孵化器可以为学生提供创业指导、创业培训、创业融资、创业法律咨询等服务,助力学生将创新想法转化为实际项目或产品。

（3）创业项目合作。与企业和科研机构建立合作关系,为学生提供参与创业项目合作的机会。学生可以参与企业的实际项目或产品的研发和推广,深入了解企业的运营和管理,提升实践能力。

（4）创业竞赛和活动。举办创业竞赛和活动,激发学生的创业热情和创造力。这些创业竞赛和活动为学生提供了展示创新成果的平台,同时培养了学生的实践能力和团队协作能力。

（5）创业成果展示和交流。建立创业成果展示和交流平台,展示学生的创新成果和创业项目。通过创业成果展示和交流,学生可以相互学习、借鉴经验,进一步提升实践能力。

（6）创业导师制度。建立创业导师制度,为学生提供专业指导和支持。创业导师可根据学生的兴趣和特长,提供个性化的指导和建议,帮助学生解决创业过程中遇到的问题和困惑,助力学生实践能力的提升。

4.2.3 创新创业教育的实施策略

1. 建立创新创业教育课程体系

建立创新创业教育课程体系是培养学生创新思维和创业精神的关键举措。通过课程体系设计、教学方法改革、创新创业导师制度、创新创业实践活动以及创新创业资源整合等多种方式,可以提高学生的创新创业能力和成功率,为培养出更多具有创新创业精神和实践能力的高素质应用型人才提供坚实基础。

(1)课程体系设计。将创新创业教育纳入人才培养方案,构建从基础课程到专业课程的完整创新创业教育课程体系。基础课程可包括创新思维训练、创业基础知识等内容,专业课程可包括蚕桑丝绸产业创新创业、市场营销、财务管理、团队管理等内容。通过科学的课程体系设计,全面培养学生的创新创业能力。

(2)教学方法改革。采用多样化教学方法,如案例教学、项目教学、模拟创业等,激发学生的创新创业兴趣和创造力。案例教学可以通过分析实际创业案例,帮助学生了解创业过程中的问题和挑战,培养他们的创新思维和解决问题的能力;项目教学可以让学生参与实际项目,锻炼他们的实践能力和团队协作能力;模拟创业则可以让学生在模拟环境中体验创业过程,培养他们的创业意识和创业精神。

(3)创新创业导师制度。建立创新创业导师制度,为学生提供个性化的创新创业指导。创新创业导师可根据学生的兴趣和特长,提供专业化的指导和建议,帮助学生解决创新创业过程中遇到的问题和困惑,从而提高学生的创新创业能力和成功率。

(4)创新创业实践活动。举办各类创新创业实践活动,如创新创业竞赛、创新创业讲座、创新创业工作坊等,激发学生的创新创业热情和创造力。创新创业竞赛为学生提供了展示创新成果的平台,培养他们的实践能力和团队协作能力;创新创业讲座可以邀请行业专家和创业成功人士分享经验和教训,激发学生的创新创业兴趣;创新创业工作坊则为学生提供了创新实验和创业实践的机会,进一步提升其实践能力和团队协作能力。

(5)创新创业资源整合。整合校内外创新创业资源,为学生提供全面的创新创业支持。校内外创新创业资源包括创新创业实验室、创新创业孵化器、创新创业基金、创新创业导师等。通过资源整合,为学生提供更多的创新创业机会和资源,提高他们的创新创业能力和成功率。

2. 加强创新创业教育的师资队伍建设

加强创新创业教育的师资队伍建设是提高教育质量的重要保障。通过招聘和选拔具有创业经验和创新能力的教师、培训现有教师、组建创新创业教育团队、建立创新创业教育专家库以及鼓励教师参与创新创业实践等方式,可以提高教师的创新创业教育能力和水平,培养出更多具有创新创业精神和实践能力的高素质应用型人才。

(1)招聘和选拔具有创业经验和创新能力的教师。在教师招聘和选拔过程中,优先录用具有创业经验和创新能力的教师。这些教师能够凭借自身丰富经验为学生提供更具实践价值的创新创业指导,帮助学生深入理解并有效应用创新创业知识。

(2)培训现有教师。对现有教师开展系统的创新创业教育培训,提升其创新创业教育能力和水平。通过组织创新创业教育培训课程、研讨会、工作坊等活动,让教师及时了解最新的创新创业理论和实践动态,熟练掌握创新创业教育的教学方法和技巧。

(3)组建创新创业教育团队。鼓励教师组建创新创业教育团队,共同开展创新创业教育课程和项目的研究与开发。通过团队合作,教师之间能够相互学习和借鉴,从而显著提高创新创业教育的整体质量和效果。

(4)建立创新创业教育专家库。建立创新创业教育专家库,广泛收集和整理具有创业经验和创新能力的教师及专家信息。该专家库可为学生的创新创业教育提供更丰富的指导资源与专业支持,帮助学生更好地理解和应用创新创业知识与技能。

(5)鼓励教师参与创新创业实践。积极鼓励教师参与创新创业实践,如创办企业、参与科研项目等。通过实践锻炼,教师可以积累更多的创新创业经验和知识,进一步提升自身创新创业能力和水平,同时也能为学生创造更多的创新创业机会和实践资源。

3. 提供实践平台和资源支持

提供实践平台和资源支持是培养学生创新创业能力的重要保障。通过创业实验室建设、创业孵化器建设、创业基金设立、创业导师制度、创业竞赛和活动以及创业资源整合等多种方式,可以提高学生的创新创业能力和成功率,培养出更多具有创新创业精神和实践能力的高素质应用型人才。

（1）创业实验室建设。建立功能完善的创业实验室，为学生提供实践场所和先进设施。创业实验室应配备先进的设备和工具，满足学生开展创新实践的需求。学生可以在创业实验室中进行创新实验、制作创新产品、开展创新项目等，积累实践经验，提升实践能力。

（2）创业孵化器建设。建立创业孵化器，为学生提供创业项目孵化和创业企业成长的平台。创业孵化器可提供场地、设备、资金、技术、市场等方面的支持，帮助学生将创新想法转化为实际项目或产品，助力学生实现创业梦想。

（3）创业基金设立。设立专项创业基金，为学生创业项目提供资金支持。创业基金可用于支持学生的创业项目研发、市场推广、团队建设等。通过创业基金的支持，学生可以获得必要的资金保障，提高创业成功率。

（4）创业导师制度。建立创业导师制度，为学生提供专业化的创业指导和支持。创业导师可以根据学生的兴趣和特长，提供个性化的指导和建议，帮助学生解决创业过程中遇到的问题和困惑，提升学生的实践能力和创新创业水平。

（5）创业竞赛和活动。举办各类创业竞赛和活动，激发学生的创业热情和创新潜能。创业竞赛和活动为学生提供了展示和交流的平台，让学生在实践中学习，积累创业经验，提升创业能力。

（6）创业资源整合。整合校内外创业资源，为学生提供全面的创业支持。校内外创业资源包括创新创业实验室、创新创业孵化器、创新创业基金、创新创业导师等。通过资源整合，为学生提供更多的创业机会和资源，提高他们的创业能力和成功率。

4.建立创新创业教育的评估机制

创新创业教育与实践在蚕桑丝绸产业新工科育人模式中具有重要地位。建立创新创业教育的评估机制是确保教育质量和学生发展的重要环节。通过评估指标体系建立、定期评估和反馈、评估方式多样化、鼓励创新创业成果转化以及建立创新创业教育奖励机制等方式，能够有效提升学生的创新创业能力及成果转化率，培养更多具有创新创业精神和实践能力的高素质应用型人才，为产业发展和社会进步提供坚实的人才保障，为蚕桑丝绸产业的持续发展提供有力支持。

（1）评估指标体系建立。构建一套科学合理的评估指标体系，全面涵盖学生在创新创业课程学习、创新创业项目实践、创新创业竞赛和活动参与等方面的表现。评估指标应包括创新思维能力、创业计划书质量、项目实施能力、团队协作能力、成果转化能力等关键要素。

（2）定期评估和反馈。定期开展学生的创新创业教育评估工作，及时收集和分析评估数据。评估结果应及时反馈给学生，帮助他们了解自身优势与不足，明确改进方向。同时，评估结果也可为教育者和管理者提供决策依据，以优化创新创业教育的内容和方式。

（3）评估方式多样化。采用多种评估方式，如笔试、口试、项目报告、成果展示、创新创业竞赛等，全面考查学生的创新创业能力和成果。通过多样化的评估方式，能够更准确地评估学生的创新创业能力，提高评估的客观性和有效性。

（4）鼓励创新创业成果转化。关注学生在创新创业活动中的成果转化情况，鼓励他们将创新想法和创业项目转化为实际的产品、服务和商业模式。通过成果转化，不仅可以提升学生的创新创业能力，还能为社会经济发展做出贡献。

（5）建立创新创业教育奖励机制。对在创新创业教育中表现突出的学生、教师和团队给予奖励，激励他们继续努力。奖励形式可以包括奖学金、荣誉称号、创业支持资金等。通过奖励机制，能够提高学生和教师的积极性和参与度，促进创新创业教育的持续发展。

4.3　产教融合的师资队伍建设

产教融合的师资队伍建设是蚕桑丝绸产业新工科育人模式实践中的关键环节，旨在通过整合产业和教育资源，构建一支既具备丰富实践经验又拥有扎实教学能力的教师队伍。这一部分包括师资队伍建设目标设定、师资队伍建设标准、师资队伍建设培训机制以及师资队伍建设激励措施等内容。

4.3.1　师资队伍建设目标设定

1. 提升教师的专业水平和实践能力

提升教师的专业水平和实践能力是提高教育质量的核心举措。通过教师培训、教师交流、教师激励、教师团队建设、教师实践机会以及教师评价等多方面措施，能够有效提高教师的专业水平和实践能力，进而培养出更多具有实践能力和创新精神的高素质应用型人才。

（1）教师培训。定期组织教师参加专业培训，学习最新的蚕桑丝绸产业技术和行业动态。培训内容可涵盖蚕桑养殖技术、丝绸加工工艺、产品设计等方面。通过培训，教师可以更新知识体系，掌握行业前沿技术，从而提升教学水平。

（2）教师交流。建立教师交流平台，鼓励教师与行业专家、企业高管等进行深入交流。教师可以分享教学经验和研究成果，同时学习行业先进技术和管理经验。通过交流，教师能够拓宽视野，提升实践能力。

（3）教师激励。设立教师激励机制，鼓励教师积极参与创新创业教育与实践活动。激励措施可以包括科研经费支持、职称评定、荣誉表彰等。通过激励机制，激发教师参与教育改革的积极性，提升教学质量。

（4）教师团队建设。组建跨学科的教师团队，共同研究和开发创新创业教育与实践活动。团队成员可以包括不同专业的教师，通过跨学科合作，共同探讨和实践创新创业教育与实践活动，提升教育质量。

（5）教师实践机会。为教师提供多样化的实践机会，如实习、实训、项目研发等。通过实践，教师可以将所学知识应用于实际问题解决，提升实践能力。

（6）教师评价。建立教师评价机制，重点关注教师在创新创业教育与实践活动中的表现和进步。评价指标可以包括教学效果、实践能力、团队协作等方面。通过评价，能够及时了解教师的专业水平和实践能力，为后续的教育与实践活动提供改进依据。

2. 培养教师的创新思维和教学方法

培养教师的创新思维和教学方法是提高教育质量的重要举措。通过创新思维培训、教学方法改革、教学资源整合、教学评价与反馈、教师激励与奖励以及教师团队建设等多种方式，能够有效提升教师的教学水平，进而培养出更多具有创新精神和实践能力的高素质应用型人才。

（1）创新思维培训。定期组织教师参加创新思维培训，系统学习创新思维。培训内容涵盖创新理论、创新方法、创新实践等方面。通过培训，教师能够掌握创新思维，提升创新意识，为教学注入新的活力。

（2）教学方法改革。鼓励教师采用启发式、探究式等教学方式，激发学生的学习兴趣和创造力。教学方法改革可以包括案例教学、项目教学、问题驱动教学等内容。通过教学方法改革，教师能够提高教学效果，培养学生的创新思维和解决问题的能力。

（3）教学资源整合。整合校内外教学资源，为教师提供丰富的教学支持。

教学资源包括教材、案例、实验设备、网络资源等。通过教学资源整合,教师可以更好地开展教学活动,提升教学质量。

(4)教学评价与反馈。建立教学评价与反馈机制,重点关注教师的教学效果和学生满意度。评价内容包括教学内容、教学方法、教学组织等方面。通过评价与反馈,教师能够及时了解教学中的不足,调整教学策略,持续优化教学质量。

(5)教师激励与奖励。设立教师激励与奖励机制,鼓励教师在创新思维和教学方法方面取得突破。激励与奖励措施包括科研经费支持、职称评定、荣誉表彰等。通过激励与奖励,鼓舞教师积极参与教学改革,提升教学质量。

(6)教师团队建设。组建跨学科的教师团队,共同研究和开发创新思维和教学方法。团队成员可以包括不同专业的教师,通过跨学科合作,共同研究和开发创新思维与教学方法,提升教育质量。

3. 加强教师与产业界的联系

加强教师与产业界的联系是提升教育质量的重要环节。通过校企合作、产业实践、技术研发、教师交流、教师评价以及教师激励与奖励等多种方式,可以提高教师的行业影响力,进而培养出更多具有实践能力和创新精神的高素质应用型人才。

(1)校企合作。与相关企业建立长期稳定的合作关系,积极开展校企合作项目。合作内容可以包括产学研合作项目、实习实训基地建设、技术研发合作等方面。通过校企合作,教师可以深入了解产业需求,掌握行业前沿技术,提升自身实践经验和行业影响力。

(2)产业实践。鼓励教师深入企业一线开展实践,熟悉企业的生产流程、管理模式和技术创新动态。产业实践的形式可包括企业参观、实习实训、技术交流等。通过产业实践,教师可以积累实践经验,提升教学水平和行业影响力。

(3)技术研发。鼓励教师参与企业的技术研发项目,推动科研成果向实际应用转化。技术研发方向包括新产品研发、工艺改进、设备升级等。通过技术研发,教师能够提升实践经验和行业影响力,促进教育与产业的融合发展。

(4)教师交流。搭建教师与企业技术人员、行业专家的交流平台,促进教师与产业界的互动与交流。交流形式可包括技术研讨会、行业论坛、学术讲座等。通过教师交流,教师能够及时了解行业动态,拓宽视野,提升行业影响力。

(5)教师评价。建立科学的教师评价机制,重点关注教师在产业实践和技术研发方面的表现和成果。评价指标包括实践经验、创新能力、行业影响力等方面。通过评价，能够全面了解教师的专业水平和实践经验，为后续教育与实践活动的改进提供依据。

（6）教师激励与奖励。设立教师激励与奖励机制，鼓励教师在产业实践和技术研发方面取得突破。激励与奖励措施包括科研经费支持、职称评定、荣誉表彰等。通过激励与奖励，激发教师积极参与产业实践和技术研发，提升实践经验和行业影响力。

4.3.2　师资队伍建设标准

1. 具备相关专业背景和学历

具备相关专业背景和学历以及一定的理论知识和研究能力是教师培养学生的实践能力和创新能力的基础。通过对专业背景和学历要求、理论知识和研究能力培养、教学与科研相结合、跨学科合作以及教师团队建设等方式，能够有效提升教师的专业水平和实践能力，进而培养更多具有实践能力和创新精神的高素质应用型人才。

（1）专业背景和学历要求。教师应具备相关专业背景和学历，如蚕桑养殖、丝绸加工、机械设计、自动化控制等领域的专业知识和学历。这些专业背景和学历为教师提供了必要的理论知识和研究能力，使其能够更好地指导学生。

（2）理论知识和研究能力培养。教师应不断学习和研究，更新知识体系，掌握行业前沿技术。可以通过参加专业培训、学术会议、研究项目等方式，提高理论知识和研究能力。同时，教师还应关注行业动态，了解行业需求和发展趋势，确保教学内容的时效性和实用性。

（3）教学与科研相结合。教师应将教学与科研相结合，将科研成果引入课堂，提高教学质量。可以通过参与科研项目、发表学术论文、申请专利等方式，提升科研能力和行业影响力。同时，教师还应将科研成果转化为实际应用，促进教育与产业的融合发展，为学生提供更具实践价值的课程内容。

（4）跨学科合作。教师应与其他学科的教师进行合作，共同研究和开发跨学科的教学内容和课程体系。跨学科合作可以促进教师之间的知识交流和思维碰撞，提高教学质量和效果。同时，跨学科合作还可以培养学生的综合能力和创新思维，使其能够更好地适应复杂多变的社会需求。

（5）教师团队建设。组建跨学科的教师团队，共同研究和开发创新思维和教学方法。团队成员可以包括不同专业的教师，通过跨学科合作，共同探讨和实践创新思维和教学方法。通过团队建设,教师能够相互学习、共同进步,进一步提升教育质量。

2. 具有丰富的实践经验和行业背景

具有丰富的实践经验和行业背景,能够将行业前沿知识和技术引入课堂是教师培养学生的实践能力和创新能力的重要保障。教师通过实践经验积累、行业背景拓展、课堂内容更新、实践教学方法改革以及校企合作与产学研结合等方式,能够有效提升专业水平和实践能力,进而培养出更多具有实践能力和创新精神的高素质应用型人才。

(1) 实践经验积累。教师应积极参与行业实践,积累丰富的实践经验。可以通过实习、实训、项目研发等方式,深入了解行业实际操作流程和关键技术。同时,教师还应密切关注行业动态,精准把握行业需求和发展趋势。

(2) 行业背景拓展。教师应不断拓展行业背景,紧跟行业前沿知识和技术。可以通过参加行业会议、与行业专家交流、阅读行业相关文献等方式,持续提升自身的行业背景知识和技能水平。此外,教师还应关注国内外行业发展趋势,洞察行业前沿技术和发展方向。

(3) 课堂内容更新。教师应将行业前沿知识和技术有机融入课堂,及时更新教学内容。可以将行业最新技术、工艺、设备等方面的内容巧妙嵌入课程教学,激发学生的学习兴趣,增强教学内容的实用性。同时,教师还应关注行业标准、法规等方面的内容,着力培养学生的合规意识和行业素养。

(4) 实践教学方法改革。教师应积极采用实践教学方法,如案例分析、项目驱动、情景模拟等,切实提高学生的实践能力。通过实践教学方法,学生能够在实际操作中熟练掌握行业知识和技能,培养解决问题的能力。同时,教师还应关注实践教学方法的研究和应用,不断优化实践教学方法,提升教学效果。

(5) 校企合作与产学研结合。教师应积极参与校企合作和产学研结合项目,全力促进教育与产业的融合发展。通过校企合作和产学研结合,教师能够深入了解企业需求,精准掌握行业前沿技术,显著提高实践经验和行业影响力。同时,教师还应将校企合作和产学研结合的成果引入课堂,切实提高教学质量。

3. 具备良好的教学能力和教育理念

具备良好的教学能力和教育理念,能够采用创新的教学方法和评估机制,是教师培养学生的实践能力和创新能力的重要环节。通过教学能力提升、教育理念更新、创新教学方法应用、评估机制改革以及教学资源整合等方式,能够有效提升教师的教学水平,进而培养出更多具有实践能力和创新精神的高素质应用型人才。

（1）教学能力提升。教师应具备良好的教学能力,包括教学设计、课堂管理、学生指导等方面能力。教师可以通过参加教学培训、教学研讨、教学交流等方式,不断提升教学能力。此外,教师还应关注教学方法的研究和应用,熟练掌握创新的教学方法。

（2）教育理念更新。教师应树立先进的教育理念,关注学生全面发展,注重培养学生的实践能力和创新能力。教师可以通过阅读教育理论书籍、参加教育研讨会、与同行交流等方式,不断更新教育理念。同时,教师还应关注国内外教育发展趋势,学习先进的教育理念和方法。

（3）创新教学方法应用。教师应积极采用创新的教学方法,如启发式、探究式、合作式、案例式方法等,激发学生的学习兴趣和创造力。教师可以通过项目驱动、情景模拟、小组讨论等方式,切实提高学生的实践能力和创新能力。同时,教师还应关注教学方法的研究和应用,不断优化教学方法,提升教学效果。

（4）评估机制改革。教师应采用创新的评估机制,关注学生的学习过程和成果,提高评估的针对性和有效性。教师可以通过过程性评估、形成性评估、总结性评估等方式,全面了解学生的学习情况和能力水平。同时,教师还应关注评估机制的研究和应用,不断优化评估机制,确保评估的科学性。

（5）教学资源整合。教师应整合教学资源,包括教材、课件、网络资源等,为学生提供丰富多样的学习材料和资源。教师可以通过建设在线课程、开发教学软件、利用多媒体设备等方式,提高教学效果。同时,教师还应关注教学资源的研究和应用,不断优化教学资源,提升教学的信息化水平。

4.3.3　师资队伍建设培训机制

1. 定期组织教师参加行业培训和研讨会

定期组织教师参加行业培训和研讨会,了解行业最新动态和技术发展趋势,是提高教师专业水平和实践能力的关键措施。通过行业培训和研讨会、校企合作项目、教师交流与团队建设、教师评价与激励以及教学内容更新等方式,能够有效提升教师的专业水平和实践能力,进而培养出更多具有实践能力和创新精神的高素质应用型人才。

（1）行业培训和研讨会。定期组织教师参加行业培训和研讨会,使其深入了解行业最新动态和技术发展趋势。培训和研讨会内容可以包括蚕桑养殖技术、丝绸加工技术、自动化控制技术等多个领域。通过参加行业培训和研讨会,教师能够精准把握行业需求,掌握行业前沿技术,提升实践经验和行业影响力。

(2)校企合作项目。与相关企业深度合作,开展校企合作项目。校企合作项目可以包括产学研项目、实习实训、技术研发等。通过这些项目,教师可以深入了解企业实际需求,掌握行业前沿技术,提升实践经验和行业影响力,同时为学生创造更多实践机会。

(3)教师交流与团队建设。加强教师之间的交流与团队建设,促进教师之间的知识共享和经验交流。定期举办教师研讨会、教师培训和教师交流,为教师搭建交流合作平台。通过这些活动,教师能够相互学习、共同进步,提升专业水平和实践能力,进而培养出更多高素质的应用型人才。

(4)教师评价与激励。建立科学的教师评价和激励机制,重点关注教师在行业培训和研讨会中的参与度、表现和进步。通过合理的评价和激励措施,充分调动教师参加行业培训和研讨会的积极性和主动性,进一步提升教师的专业水平和实践能力。

(5)教学内容更新。根据行业最新动态和技术发展趋势,及时更新教学内容。教学内容更新可以包括蚕桑养殖技术、丝绸加工技术、自动化控制技术等。通过持续更新教学内容,可以提高教学质量和效果,学生能够掌握最新的行业知识和技能,从而培养出更多具有实践能力和创新精神的高素质应用型人才。

2. 鼓励教师参与产业研发和技术创新项目

鼓励教师参与产业研发和技术创新项目,提升教师的实践经验和行业影响力,是提高教师专业水平和实践能力的重要措施。通过参与产业研发和技术创新项目、建设教师实践基地、加强教师交流与团队建设、完善教师评价与激励以及教学内容更新等方式,能够有效提升教师的专业水平和实践能力,进而培养出更多具有实践能力和创新精神的高素质应用型人才。

(1)参与产业研发和技术创新项目。鼓励教师积极参与产业研发和技术创新项目,如校企合作项目、产学研项目等。通过这些项目,教师能够深入了解行业需求,掌握行业前沿技术,从而提升实践经验和行业影响力。

(2)建设教师实践基地。与相关企业合作,建立教师实践基地。实践基地为教师提供了深入了解行业实际操作流程和关键技术的机会,有助于提升教师的实践经验和行业影响力。

(3)加强教师交流与团队建设。加强教师之间的交流与团队建设,促进教师之间的知识共享和经验交流。定期举办教师研讨会、教师培训和教师交流会,为教师搭建交流合作的平台。通过这些活动,教师能够相互学习、共同进步,提升专业水平和实践能力,进而培养出高素质的应用型人才。

(4)完善教师评价与激励。建立科学的评价与激励机制,重点关注教师在产业研发和技术创新项目中的参与度、表现和进步。通过合理的评价和激励措施,充分调动教师参与产业研发和技术创新项目的积极性和主动性,进一步提升教师的实践经验和行业影响力。

(5)教学内容更新。根据产业研发和技术创新项目的成果,及时更新教学内容。更新内容可以包括蚕桑养殖技术、丝绸加工技术、自动化控制技术等多个领域。通过持续更新教学内容,提高教学质量和效果,学生能够掌握最新的行业知识和技能,从而培养出更多具有实践能力和创新精神的高素质应用型人才。

4.3.4 师资队伍建设激励措施

1. 提供具有竞争力的薪酬和福利待遇,吸引和留住优秀人才

提供具有竞争力的薪酬和福利待遇是吸引和留住优秀人才的关键。通过薪酬体系设计、福利待遇、职业发展机会、工作环境优化以及教师培训与交流等方式,可以有效提升教师的待遇和满意度,进而培养出更多具有实践能力和创新精神的高素质应用型人才。

(1)薪酬体系设计。设计科学合理的薪酬体系,包括基本工资、绩效工资、奖金等。薪酬体系应综合考虑教师的学历、职称、工作年限、教学和科研工作量等因素,充分体现教师的贡献和价值。

(2)福利待遇。提供完善的福利待遇,包括社会保险、住房公积金、带薪休假、健康体检等。福利待遇应与教师的薪酬水平相匹配,以保障教师的生活质量。

(3)职业发展机会。为教师提供广阔的职业发展机会,包括职称晋升、职务晋升、学术带头人选拔等。职业发展机会应与教师的教学和科研工作业绩挂钩,以激发教师的积极性和创造力。

(4)工作环境优化。优化教师的工作环境,包括提供良好的办公设施、科研设备、实验条件等。工作环境应与教师的教学和科研工作需求相匹配,以提高教师的工作效率和工作满意度。

(5)教师培训与交流。为教师提供丰富的培训与交流机会,包括参加学术会议、访问学者项目、出国研修等。教师培训与交流应与教师的专业发展和学术研究需求相匹配,以提升教师的专业水平和学术影响力。

2. 建立教师职业发展通道,为教师提供晋升和发展的机会

建立教师职业发展通道,为教师提供晋升和发展的机会,是提高教师专业水平和实践能力的重要措施。通过职称晋升机制、职务晋升机制、学术带头人选拔机制以及教师培训与交流机制等方式,可以有效提升教师的职业发展机会,进而培养出更多具有实践能力和创新精神的高素质应用型人才。

(1)职称晋升机制。建立科学合理的职称晋升机制,为教师提供明确的晋升路径。职称晋升应与教师的教学和科研工作业绩紧密挂钩,充分激发教师的积极性和创造力。职称晋升机制应包括助理教授、副教授、教授等不同层次的职称,以满足教师在不同阶段的职业发展需求。

(2)职务晋升机制。建立职务晋升机制,为教师提供职务晋升的机会。职务晋升应以教师的教学和科研工作业绩为依据,激励教师不断提升自身能力。职务晋升机制应包括教研室主任、学院副院长、学院院长等不同层次的职务,以满足教师在不同阶段的职业发展需求。

(3)学术带头人选拔机制。建立学术带头人选拔机制,为教师提供成为学术带头人的机会。学术带头人选拔应以教师的教学和科研工作业绩为基础,鼓励教师在学术领域取得突出成就。学术带头人选拔机制应包括校级、省级、国家级等不同层次的人才,以满足教师在不同阶段的职业发展需求。

(4)教师培训与交流机制。建立教师培训与交流机制,为教师提供多样化的培训与交流机会。教师培训和交流活动应与教师的专业发展和学术研究需求相匹配,助力教师提升专业水平和学术影响力。教师培训与交流机制应包括参加学术会议、访问学者项目、出国研修等多种形式,以满足教师在不同阶段的职业发展需求。

3. 表彰和奖励在教学、科研和产业合作方面取得突出成绩的教师,激发教师的工作热情和创造力

表彰和奖励在教学、科研和产业合作方面取得突出成绩的教师,是激发教师的工作热情和创造力的重要举措。通过表彰和奖励机制、教学成果奖励、科研成就奖励以及产业合作奖励等方式,可以有效提升教师的工作积极性和创造力,进而培养出更多具有实践能力和创新精神的高素质应用型人才。

(1)表彰和奖励机制。建立科学合理的表彰和奖励机制,对在教学、科研和产业合作方面取得突出成绩的教师进行表彰和奖励。表彰和奖励的形式可以包括授予荣誉称号、颁发奖金、提供晋升机会等。表彰和奖励应与教师的贡献和成就紧密挂钩,以充分认可教师的努力和价值。

（2）教学成果奖励。对在教学方面取得突出成绩的教师进行奖励,如教学成果奖、教学优秀奖等。奖励内容可以包括奖金、荣誉称号、教学资源支持等。教学成果奖励应与教师的教学质量、教学方法、学生评价等因素挂钩,以激励教师在教学领域不断创新和改进。

（3）科研成就奖励。对在科研方面取得突出成绩的教师进行奖励,如科研成果奖、科研优秀奖等。奖励内容可以包括奖金、荣誉称号、科研资源支持等。科研成就奖励应与教师的科研成果、科研项目、科研论文等因素挂钩,以鼓励教师在科研领域不断探索和创新。

（4）产业合作奖励。对在产业合作方面取得突出成绩的教师进行奖励,如产业合作奖、产业贡献奖等。奖励内容可以包括奖金、荣誉称号、产业资源支持等。产业合作奖励应与教师在产业合作中的贡献、合作成果、合作效益等因素挂钩,以激励教师在产业合作方面发挥积极作用。

产教融合的师资队伍建设对于蚕桑丝绸产业新工科育人模式的实践具有重要意义。通过明确目标、严格设立选拔标准、建立有效的培训机制和激励措施,可以构建一支既具有丰富实践经验又具备扎实教学能力的教师队伍,为蚕桑丝绸产业的持续发展提供有力支持。

第5章 蚕桑丝绸产业
新工科育人模式效果评价与建议

5.1 育人模式效果评价指标体系构建

在蚕桑丝绸产业新工科育人模式的探索中,构建一个科学、合理、有效的评价指标体系对于衡量和评估育人模式的效果至关重要。这一部分包括评价指标体系的构建原则、评价机制等。

5.1.1 构建原则

1. 科学性

评价指标应基于教育学、心理学、产业需求等多学科理论,确保评价体系的科学性和合理性。在蚕桑丝绸产业新工科育人模式中,评价指标的科学性和合理性对于激发教师的工作热情和创造力具有重要意义。

(1) 评价指标的多元性。评价指标应涵盖教育学、心理学、产业需求等多学科理论,确保评价体系的全面性和科学性。例如,教学评价指标可包括教学质量、教学方法、学生评价等;科研评价指标可包括科研成果、科研项目、科研论文等;产业合作评价指标可包括合作成果、合作效益等。

(2) 评价指标的定量与定性相结合。评价指标应将定量与定性相结合,既要有量化的数据指标,也要有定性的描述性指标。例如,教学评价可采用学生成绩、课程评价等定量指标,也可采用教学方法、课堂氛围等定性指标;科研评价可采用论文发表数量、科研项目数量等定量指标,也可采用科研成果、科研影响力等定性指标。

(3) 评价指标的动态调整。评价指标应根据教育、科研和产业的发展趋势和需求进行动态调整,以确保评价体系的科学性和适应性。例如,随着教育技术的发展,可增加在线教学、混合式教学等新型教学方法的评价指标;随着科研技术的发展,可增加前沿技术、创新性研究等评价指标;随着产业需求的变化,可增加产业合作、成果转化等评价指标。

（4）评价指标的跨学科融合。评价指标应鼓励跨学科融合,促进教师在教学、科研和产业合作方面的全面发展。例如,可设置跨学科研究项目、跨学科教学团队等评价指标,鼓励教师在多个领域进行创新和实践。

评价指标的科学性和合理性是激发教师工作热情和创造力的关键。通过多元化的评价指标、定量与定性相结合的方法、动态调整机制以及跨学科融合等手段,可以有效提升评价体系的科学性和合理性,进而培养出更多具有实践能力和创新精神的高素质应用型人才。

2. 系统性

评价指标应全面覆盖人才培养的各个方面,包括知识、技能、素质、创新能力等,形成一个完整的评价体系。在蚕桑丝绸产业新工科育人模式中,评价指标的系统性是全面培养学生的实践能力和创新能力的重要保障。以下是一些具体的建议和措施。

（1）评价指标的全面性。评价指标应全面覆盖人才培养的各个方面,包括知识、技能、素质、创新能力等。例如,知识评价指标可包括专业知识、跨学科知识等;技能评价指标可包括专业技能、实践技能等;素质评价指标可包括职业道德、团队协作等;创新能力评价指标可包括创新思维、解决问题的能力等。

（2）评价指标的层次性。评价指标应具有层次性,从基础层到高级层逐步提高,以满足不同阶段学生的培养需求。例如,在知识评价指标中,可按从基础理论知识到专业知识的层次进行评价;在技能评价指标中,可按从基础技能到高级技能的层次进行评价;在素质评价指标中,可按从基本素质到高级素质的层次进行评价;在创新能力评价指标中,可按从基础创新能力到高级创新能力的层次进行评价。

（3）评价指标的关联性。评价指标应具有关联性,相互支撑、相互促进,形成一个完整的评价体系。例如,知识评价指标可为技能评价指标提供理论支撑,技能评价指标可为素质评价指标提供实践基础,素质评价指标可为创新能力评价指标提供精神支持,创新能力评价指标可为知识评价指标提供创新动力。

（4）评价指标的动态调整。评价指标应根据人才培养目标和需求进行动态调整,以确保评价体系的系统性和完整性。例如,随着人才培养目标的调整,可增加新的评价指标；随着人才培养需求的改变，可调整评价指标的权重和内容。

评价指标的系统性是全面培养学生的实践能力和创新能力的重要保障。通过评价指标设计的全面性、层次性、关联性和动态调整等，可以构建一个完整的评价体系，进而培养出更多具有实践能力和创新精神的高素质应用型人才。

3. 可操作性

评价指标应具体、明确，便于实施和操作，确保评价过程的可行性和实用性。在蚕桑丝绸产业新工科育人模式中，评价指标的可操作性对于确保评价过程的高效性和科学性至关重要。具体的建议和措施如下。

（1）评价指标的具体性。评价指标应具体，便于实施和操作。例如，在知识评价指标中，可具体到某门课程的知识点掌握程度；在技能评价指标中，可具体到某种技能的操作流程；在素质评价指标中，可具体到某种职业素养的具体表现；在创新能力评价指标中，可具体到某种创新思维的具体应用。

（2）评价指标的明确性。评价指标应明确，便于实施和操作。例如，在教学、科研、产业合作评价指标中，明确评价标准、评价方法和评价时间等。

（3）评价指标的标准化。评价指标应标准化，便于实施和操作。例如，在知识评价指标中，可制定统一的知识点考核标准；在技能评价指标中，可制定统一的技能操作考核标准；在素质评价指标中，可制定统一的职业素养考核标准；在创新能力评价指标中，可制定统一的创新思维考核标准。

（4）评价指标的实施流程。评价指标应明确评价实施流程，便于实施和操作。例如，在教学、科研、产业合作评价指标中，明确评价实施流程、评价人员分工和评价结果反馈等。

（5）评价指标的实用性。评价指标应具有实用性，能够真实反映学生的实践能力和创新能力。例如，在教学评价指标中，应设置与实际教学相关的评价指标；在科研评价指标中，应设置与实际科研相关的评价指标；在产业合作评价指标中，应设置与实际产业合作相关的评价指标。

评价指标的可操作性是确保评价过程的可行性和实用性的关键。通过对评价指标的具体性、明确性、标准化、实施流程和实用性等方面的优化，可以有效提高评价过程的可行性和实用性，进而培养出更多具有实践能力和创新精神的高素质应用型人才。

4. 动态性

评价指标应根据产业发展和人才培养需求的变化进行适时调整，以适应不断变化的环境。在蚕桑丝绸产业新工科育人模式中,评价指标的动态性对于适应产业发展和人才培养需求的变化至关重要。具体的建议和措施如下。

(1)评价指标的适时调整。评价指标应根据产业发展和人才培养需求的变化进行适时调整。例如,随着产业技术的更新,可增加新的评价指标;随着人才培养目标的调整,可调整评价指标的权重和内容。

(2)评价指标的灵活性。评价指标应具有灵活性,能够适应不同情境下的评价需求。例如,在教学评价指标中,可设置灵活的评价标准,以适应不同课程和教学内容的需求;在科研评价指标中,可设置灵活的评价标准,以适应不同科研方向和科研项目的需求;在产业合作评价指标中,可设置灵活的评价标准,以适应不同产业合作项目和合作方式的需求。

(3)评价指标的跨学科融合。评价指标应跨学科融合,以适应不断变化的环境。例如,可设置跨学科研究项目、跨学科教学团队等评价指标,鼓励教师在多个领域进行创新和实践。

(4)评价指标的实践性。评价指标应强调实践性,以适应产业发展和人才培养需求的变化。例如,在知识评价指标中,可增加实践性评价指标,如实际操作能力、实际应用能力等;在技能评价指标中,可增加实践性评价指标,如实际操作技能、实际应用技能等;在素质评价指标中,可增加实践性评价指标,如实际职业素养、实际团队合作能力等。

(5)评价指标的持续改进。评价指标应持续改进,以适应不断变化的环境。例如,可定期对评价指标进行评估和反馈,以发现存在的问题和改进空间;可邀请行业专家、教育专家等参与评价指标的制定和修订,以确保评价指标的适用性和有效性。

评价指标的动态性是适应产业发展和人才培养需求变化的关键措施。通过评价指标的适时调整、灵活性、跨学科融合、实践性和持续改进等方式,可以提高评价指标的适应性,进而培养出更多具有实践能力和创新精神的高素质应用型人才。

5.1.2 评价机制

在新工科背景下,构建蚕桑丝绸产业新工科育人评价机制必须要以时代的眼光和发展的眼光,借鉴国内外优秀经验和做法,从以人为本、尊重学生的主体性出发,建设涵盖评价内容、评价人员、评价方式、评价过程、评价结果五个维度的实践育人评价机制。

1. 评价内容全面化

在蚕桑丝绸产业新工科育人评价中,评价内容的全面化主要指对实践者、指导者、组织者的评价,三者缺一不可。然而,当前的评价体系往往只注重对实践者的评价,而忽视对指导者和组织者的评价,这种片面的评价方式不利于总结实践育人过程中取得的成效和真实存在的问题,更不利于分析存在的不足并提出具有针对性的改进措施。首先,评价内容应涉及对实践者,即大学生的认知、情感、行为三方面的评价。其次,应涉及对指导者,即指导教师专业素质和指导能力的评价。指导能力主要指教师对学生参加实践活动全过程的把控能力以及应对突发事件的应变处理能力。最后,还应涉及对组织者,即学校内的各个组织机构的评价,主要包括组织者是否重视实践活动、是否在策划实践活动时树立了正确的思想观念、是否为实践活动配备了相应的安全措施、是否提供了足够的专业指导老师、实践活动的社会价值以及社会影响力等。通过将定性评价与定量评价相结合,力求使评价内容全面化、评价结果科学化。

2. 评价人员专业化

在蚕桑丝绸产业新工科育人评价中,单一主体的评价往往存在局限性,难以全面反映育人效果。因此,必须进行系统考量,进行综合全面的评估。在实践育人活动中,高校、育人指导教师、实践单位以及学生均为相关主体,都应参与实践育人评价的全过程。高校作为实践活动的主要组织者,应从办学定位、指导原则、人才培养目标出发,尊重学生实际情况和社会需求,注重实践育人培养方案的制定、运行和评价。实践单位作为学生实践岗位的提供者,应根据岗位特征,侧重评价学生在实习实践过程中的理论知识运用情况和专业技能掌握情况。实践活动指导教师应侧重评价实践育人的条件保障(如经费、安全等)、学生在实践过程中的表现以及实践育人的目标达成度。学生评价应侧重自身通过实践教学各方面能力的提升情况以及指导教师的态度等。只有四者都切实参与评价,才能确保评价结果的科学性。

3. 评价方式时代化

蚕桑丝绸产业新工科育人评价方式应在原有基础上进行创新,体现时代化特征。一方面,评价方式应综合全面化。即在进行评价时,应将定性与定量评价、显性与隐性评价、过程与结果评价、动态与静态评价、他人评价与学生自我评价相结合,通过系统全面的评价方式,真实反映学生参与实践活动的真实情况。另一方面,评价方式应体现时代化。主要是指将大数据运用到实践育人评价机制中。当前,借助大数据强大的数据分析能力进行科学评价是新时代的要求。习近平总书记强调,"我们应该深入了解大数据发展现状和趋势及其对经济社会发展的影响,推进数据资源整合和开放共享"。大数据强调数据的核心地位,通过数据发掘研究对象的各种特征,并通过相关性原理进行趋势分析。因此,蚕桑丝绸产业新工科育人活动数据的收集是应用大数据进行评价的关键。学校可以依靠互联网,通过精心设计的网络系统开展实践育人工作,还可以独立开发数据管理软件,由学生上传数据,自动采集信息,并实现数据的自动统计和分析。

4. 评价过程全程化

蚕桑丝绸产业新工科育人评价不能只注重实践结果的评价,更要重视学生的实践过程。由于学生实践过程的数据难以采集,传统方式通常需要耗时耗力地发放调查问卷、进行实地调查,因此大部分学校直接以学生提交的社会实践材料为依据进行评价。然而,这种"一锤定音"式的评价方式不利于提高学生的参与积极性。因此,在对学生实践活动进行评价时,应将过程评价与结果评价相结合。

当前互联网的高速发展为实现蚕桑丝绸产业新工科育人实践过程的全程考评提供了条件。学校可以自主开发数据收集软件,要求学生将实践活动各个环节的相关情况上传至学校开发的数据收集应用软件,以便教师对学生实践活动进行实时监督。通过该软件可随时随地动态查询学生实践活动的时间和时长,线上记录学生实践学分,以及在线查询学生实践效果,从而实现实践育人评价过程的全程化。依托网络应用软件平台,不仅教师可以动态掌握学生的活动情况,学生也可以随时在系统上查看自己的活动状况,有利于实现评价过程的公开、公正和透明化。

5. 及时反馈评价结果

评价具有鞭策和激励功能,而这些功能有效发挥的前提是评价结果能够及时反馈给被评价对象,被评价对象依据反馈结果调整并优化自己的行动。因此,实践育人评价需注重结果的反馈及时性。当前学生参与实践活动评价结果得不到及时且有效反馈的原因主要有两个方面:一方面,学校对实践活动的评价只是简单公布成绩,没有任何文字说明,学生无法通过评价结果了解自己哪些方面做得好,哪些方面需要改进;另一方面,评价人员思想固化,没有充分认识到学生实践活动实效性评判的重要性,因此没有将评价结果进行全过程公示,自然也没能及时将评价结果反馈给学生。

高校要做到评价结果的及时反馈,可以采取以下措施:第一,定期对优秀实践单位、实践个人等进行表彰嘉奖,定期选择并树立实践活动和志愿服务中的典型人物,使师生明确实践活动优秀案例的亮点所在;第二,将评价过程的依据公开,让学生根据反馈结果优化调整自己的行动。例如,在评价完成后,公开对学生本次实践活动打分的依据,让学生了解本次实践活动为何获得这些分数,其余分数为何丢失,失分的原因是什么。学生得到反馈后,会对下次参加的实践活动进行优化调整。评价结果的及时反馈对优化实践育人工作具有重要意义。高校可以根据评价结果,及时发现实践育人工作中的问题,制定有针对性的解决办法,同时通过多种渠道进一步了解学生的需要,致力于促进学生全面发展,从而真正彰显评价机制的价值与意义。

在创新实践育人评价机制时,必须注重评价内容全面化、评价人员专业化、评价方式时代化、评价过程全程化、及时反馈评价结果,力求使评价结果全面合理且具有说服力。

构建一个科学、合理、有效的评价指标体系对于评估蚕桑丝绸产业新工科育人模式的效果具有重要意义。通过明确构建原则、选择有效的评价机制,可以全面、准确地评估育人模式的效果,为后续的改进和发展提供有力支持。

5.2　育人模式效果评价与分析

育人模式效果评价与分析是对蚕桑丝绸产业新工科育人模式实施效果的全面评估,旨在通过系统的方法和工具,对人才培养目标、课程体系、实践教学体系、创新创业教育与实践、师资队伍建设等方面进行评价和分析。该部分涵盖评价方法的选择、数据的全面收集、定量与定性相结合的分析过程,以及对结果的精确解读。

(1) 评价方法的选择应根据评价目标和评价内容的特点进行。常见的评价方法包括问卷调查、访谈、案例分析、成果展示等。问卷调查可用于收集学生、教师、企业和行业专家等不同利益相关者的意见和反馈;访谈可以更深入地了解学生的学习经历和感受;案例分析可以具体分析某些成功或失败的教育实践案例;成果展示可以展示学生的创新成果和创业项目。

(2) 数据收集是评价与分析的基础。可以通过多种渠道收集数据,这些数据包括学生成绩、项目报告、创业计划书、教师的教学反馈、企业用人反馈等。数据收集应注重数据的全面性、真实性和可靠性。

(3) 在分析过程中,可以采用定量和定性相结合的方法。定量分析可以对数据进行统计和计算,例如计算学生的平均成绩、就业率等;定性分析可以对数据进行深入解读和分析,例如分析学生的创新成果和创业项目的特点和影响。同时,还可以采用对比分析的方法,将不同年级、不同专业的学生或不同教育模式下的学生进行对比,以便更全面地了解教育效果。

(4)结果解读是评价与分析的关键环节。通过对数据的分析和解读,可以了解育人模式的实施效果,包括哪些方面做得好,哪些方面存在问题,以及问题产生的原因和解决方法。同时,结果解读还可以为后续的改进和发展提供依据。

育人模式效果评价与分析对于评估蚕桑丝绸产业新工科育人模式的实施效果具有重要意义。通过科学选择评价方法、全面收集数据、运用定量和定性相结合的分析手段以及深入解读结果,能够全面、准确地评估育人模式的效果,为后续的改进和发展提供有力支持。

5.3 蚕桑丝绸产业新工科育人模式的发展建议

在评估蚕桑丝绸产业新工科育人模式的效果后,针对发现的问题和不足,提出相应的发展建议,对于模式的改进和提升具有重要意义。该部分包括优化课程体系、强化实践教学、提升创新创业教育、加强师资队伍建设等方面的建议。其中优化课程体系是提升育人效果的关键。课程体系应紧密围绕产业需求和培养目标进行设计,注重理论与实践的结合。

1. 增加实践性课程

增加实践性课程是培养学生实践能力和解决实际问题能力的重要措施。通过设置实验课程、实习课程、项目实践课程,采取有效的实施策略,并建立完善的评价与反馈机制,可以提高实践性课程的实施效果,培养出更多符合产业需求的高素质人才。

(1)实验课程的设置。在蚕桑丝绸产业相关的课程中,应设置实验课程,让学生在实验室环境中通过实际操作,理解和掌握相关理论知识。例如,在蚕桑生物学课程中,可以设置实验课程,让学生观察和分析蚕的生长发育过程,理解蚕的生长习性和生理特点。

(2)实习课程的设置。组织学生到与蚕桑丝绸产业相关的企业进行实习,让学生在实际工作环境中了解企业的运作流程和生产工艺,提高其解决实际问题的能力。例如,可以组织学生到丝绸生产企业进行实习,了解丝绸的生产工艺和质量管理流程。

（3）项目实践课程的设置。在课程设置中引入项目实践课程,让学生通过实际项目的参与,锻炼解决实际问题的能力。例如,可以设置一个关于蚕桑丝绸产业技术创新的项目实践课程,让学生参与项目的策划、实施和总结,锻炼其创新能力和团队协作能力。

（4）实践性课程的实施策略。为确保实践性课程的实施效果,需采取一系列实施策略。例如,可以采用分组教学的方式,让学生在小组中共同完成实验、实习和项目实践任务,培养其团队协作能力。同时,可以邀请行业专家和企业导师进行指导,分享实际工作经验和行业动态。

（5）实践性课程的评价与反馈。为提高实践性课程的实施效果,需建立一套完善的评价与反馈机制。例如,可以组织学生进行自我评价和互评,了解学生在实践性课程中的表现和收获。同时,可以邀请行业专家和企业导师进行评价,提供针对性的建议和指导。

2. 更新课程内容

更新课程内容是确保学生掌握最新行业动态和前沿技术的关键措施。通过定期更新课程内容、引入行业专家和前沿技术讲座、建立产学研合作机制、搭建在线学习平台以及采取有效的实施策略,可以提高课程内容的更新效果,培养出更多符合产业需求的高素质人才。

（1）课程内容的更新。定期对课程内容进行更新,引入最新的产业技术和理念。例如,在蚕桑生物学课程中,可引入最新的基因编辑技术,如 CRISPR-Cas9,用于研究蚕的遗传改良和品种选育;在丝绸生产工艺课程中,可引入最新的自动化和智能化生产技术,如智能制造和工业互联网,以提高生产效率和产品质量。

（2）引入行业专家和前沿技术讲座。邀请行业专家和前沿技术领域的专家进行讲座和交流,使学生能够了解最新的行业动态和前沿技术。例如,可以邀请丝绸生产企业的技术专家进行讲座,分享企业最新的生产工艺和技术创新;也可以邀请前沿技术领域的专家进行讲座,介绍最新的技术发展趋势和应用前景。

（3）建立产学研合作机制。与产业界建立紧密的合作关系,开展产学研合作项目,让学生能够参与到实际项目中,了解和掌握最新的产业技术和理念。例如,可与丝绸生产企业合作,开展丝绸生产工艺改进和产品创新项目,让学生参与项目的设计、实施和总结。

（4）搭建在线学习平台。利用互联网和信息技术，搭建在线学习平台，提供最新的行业资讯和技术资料。例如，可以建立一个专门的蚕桑丝绸产业新工科育人模式的在线学习平台，提供最新的课程内容、行业资讯、技术资料和案例分析等资源。

（5）实践性课程的实施策略。为确保更新后的课程内容能够有效地传授给学生，需要采取一系列的实施策略。例如，可采用小班授课的方式，增加师生互动，提高教学效果；也可采用案例教学的方式，让学生更好地理解和掌握理论知识。

3. 加强跨学科课程的设置

加强跨学科课程的设置是促进学生综合素质培养的重要措施。通过跨学科课程的设置、跨学科教学团队的建立、跨学科实践活动的开展以及跨学科交流与合作的促进，可以提高学生的综合素质，培养出更多具有跨学科思维和创新能力的高素质人才。

（1）跨学科课程的设置。在课程体系中设置跨学科课程，如创新创业、市场营销、企业管理等。这些课程可以帮助学生了解不同领域的知识和技能，培养其跨学科思维和解决问题的能力。例如，开设创新创业课程，教授学生创新思维和创业方法，鼓励学生开展创新项目和创业实践；开设市场营销课程，教授学生市场分析、产品定位和营销策略等知识，培养学生的市场营销能力；开设企业管理课程，教授学生企业组织、战略规划和人力资源管理等知识，培养学生的企业管理能力。

（2）跨学科教学团队的建立。为确保跨学科课程的质量和效果，需建立跨学科教学团队。跨学科教学团队由不同领域的专家组成，共同设计和实施跨学科课程。例如，邀请创新创业领域的专家、市场营销领域的专家和企业管理领域的专家共同参与跨学科课程的设计和实施。

（3）跨学科实践活动的开展。为使学生能够将跨学科知识应用于实际问题解决，需开展跨学科实践活动。跨学科实践活动可以是课程设计、项目实践、案例分析等形式，使学生能够将不同领域的知识和技能结合起来，解决实际问题。例如，组织学生开展创新创业项目实践，让学生结合所学知识，进行创新项目的设计、实施和评估；组织学生开展市场营销项目实践，让学生结合所学知识，进行市场调研、产品定位和营销策略的制定与实施。

（4）跨学科交流与合作的促进。为使学生能够更好地理解和应用跨学知识,需促进跨学科交流与合作。可以举办跨学科研讨会、工作坊和学术交流活动,让学生能够与不同领域的专家和同学进行交流和合作。例如,举办跨学科研讨会,邀请不同领域的专家和学生分享自己的研究和经验,促进跨学科的交流与合作。

第6章　蚕桑丝绸产业
新工科育人模式的影响与启示

6.1　产教融合对蚕桑丝绸产业人才培养的影响

6.1.1　培养学生的实践能力

在蚕桑丝绸产业新工科育人模式中,培养学生的实践能力是至关重要的一环。这一能力的培养不仅有助于学生更好地理解和掌握理论知识,还能提高他们解决实际问题的能力,为未来的职业生涯打下坚实基础。

通过参与蚕桑丝绸产业的生产实践,学生能够深入了解行业实际需求,从而更加明确自己的学习目标和方向。这种实践机会使学生能够在真实的工作环境中学习和成长,增强实践操作技能。例如,学生可以参与蚕的种植、蚕的饲养、丝绸的加工等环节,从中学习到蚕桑丝绸产业的整个生产流程和技术要点。

产教融合的新工科育人模式鼓励学生参与技术创新和创业实践。学生可以参与到蚕桑丝绸产业的技术研发和市场开拓中,提升其创新能力。例如,学生可以参与到桑叶采摘机器人、桑叶切割与投喂设备等产品研发项目中,通过实践锻炼自己的创新思维和解决问题的能力。

产教融合的新工科育人模式还注重培养学生的团队合作能力和沟通能力。在蚕桑丝绸产业的生产实践中,学生需要与不同背景的团队成员密切合作,共同解决问题。这种合作经验有助于学生提高团队协作能力,培养良好的沟通和协调能力。

为了更好地培养学生的实践能力,学校和企业可以采取以下措施。

(1)加强实践教学基地建设

实践教学基地是培养学生实践能力的重要平台,对于提高学生的实际操作技能和解决实际问题的能力具有重要意义。因此,加强实践教学基地建设是产教融合新工科育人模式的关键环节。实践教学基地的建设需要充分考虑蚕桑丝绸产业的特点和实际需求。基地应涵盖蚕桑种植、蚕饲养、丝绸加工等各个环节,使学生能够全面了解和掌握蚕桑丝绸产业的整个生产流程。此外,基地还应配备先进的生产设备和实验仪器,以满足学生进行实践操作和科学研究的需求。实践教学基地的建设需要校企合作,共同参与。学校应与企业建立紧密的合作关系,共同规划、建设和管理实践教学基地。企业可以为基地提供生产设备、技术支持、实习岗位等资源,而学校则可以为企业提供人才支持和科研合作。通过校企合作,实践教学基地可以更好地满足双方的需求,实现资源共享和优势互补。实践教学基地的建设还需要注重实践教学的质量和效果。学校应制定科学的实践教学计划和课程体系,确保学生能够系统地学习和实践。同时,学校还应加强实践教学师资队伍建设,选拔具有丰富实践经验的教师担任实践教学指导工作。此外,学校还应定期对实践教学基地进行评估和优化,确保基地的运行质量和效果。

为了加强实践教学基地建设,可以采取以下措施。

① 学校和企业应加大对实践教学基地建设的投入,提供足够的资金支持。同时,政府也应给予一定的政策和资金支持,鼓励校企合作建设实践教学基地。

② 学校和企业应根据蚕桑丝绸产业的特点和实际需求,合理规划实践教学基地的布局。基地应覆盖蚕桑种植、蚕饲养、丝绸加工等各个环节,为学生提供全面的学习和实践机会。

③ 学校和企业应建立紧密的合作关系,共同参与实践教学基地的建设和管理。通过校企合作,实践教学基地可以更好地满足双方的需求,实现资源共享和优势互补。

④ 学校应制定科学的实践教学计划和课程体系,确保学生能够系统地学习和实践。同时,学校还应加强实践教学师资队伍建设,选拔具有丰富实践经验的教师担任实践教学指导工作。

⑤ 学校还应定期对实践教学基地进行评估和优化,确保基地的运行质量和效果。

总之,加强实践教学基地建设是产教融合新工科育人模式的重要环节。通过建设完善的实践教学基地,可以为学生的实践能力培养提供有力支持,提高学生的实际操作技能和解决实际问题的能力,为学生未来的职业生涯打下坚实基础。

（2）开展产学研合作项目

学校可以与企业及研究机构合作开展产学研合作项目,让学生参与到实际科研项目中。通过参与项目,学生能够将理论知识与实际应用相结合,提升实践能力。

产学研合作项目是产教融合新工科育人模式的核心内容之一,对于培养学生的实践能力和创新能力具有重要意义。通过开展产学研合作项目,学校、企业和研究机构可以实现资源共享、优势互补,共同推动蚕桑丝绸产业的发展。产学研合作项目为学生提供了丰富的实践机会。学生可以参与到项目的各个环节中,如市场调研、产品设计、生产制造、质量控制等,通过实际操作提高自己的实践能力。此外,学生还可以参与科研项目,开展技术研发和创新,提升自己的创新能力。产学研合作项目能够促进教师的专业发展。教师可以参与项目的研发和实践,提升自己的专业水平和实践能力。同时,教师还可以将项目中的实际问题引入课堂,激发学生的学习兴趣,提高教学效果。产学研合作项目还能推动企业的技术创新和产业升级。通过与学校和研究机构的合作,企业可以获得先进的技术和人才支持,推动产品研发和生产工艺的改进。同时,企业还可以通过合作项目培养自己的技术人才,提升企业的核心竞争力。学校可以聘请具有丰富实践经验的蚕桑丝绸产业专家担任兼职教师,为学生提供实践指导。同时,学校也可以派遣教师到企业进行实践学习和交流,提升教师的实践能力和教学水平。

开展产学研合作项目是产教融合新工科育人模式的重要内容。通过开展有效的产学研合作项目,可以提高学生的实践能力和创新能力,促进教师的专业发展,推动企业的技术创新和产业升级。同时,产学研合作项目还可以加强学校、企业和研究机构之间的沟通与合作,实现资源共享和优势互补,共同推动蚕桑丝绸产业的发展。

（3）加强师资队伍建设

一支高素质的教师队伍不仅能够提高教学质量,还能够促进学生的实践能力和创新能力的培养。因此,加强师资队伍建设对于实现新工科育人模式的目标具有重要意义。学校应选拔具有丰富实践经验的教师担任实践教学指导工作。这些教师可以为学生提供实际操作的指导和经验分享,使学生能够更好地理解和掌握实践技能。同时,学校还可以聘请具有行业背景的企业专家担任兼职教师,为学生提供更加贴近实际工作的教学内容。学校应鼓励教师参加实践培训和学术交流活动。通过参加这些活动,教师可以了解行业最新动态和技术发展趋势,提高自己的专业水平和实践能力。此外,学校还可以选派教师到企业进行实践学习和交流,使教师能够将实践经验融入教学,提高教学效果。学校应建立健全的教师评价和激励机制。通过建立科学合理的评价体系,学校可以对教师的实践教学能力和科研成果进行客观评价,激发教师的教学热情和科研动力。同时,学校还可以设立奖励机制,对在实践教学和科研工作中取得优异成绩的教师进行表彰和奖励,提高教师的积极性和创造力。学校应加强教师团队的协作与交流。通过组建跨学科、跨专业的教师团队,学校可以促进教师之间的知识和经验共享,提高教学和科研的整体水平。此外,学校还可以定期组织教师团队进行集体备课和教学研讨,使教师能够共同探讨教学方法和内容,提高教学质量。通过选拔具有实践经验的教师、鼓励教师参加实践培训和学术交流、建立健全的教师评价和激励机制以及加强教师团队的协作与交流,学校可以培养一支高素质的教师队伍,提高教学质量,促进学生的实践能力和创新能力的培养,为蚕桑丝绸产业的发展培养更多优秀人才。

可见,通过产教融合的新工科育人模式,学生的实践能力得到了有效培养。这种培养模式不仅有助于学生更好地理解和掌握理论知识,还能提高他们解决实际问题的能力,为未来的职业生涯打下坚实基础。

(1)学生通过参与蚕桑丝绸产业的生产实践,能够深入了解行业实际需求,提高解决实际问题的能力。这种实践经历对于学生的专业成长和职业发展具有深远的影响。

生产实践为学生提供了与行业实际需求直接接触的机会。在生产实践中,学生可以亲身参与到蚕桑丝绸的生产过程中,了解从原料采购、加工制造到产品销售等各个环节的实际操作和流程。这种直接接触有助于学生更好地理解行业的发展趋势、技术要求和管理模式,从而为他们未来的职业生涯打下坚实基础。生产实践有助于学生提高解决实际问题的能力。在实际生产环境中,学生需要面对各种复杂的挑战和问题,如生产过程中的技术难题、设备故障、质量控制等。通过参与解决这些问题,学生能够培养出较强的解决问题的能力,学会如何运用所学知识和技术来应对实际工作中的挑战。这种能力的提升对于学生的职业发展至关重要,使他们能够在未来的工作中更加自信和有效地应对各种问题。生产实践还有助于学生培养团队合作和沟通能力。在生产实践中,学生需要与不同背景和专业的同事合作,共同完成生产任务。这种合作经历有助于让学生学会如何与他人有效沟通、协调和合作,培养良好的团队合作精神。这种能力对于学生的职业发展同样重要,能够使他们在未来的工作中更好地融入团队,发挥个人价值。生产实践还能够帮助学生建立行业联系和人际关系。在生产实践中,学生有机会与行业内的专家、技术人员和业务人员进行交流和合作,建立起广泛的人脉关系。这种行业联系对于学生的职业发展具有重要的意义,为他们将来的就业和职业发展提供了更多的机会和资源。

（2）通过实习、实训等方式，学生能够在真实的工作环境中学习和成长，增强实践操作技能。这种实践性学习对于学生的职业发展和技能提升具有重要作用。

实习和实训为学生提供了真实的工作环境，使学生能够将所学理论知识与实际工作相结合。在实习和实训中，学生可以亲身体验实际工作的流程、操作方法和技巧，从而更好地理解和掌握所学知识。这种实践性学习有助于学生将理论知识转化为实际应用能力，提升他们的实践操作技能。实习和实训有助于学生培养职业素养和职业态度。在实际工作环境中，学生需要遵守工作纪律、与职业规范。通过实习和实训，学生能够培养出良好的职业素养和职业态度，为将来的职业生涯打下坚实的基础。这种职业素养和职业态度的培养对于学生的职业发展具有重要意义，能够使他们在未来的工作中更好地适应和融入团队，发挥个人价值。实习和实训还有助于学生了解行业动态和职业发展路径。在实习和实训中，学生可以接触到行业内的最新动态、技术发展和市场需求。通过与行业专家、技术人员交流和合作，学生能够了解行业的未来发展趋势和职业发展路径。这种了解对于学生的职业规划具有重要意义，能够使他们明确自己的职业目标和发展方向，为未来的职业生涯做好准备。实习和实训还能够帮助学生建立行业联系和人际关系。在实习和实训中，学生有机会与行业内的专家、技术人员和业务人员进行交流和合作，建立起广泛的人脉关系。这种行业联系对于学生的职业发展具有重要的意义，为他们将来的就业和职业发展提供了更多的机会和资源。

6.1.2 提高学生的创新创业能力

在产教融合新工科育人模式中，提高学生的创新创业能力是培养高素质蚕桑丝绸产业人才的重要目标之一。通过创新创业教育，学生不仅能够掌握必要的理论知识，还能够培养创新思维、团队协作能力、项目管理能力和市场开拓能力等，为未来的职业生涯和自主创业奠定基础。

通过将创新创业教育融入教学体系、提供创新创业实践平台、建立健全的创新创业支持体系以及加强创新创业教育师资队伍建设，学校可以培养出具有创新思维和创业能力的蚕桑丝绸产业人才，为产业发展注入新的活力。

为此，学校应将创新创业教育融入教学体系。通过开设与创新创业相关的课程，如创新思维训练、创业管理、市场营销等，帮助学生系统掌握创新创业所需的知识和技能。此外，学校还可以邀请成功的企业家和创业者来校进行经验分享，为学生提供创新创业的案例和经验。学校应为学生提供创新创业实践平台。通过创新创业竞赛、创业项目孵化、创业实习等实践活动,学生能够将课堂所学应用于实践,提升自己的实践能力和创新能力。同时,学校还可以与企业和研究机构合作,为学生提供实习和就业机会,使学生能够在实际工作中锻炼自己的创新创业能力。学校应建立健全创新创业支持体系。通过设立创新创业基金、提供创业指导、配备创业场地和设施等支持措施,为学生创新创业提供必要的资源和条件。同时,学校还可以加强与企业和社会组织的合作,为学生争取更多的创新创业机会和资源。学校应加强创新创业教育师资队伍建设。通过选拔具有丰富创新创业经验的教师、定期开展创新创业教育培训、建立创新创业教育团队等手段,学校可以提升创新创业教育的质量和效果。同时,还可以聘请成功的企业家和创业者担任兼职教师或顾问,为学生提供更多的创新创业指导和经验分享。

产教融合鼓励学生参与技术创新和创业实践,激发创新思维和创业精神。这种融合模式对于培养学生的创新能力和创业精神具有重要意义,为他们未来的职业生涯和事业发展提供了宝贵的经验和资源。因此,学校和企业应共同努力,为学生提供更多的技术创新和创业实践机会,帮助他们实现自己的创新梦想和创业目标。同时,学生也应积极利用产教融合的机会,主动参与技术创新和创业实践,不断提高自己的创新能力和创业精神。

产教融合为学生提供了技术创新的平台和资源。通过与企业合作,学校可以为学生提供先进的技术设备、实验条件和研发项目,学生能够接触到最新的技术成果和研发动态。这种技术创新的平台和资源为学生提供了广阔的创新空间,可激发他们的创新思维和创业精神。产教融合有助于学生了解行业需求和市场趋势。通过与企业合作,学生可以深入了解行业的发展趋势、市场需求和竞争态势,这种了解有助于学生把握行业发展的机遇,发挥自己的创新优势,实现技术创新和创业实践。产教融合还可以为学生提供创业实践的机会和指导。通过与企业合作,学校可以为学生提供创业项目的实践机会,使学生能够将创新想法转化为实际产品和服务。同时,企业专家和创业导师的指导也为学生提供了宝贵的创业经验和指导,帮助他们克服创业过程中的困难和挑战。产教融合能够为学生提供丰富的创业资源和人脉网络。通过与企业合作,学校可以为学生提供创业资金、创业导师、创业孵化器等资源,帮助他们实现创业梦想。同时,学生还可以通过产教融合建立广泛的人脉网络,为创业提供更多的机会和资源。

学生可以参与到蚕桑丝绸产业的技术研发和市场开拓中,提升其创新能力。这种参与对于学生的专业成长和职业发展具有深远的影响。通过参与技术研发和市场开拓,学生可以了解产业的前沿技术和发展趋势,提高自己的创新能力。同时,参与技术研发和市场开拓还可以为学生提供丰富的实践经验和职业发展机会,为将来的职业生涯打下坚实的基础。

技术研发为学生提供了创新实践的机会。在技术研发过程中,学生可以参与到蚕桑丝绸产业的新技术、新工艺和新产品的研究和开发中。通过参与技术研发,学生不仅能够了解产业的前沿技术和发展趋势,还能提高自己的创新能力。此外,技术研发还能够锻炼学生的团队协作能力和解决问题的能力,为他们将来的职业生涯打下坚实的基础。市场开拓为学生提供了了解行业需求和竞争态势的机会。在市场开拓过程中,学生可以参与到蚕桑丝绸产品的市场调研、营销策略制定和销售渠道拓展中。通过参与市场开拓,学生可以了解消费者的需求和偏好,掌握市场动态和竞争态势。这种了解有助于学生把握市场机遇,发挥自己的创新优势,实现产品创新和市场开拓。参与蚕桑丝绸产业的技术研发和市场开拓还可以为学生提供丰富的实践经验和职业发展机会。通过参与技术研发和市场开拓,学生可以建立起与企业和行业的联系,了解行业的发展方向和就业机会。这种联系有助于学生拓宽职业发展道路,提高就业竞争力。同时,学生还可以通过参与技术研发和市场开拓,积累丰富的实践经验,为将来的职业生涯做好准备。

6.1.3 促进学生的职业发展

通过开展职业规划教育、提供职业发展服务、建立职业发展信息平台以及加强校企合作,学校可以为学生提供全面的职业发展指导和服务,帮助学生实现个人职业规划,提高就业竞争力,为蚕桑丝绸产业的发展培养更多优秀人才。学校应开展职业规划教育。通过职业规划课程、讲座和工作坊等形式,学生可以学习职业规划的基本理论和方法,了解自己的兴趣、能力和职业目标,制定适合自己的职业规划。此外,学校还可以邀请行业专家和成功人士来校进行职业规划和就业指导,为学生提供实用的职业规划建议和经验分享。学校应提供职业发展服务。通过职业咨询、职业测评、职业培训、实习和就业推荐等服务,学校可以帮助学生提高职业素养和就业竞争力。同时,学校还可以与企业和研究机构合作,为学生提供实习和就业机会,使学生能够在实际工作中锻炼自己的职业能力。学校应建立职业发展信息平台。通过提供行业动态、职位信息、招聘信息等职业发展相关信息,学校可以帮助学生了解行业发展和职业机会,让学生为自己的职业发展做出明智的决策。同时,学校还可以利用互联网和社交媒体等现代信息技术手段,为学生提供更加便捷和高效的职业发展服务。学校应加强校企合作。通过与企业紧密合作,学校可以为学生提供更多的实习和就业机会,让学生能够在实际工作中锻炼自己的职业能力。同时,学校还可以邀请企业专家参与课程设计和教学,为学生提供更加贴近实际的职业知识和技能。

通过开展职业规划教育、提供职业发展服务、建立职业发展信息平台及加强校企合作,学校能够帮助学生明确职业目标,提高就业竞争力,实现个人职业规划。

产教融合为学生提供了更多与行业专家交流的机会,有助于学生职业规划和发展。这种交流对于学生的专业成长和职业发展具有深远影响。通过与行业专家交流,学生可以获得宝贵的职业规划指导,了解行业动态和趋势,拓宽职业发展道路。同时,这种交流还可以为学生提供丰富的实践经验和职业发展机会,为将来的职业生涯做好准备。行业专家拥有丰富的实践经验和专业知识,能够为学生提供行业内的职业发展路径和方向。通过与行业专家交流,学生可以了解不同职业岗位的要求和特点,明确自己的职业目标和规划。此外,行业专家还可以为学生提供职业发展的建议和指导,帮助他们制定适合自己的职业发展计划,提高就业竞争力。行业专家对行业的发展趋势和未来走向有着深入的了解和洞察力。通过与行业专家交流,学生可以及时了解行业的新技术、新工艺和新产品,掌握行业的发展动态。这种了解有助于学生把握行业机遇,发挥自己的专业优势,实现职业发展。行业专家往往拥有广泛的人脉和资源,能够为学生提供实习、实训和就业机会。通过与行业专家交流,学生可以建立起与企业和行业的联系,拓宽职业发展道路。同时,学生还可以通过与行业专家交流,了解行业内的职业发展和晋升路径,为自己的职业发展做好准备。

学生通过实践经验的积累,能够提高就业竞争力,为未来的职业生涯打下坚实基础。实践经验是学生在学习过程中获得的重要财富,对于他们的职业发展具有深远的影响。通过实践经验的积累,学生可以提升应用能力,了解行业实际需求和发展趋势,锻炼团队协作能力和沟通能力,以及建立人际关系和职业网络。这些能力的提升有助于学生在未来的职业生涯中更好地适应工作环境,发挥专业优势,实现职业发展。实践经验的积累有助于学生将所学知识应用于实际工作中。在实际工作中,学生可以运用所学理论知识和技能解决实际问题,从而提高实践能力和专业水平。这种应用能力的提升,有助于学生在未来的职业生涯中更好地适应工作环境,发挥专业优势。实践经验的积累有助于学生了解行业实际需求和发展趋势。通过积累实践经验,学生可以掌握行业的发展动态、技术进步和市场需求,为职业规划和发展提供依据。这种了解有助于学生把握行业机遇,提升职业竞争力。实践经验的积累还可以锻炼学生的团队协作能力和沟通能力。在实际工作中,学生需要与同事、上级和客户进行有效的沟通和协作,解决工作中的问题。通过实践经验的积累,学生可以提高团队协作能力和沟通能力,为未来的职业生涯打下坚实的基础。实践经验的积累有助于学生建立人际关系和职业网络。在实际工作中,学生可以与行业内的人士建立联系,拓展职业网络。这种人际关系的建立,有助于学生在未来的职业生涯中获取更多的职业机会和发展空间。

6.2 蚕桑丝绸产业新工科育人模式的启示

6.2.1 创新人才培养模式

通过注重培养学生的创新思维、加强实践教学、培养学生的团队协作能力以及注重培养学生的自主学习能力,学校可以培养出具有创新精神和实践能力的高素质蚕桑丝绸产业人才,为产业发展注入新的活力。这种创新人才培养模式能够更好地满足蚕桑丝绸产业发展的需求,培养出更多具有创新精神和实践能力的高素质人才。

学校应注重培养学生的创新思维。通过开设创新思维训练、创造性思维开发等课程,让学生学习创新的基本理论和方法,培养学生的创新思维和解决问题的能力。此外,学校还可以组织学生参加创新竞赛、科研活动等,为学生提供实践创新的平台和机会,激发学生的创新潜能。学校应加强实践教学。通过建立实践教学基地、开展产学研合作项目等,让学生参与蚕桑丝绸产业的生产实践,提高学生的实际操作技能和解决实际问题的能力。同时,学校还可以与企业合作,为学生提供实习和实训机会,使学生在实际工作中锻炼自己的职业能力。学校应注重培养学生的团队协作能力。通过组织团队项目、开展团队活动等,让学生学习团队合作的基本原则和方法,培养团队协作和沟通能力。同时,学校还可以邀请企业专家参与教学,为学生提供实际工作中的团队协作经验分享。学校应注重培养学生的自主学习能力。通过引导学生主动探索、自主学习,让学生培养自己的学习兴趣和学习能力,提高自主学习的效率和质量。同时,学校还可以利用现代信息技术手段,如在线学习平台、虚拟实验室等,为学生提供更加便捷和高效的学习资源和服务。

强调理论与实践相结合,培养学生的实际操作能力和创新思维,对于学生的综合素质提升和职业发展具有重要意义。这种教育模式不仅能够提高学生的综合素质,还能够为他们未来的职业生涯打下坚实基础。

理论与实践相结合有助于学生更好地理解和掌握知识。在理论学习的基础上,通过实践操作,学生可以将理论知识应用于实际情境中,加深对知识的理解和记忆。例如,在蚕桑丝绸产业的学习中,学生不仅需要学习相关的理论知识,如蚕的生物学特性、桑树的栽培技术等,还需要通过实践操作,如饲养蚕、采摘桑叶等,来巩固和应用这些知识。理论与实践相结合有助于培养学生的实际操作能力。在实际操作中,学生可以锻炼自己的动手能力和技能,提高解决实际问题的能力。例如,在蚕桑丝绸产业的学习中,学生可以通过实践操作,如制作蚕茧、纺织丝绸等,来掌握相关的工艺技术和操作技能。这些实际操作能力的培养对于学生在未来的职业生涯中,尤其是在技术岗位上的表现至关重要。理论与实践相结合还有助于培养学生的创新思维。在实际操作中,学生可能会遇到各种问题和挑战,需要运用创新思维来寻找解决方案。例如,在蚕桑丝绸产业的学习中,学生可能会遇到如何提高蚕茧产量、如何改善丝绸质量等问题,需要通过创新思维来寻找解决方案。这种创新思维的培养对于学生在未来的职业生涯中,尤其是在创新岗位上的表现至关重要。理论与实践相结合还有助于培养学生的团队合作能力和沟通能力。在实际操作中,学生需要与同学、老师和其他工作人员进行合作,共同完成任务。例如,在蚕桑丝绸产业的学习中,学生需要与同学一起进行饲养蚕、采摘桑叶等操作,需要与老师和其他工作人员进行沟通和协作。这种团队合作能力和沟通能力的培养对于学生在未来的职业生涯中,尤其是在团队岗位上的表现至关重要。

注重跨学科教育和综合素质培养,能够使学生具备解决复杂问题的能力,这对于学生的综合素质提升和职业发展具有重要意义。这种教育模式不仅能够提高学生的综合素质,还能够为他们未来的职业生涯打下坚实基础。

跨学科教育有助于学生从多个角度理解和分析问题。在现代社会,许多问题和挑战都是多学科交叉的,需要综合运用不同领域的知识和技能来解决。例如,在蚕桑丝绸产业的学习中,学生不仅需要学习农业科学、生物学等自然科学知识,还需要学习设计、营销等社会科学知识。通过跨学科教育,学生可以培养综合分析问题的能力,为解决复杂问题奠定坚实基础。综合素质培养有助于学生全面发展。在现代社会,成功的人才不仅需要具备专业技能,还需要具备良好的沟通、协作、领导等综合素质。例如,在蚕桑丝绸产业的学习中,学生需要与农民、设计师、销售人员等不同背景的人进行沟通和协作,这需要他们具备良好的沟通和协作能力。通过综合素质培养,学生可以全面发展,为解决复杂问题奠定坚实基础。注重跨学科教育和综合素质培养还有助于学生培养创新思维。在现代社会,创新是解决复杂问题的关键。通过跨学科教育和综合素质培养,学生可以培养创新思维,不断寻找新的解决方案和方法。例如,在蚕桑丝绸产业的学习中,学生可以运用创新思维,设计出更高效、更环保的蚕桑养殖技术和丝绸生产工艺。这种创新思维的培养对于学生在未来的职业生涯中,尤其是在创新岗位上的表现至关重要。注重跨学科教育和综合素质培养还有助于学生培养终身学习的能力。在现代社会,知识更新迅速,终身学习是适应快速变化的关键。通过跨学科教育和综合素质培养,学生可以培养终身学习的能力,不断更新自己的知识和技能。例如,在蚕桑丝绸产业的学习中,学生可以培养终身学习的能力,持续学习新的养殖技术和丝绸生产工艺。这种终身学习的能力对于学生在未来的职业生涯中,尤其是在快速变化的行业中的表现至关重要。

6.2.2　加强师资队伍建设

加强师资队伍建设是实现产教融合新工科育人模式的重要环节。通过选拔具有实践经验的教师、建立健全教师评价和激励机制、加强教师团队的协作与交流以及加强教师的专业发展培训,学校可以培养一支高素质的教师队伍,提高教学质量,促进学生的实践能力和创新能力的培养,为蚕桑丝绸产业的发展培养更多优秀人才。

学校应选拔具有丰富实践经验的教师担任实践教学指导工作。这些教师可以为学生提供实际操作的指导和经验分享,帮助学生更好地理解和掌握实际操作技能,提升解决实际问题的能力。同时,学校还可以鼓励教师参加实践培训和学术交流,以提升教师的实践能力和教学水平。学校应建立健全的教师评价和激励机制。通过设定科学合理的评价指标和激励措施,激发教师的工作积极性和创新能力,从而提高教学质量。此外,学校还可以设立专项奖励基金,对在教学和科研方面取得突出成绩的教师进行奖励,鼓励教师不断提升自身能力和水平。学校应加强教师团队的协作与交流,通过定期举办教师研讨会、工作坊等活动,促进教师之间的沟通与合作,共同探讨教学方法和内容,进而提高教学质量。同时,学校还可以鼓励教师参加跨学科的学术交流和合作研究,以拓展教师的学术视野和能力。学校应加强教师的专业发展培训。通过提供专业发展课程、组织研讨会等,提升教师的专业素养和教学能力,让教师更好地适应新工科育人模式的需求。此外,学校还可以鼓励教师参加行业认证和职业资格培训,以提高教师的专业水平和竞争力。

提升教师在蚕桑丝绸产业领域的实践经验和教学能力,对于培养学生的实践能力和创新思维具有重要意义。作为教育过程中的引导者和组织者,教师的实践经验和教学能力直接影响着学生的学习效果和职业发展。

提升教师的实践经验有助于他们将实践经验融入教学过程。教师通过参与蚕桑丝绸产业的实际工作,能够深入了解行业的发展趋势、技术应用和市场需求,从而在教学中提供更加贴近实际的内容和案例。这种实践经验的融入不仅能够提升学生的学习兴趣和参与度,还能帮助学生更好地理解和掌握专业知识。提升教师的实践经验有助于培养学生的实践能力。教师在实际工作中积累的经验和技能,可以传授给学生,帮助他们在模拟或实际操作中提升实践能力。例如,教师可以组织学生参观蚕桑丝绸生产企业,让学生了解生产流程和操作规范,或者组织学生参与实际的生产实践活动,让学生亲身体验生产过程,提高实践操作技能。提升教师的实践经验还有助于培养学生的创新思维。教师在实际工作中遇到的挑战和问题,可以激发学生的创新意识和创新能力。教师可以将这些实际问题引入课堂,鼓励学生思考解决方案,培养学生的创新思维和解决问题的能力。例如,教师可以组织学生参与蚕桑丝绸产业的技术创新项目,让学生在实践中发现问题、分析问题和解决问题,提升创新思维能力。

同时,提升教师的教学能力也至关重要。教师的教学能力包括教学设计、教学方法和教学评价等多个方面。通过提升教学能力,教师可以更好地组织教学内容和教学过程,提高教学效果和学生的学习效果。例如,教师可以运用现代教育技术,如多媒体教学、网络教学等,丰富教学手段和教学资源,提升教学效果。

鼓励教师参与产业技术研发,并将最新产业动态融入教学,对于提高教育质量和培养学生的实践能力具有重要意义。这种做法不仅能够提升教师的实践经验和教学能力,还能够为学生提供更加贴近实际的学习内容和体验。

鼓励教师参与产业技术研发,有助于他们深入了解行业的最新动态和发展趋势。在实际研发过程中,教师可以接触到最新的技术、工艺和市场信息,从而获得更加前沿和实用的知识。例如,在蚕桑丝绸产业中,教师可以参与最新的丝绸加工技术、新产品研发或环保技术的研发项目,进而在教学中向学生介绍最新的产业动态和技术成果。鼓励教师参与产业技术研发,有助于他们将实践经验融入教学。在研发过程中,教师会面临各种实际问题和挑战,这些经历可以成为教学中的宝贵案例和经验。通过分享这些实践经验,教师可以让学生更好地理解理论知识,并激发他们的学习兴趣和实践热情。例如,教师可以组织学生参观研发实验室,让学生了解研发过程和实验方法;或者组织学生参与实际的研发项目,让学生亲身体验研发过程和解决实际问题。鼓励教师参与产业技术研发,还有助于培养学生的创新思维和解决问题的能力。教师在研发过程中会遇到各种复杂和未知的问题,可以将这些实际问题引入课堂,鼓励学生思考解决方案,从而培养学生的创新思维和解决问题的能力。例如,教师可以组织学生参与技术挑战赛或创新项目,让学生在解决实际问题的过程中锻炼创新思维和解决问题的能力。

此外,鼓励教师参与产业技术研发,还有助于加强学校与产业界的联系和合作。通过参与产业技术研发,教师可以与产业界的专家和同行建立联系,了解产业的需求和发展方向,从而更好地指导学生和改进教学。例如,教师可以与产业界的研发团队合作,共同开展科研项目;或者邀请产业界的专家来校进行讲座和交流,将最新的产业动态和技术成果带给学生。

6.2.3　推进产教深度融合

产教融合是指产业界与教育界的深度融合,通过整合双方资源,实现优势互补,共同推动人才培养和产业发展。在蚕桑丝绸产业新工科育人模式中,推进产教深度融合是实现人才培养与产业发展良性互动的关键。通过与企业建立长期稳定的合作关系、共同开发课程和教材、共同开展产学研合作项目以及共同建立人才培养和评价体系,学校可以培养出具有实践能力和创新精神的高素质人才,推动蚕桑丝绸产业的发展。同时,产教融合还可以加强学校与企业之间的沟通与合作,实现资源共享和优势互补,共同推动人才培养和产业发展。

学校应与企业建立长期稳定的合作关系。通过与企业签订合作协议,学校能够深入了解企业的实际需求和产业发展的趋势,为企业量身定制有针对性的人才培养方案。同时,企业也可以为学校提供实习实训基地、技术支持等资源,为学生提供实践机会和就业渠道。学校应与企业共同开发课程和教材。通过与企业合作,学校可以及时掌握行业最新的技术和发展动态,适时更新课程内容和教学方法。同时,企业专家可以参与课程设计和教学活动,为学生传授更加贴近实际的职业知识和技能。此外,学校还可以与企业合作开发特色教材,将企业的实际案例和经验融入教材,有效提升学生的实践能力和创新能力。学校应与企业共同开展产学研合作项目。通过与企业合作,学校可以为学生搭建实践创新的平台,提供丰富的实践机会,充分激发学生的创新潜能。同时,学校和企业可以联合开展技术研发和产品创新项目,推动企业的技术创新和产业升级。此外,学校还可以与企业合作开展科研项目,为企业提供技术支持和解决方案,助力产业发展。学校应与企业共同建立人才培养和评价体系。通过与企业合作,学校可以精准把握企业对人才的需求和评价标准,为学生提供有针对性的培养方案和就业指导。同时,企业也可以参与学生的评价和考核,有效提升学生的就业竞争力和职业发展能力。此外,学校还可以与企业合作建立职业发展中心,为学生提供职业规划、就业指导、创业支持等全方位服务,助力学生的职业发展。

　　构建产学研一体化的教育体系,促进教育和产业的共同发展,是现代教育的重要趋势。这种教育体系不仅能够提高教育质量、培养学生的实践能力,还能够满足产业对人才的需求,促进产业的发展。

　　构建产学研一体化的教育体系有助于实现教育资源的优化配置。通过产学研合作,学校可以充分利用企业的实践设备和资源,为学生提供更多的实践机会和实验条件。例如,在蚕桑丝绸产业的学习中,学校可以与企业合作建立实践基地,为学生提供真实的生产环境和设备,让学生在实践中学习和掌握相关技能。同时,企业也可以通过合作获得人才支持和智力支持,提高企业的竞争力。例如,学校可以与企业合作开展产学研项目,让学生参与企业的实际研发和创新活动,培养学生的实践能力和创新能力。

　　构建产学研一体化的教育体系有助于实现产业需求的精准对接。通过产学研合作,学校可以更好地了解企业的需求和发展趋势,从而调整教学内容和课程设置,培养符合企业需求的人才。例如,学校可以与企业合作开展产学研项目,让学生参与企业的实际研发和创新活动,培养学生的实践能力和创新能力。同时,企业也可以通过合作了解教育的发展动态和人才培养情况,从而更好地招聘和培养人才。例如,学校可以与企业合作建立产业学院,将产业需求和教育目标紧密结合,培养符合产业发展需求的人才。

　　构建产学研一体化的教育体系还有助于促进教育与产业的融合发展。通过产学研合作,学校可以更好地了解产业的发展趋势和需求,从而调整教育目标和人才培养方案,培养符合产业发展需求的人才。同时,企业也可以通过合作了解教育的发展动态和人才培养情况,从而更好地招聘和培养人才。例如,学校可以与企业合作建立产业学院,将产业需求和教育目标紧密结合,培养符合产业发展需求的人才。

　　在构建产学研一体化的教育体系过程中,需要注重以下几个方面。

　　(1)加强学校与企业的合作。学校应主动与企业建立合作关系,开展产学研项目,共同研发新技术、新产品,培养符合产业发展需求的人才。同时,企业也应积极参与学校的教育和科研活动,为学生提供实践机会和就业岗位。

　　(2)优化课程设置和教学内容。学校应根据产业发展需求,调整课程设置和教学内容,增加实践环节,使学生能够更好地掌握实际工作所需的知识和技能。同时,学校还可以邀请企业专家参与课程设计和教学,将最新的产业动态和技术应用融入教学。

(3)强化师资队伍建设。学校应加强教师在产业领域的实践经验,提升教师的实践能力和教学水平。可选派教师到企业挂职锻炼、与企业开展产学研项目等,使教师了解产业发展现状和趋势,提高教育教学质量。

(4)完善产学研合作机制。学校和企业应建立健全的产学研合作机制,明确合作目标、任务和责任,确保合作的顺利进行。同时,政府和社会各界也应支持和推动学校与企业的合作,为教育与产业的融合发展创造良好的环境和条件。

第 7 章　结论与建议

7.1　研究结论

7.1.1　蚕桑丝绸产业新工科育人模式的实践与探索

蚕桑丝绸产业新工科育人模式的实践与探索是实现人才培养与产业发展良性互动的重要环节。通过加强与企业的合作、鼓励教师参加实践培训和学术交流、开展产学研合作项目以及建立健全的实践教学体系,学校能够培养出具有实践能力和创新精神的高素质人才,从而推动蚕桑丝绸产业的发展。同时,这一过程还能加强学校与企业之间的沟通与合作,实现资源共享和优势互补,共同推动人才培养和产业发展。

首先,学校应加强与企业的合作,开展实践教学。通过与企业合作,学校可以为学生提供实习实训基地,学生能够亲身体验实际工作环境,提升实际操作技能和解决实际问题的能力。同时,企业也可以为学校提供技术支持和专家指导等资源,助力学校提高教学质量。其次,学校应鼓励教师参加实践培训和学术交流。通过参加实践培训和学术交流,教师能够及时了解行业最新的技术和发展动态,提升自己的实践能力和教学水平。此外,教师还可以与企业专家交流,深入了解企业对人才的需求和评价标准,从而为学生制定更具针对性的培养方案和就业指导。再次,学校应积极开展产学研合作项目。通过与企业合作,学校可以为学生搭建实践创新的平台和机会,激发学生的创新潜能。同时,学校和企业可以共同开展技术研发和产品创新项目,促进企业的技术创新和产业升级。此外,学校还可以与企业合作开展科研项目,为企业提供技术支持和解决方案,推动产业发展。最后,学校应建立健全的实践教学体系。通过完善实践教学体系,学校可以为学生提供全面的实践教学资源和条件,提升学生的实践能力和创新能力。同时,学校还应建立实践教学评估和反馈机制,不断优化实践教学体系,提高实践教学效果。

实践证明,蚕桑丝绸产业新工科育人模式在实践中取得了显著的应用效果,不仅提高了教育质量,培养了学生的实践能力,还为产业的发展提供了有力的人才支持。这种育人模式的成功实践为其他产业领域提供了宝贵的经验和启示,对于推动产业与教育的协同发展具有重要的借鉴意义。具体体现在以下几个方面。

(1)强化了学生的实践能力。通过与企业紧密合作,让学生有机会参与蚕桑丝绸产业的实际生产过程,深入了解行业需求,提升解决实际问题的能力。这种实践经验的积累不仅增强了学生的就业竞争力,也为他们的职业生涯奠定了坚实基础。

(2)激发了学生的创新思维。产教融合模式鼓励学生参与技术创新和创业实践,促使他们将理论知识与实际问题紧密结合,培养解决复杂问题的能力。这种创新思维的培养对学生未来的职业发展具有深远意义。

(3)提升了教师的实践经验和教学能力。教师通过参与产业技术研发,将最新的产业动态融入教学内容,使课程更加贴近实际需求,从而提高教学质量。这种实践经验的积累不仅提升了教师的实践能力,也使他们能够更精准地指导学生。

(4)实现了教育资源与产业需求的对接。学校与企业之间的深度合作,使得教育资源能够更好地契合产业需求,培养出符合产业发展要求的专业人才。这种对接不仅提高了教育质量,也为产业的发展提供了有力的人才支持。

(5)促进了教育与产业的融合发展。产学研一体化的教育体系,使教育与产业形成了良性互动,实现了资源共享和优势互补。这种融合不仅提升了教育质量,也为产业的发展注入了新的活力。

(6)培养了学生的职业素养。通过实习、实训等方式,学生能够在真实的工作环境中学习和成长,增强实践操作技能。这种职业素养的培养使学生能够更好地适应工作环境,充分发挥自己的专业优势。

(7)提高了学生的就业竞争力。通过积累实践经验,学生能够将所学知识有效应用于实际工作中,提升解决实际问题的能力。这种实践能力的提升使学生在激烈的就业市场中更具竞争力,能够脱颖而出。

(8)促进了蚕桑丝绸产业的发展。产教融合模式培养了大量符合产业发展需求的专业人才,为产业的发展提供有力支持。同时,学生参与产业技术研发和市场开拓,也为产业发展注入了新的活力。

综上所述,蚕桑丝绸产业新工科育人模式在促进学生发展和提升教育质量方面发挥了重要作用。通过与产业界的紧密合作,该模式将教育资源与产业需求紧密结合,为学生提供了更加全面且实用的学习体验。因此,学校和企业应共同努力,加强合作,构建更加完善的产学研一体化教育体系,为培养符合产业发展需求的人才做出更大的贡献。同时,政府和社会各界也应关注和支持教育与产业的融合发展,为构建产学研一体化的教育体系创造良好的环境和条件。

7.1.2　产教融合在蚕桑丝绸产业新工科育人模式中的作用与价值

产教融合在蚕桑丝绸产业新工科育人模式中发挥着至关重要的作用,具有深远的价值。它通过提高人才培养的质量和效果、促进教师的专业发展以及推动产业的升级,助力实现人才培养与产业发展的良性互动,为蚕桑丝绸产业注入新的活力。同时,产教融合还能加强学校与企业之间的沟通与合作,实现资源共享和优势互补,共同推动人才培养与产业的协同发展。

产教融合可以提高人才培养的质量和效果。通过与企业的紧密合作,学校能够精准把握企业的实际需求和产业的发展趋势,从而制定更具针对性的人才培养方案。企业为学校提供实习实训基地、技术支持等资源,为学生创造了丰富的实践机会和畅通的就业渠道。这种合作模式促使学生将理论知识与实际操作紧密结合,显著提升了学生的实际操作技能和解决实际问题的能力。产教融合可以促进教师的专业发展。通过与企业深度合作,教师能够深入了解行业最新的技术和发展动态,从而提升自身的实践能力和教学水平。教师与企业专家的交流互动,使其能够精准把握企业对人才的需求和评价标准,进而为学生提供更具针对性的培养方案和就业指导。这种合作模式不仅有助于教师不断更新知识和技能,还能有效提高教学质量。此外,产教融合还可以推动蚕桑丝绸产业的发展。通过校企合作,学校能够为企业提供技术支持和解决方案,推动企业的技术创新和产业升级。同时,学校和企业可以共同开展技术研发和产品创新项目,加速科技成果向实际生产力的转化,从而促进产业的可持续发展。这种合作模式不仅有助于企业提升竞争力,也为产业的整体发展注入了新的动力。

产教融合在人才培养中的重要性不言而喻。这种融合模式将产业界与教育界紧密结合起来,使教育资源与产业需求实现有效对接,为人才培养提供了更为广阔的平台和更丰富的资源。在提升教育质量方面,产教融合展现了其独特的价值。

产教融合有助于学生了解行业需求和职业发展前景。通过与企业合作,学生可以接触到最新的技术、工艺和市场信息,从而更好地理解行业的发展趋势和职业发展方向。这种深入了解有助于学生制定合理的职业规划,增强其就业竞争力。产教融合能够提高学生的实践能力和创新能力。学生在实际工作环境中学习和成长,能够将理论知识与实际操作相结合,培养解决实际问题的能力。同时,产教融合鼓励学生参与技术创新和创业实践,激发他们的创新思维和创业精神。这种实践经验和创新能力的培养对学生未来的职业发展具有重要意义。产教融合还有助于提升教师的实践经验和教学能力。教师通过参与产业技术研发和市场开拓,能够将最新的产业动态融入教学内容,使课程更加贴近实际需求。这种实践经验的积累不仅提升了教师的实践能力,也使他们能够更精准地指导学生,提高教学质量。产教融合还能够促进教育与产业的融合发展。通过产学研一体化的教育体系,教育与产业形成了良性互动,实现了资源共享和优势互补。这种融合不仅提高了教育质量,也为产业的发展提供了有力的人才支持。同时,产教融合还能促进学校与企业的深度合作,实现教育资源的优化配置,为学生提供更多的实践机会和实验条件。最后,产教融合对于培养学生的职业素养和团队合作能力也具有重要意义。学生在实际工作环境中学习和成长,有利于培养良好的职业素养和团队合作精神。这种职业素养和团队合作精神的培养对学生未来的职业发展具有重要意义。

产教融合在推动产业发展和满足社会需求方面发挥着重要作用。这种融合模式将产业界与教育界紧密结合,实现了教育资源与产业需求的有效对接,为产业发展提供了有力的人才支持和智力支撑。产教融合有助于培养符合产业发展需求的人才。通过与企业合作,学校能够精准把握产业的发展趋势和人才需求,从而调整教学内容和培养方案,这种模式培养出的人才不仅具备实际操作能力,还拥有创新思维,能够满足产业的发展需求。产教融合能够促进科技成果的转化和应用。学校与企业通过合作,可以将科研成果转化为实际的生产力,推动产业的技术创新和进步。例如,在蚕桑丝绸产业中,校企合作开展技术研发,将科研成果应用于实际生产,可显著提高生产效率和产品质量,有力推动产业发展。此外,产教融合还有助于推动产业结构的优化升级。通过培养具有创新能力和实践经验的人才,产业能够更好地适应市场变化和消费需求,推动产业向高附加值、高技术含量方向发展。同时,产教融合还能够促进产业链的延伸和拓展,推动与其他产业的融合发展,提升产业的综合竞争力。产教融合还有助于提高企业的核心竞争力。通过与学校合作,企业能够获得更多的人才支持和智力支持,从而提高技术创新能力和市场竞争力。此外,企业通过参与教育过程,能够培养出符合自身需求的人才,降低人力资源成本,提高运营效率。产教融合还能够促进社会经济的可持续发展。通过培养具有创新能力和实践经验的人才,产业能够更好地适应社会经济发展的需求,推动经济的持续增长。同时,产教融合还能够促进就业和创业,为社会提供更多的就业机会和创业机会,提升社会的整体福利水平。

7.1.3　蚕桑丝绸产业新工科育人模式的主要成效与不足

蚕桑丝绸产业新工科育人模式在实施过程中取得了一定的成效,同时也存在一些不足之处。深入分析这些成效和不足,可以为模式的改进和优化提供依据。

新工科育人模式在提高学生的实践能力和创新能力方面取得了显著成效。通过与企业合作开展实践教学和产学研合作项目,学生能够将理论知识与实际操作紧密结合,培养出解决实际问题的能力。同时,学校与企业共同开展的技术研发和产品创新项目,也激发了学生的创新思维和团队协作能力。这些成效不仅有助于学生更好地适应未来的职业生涯,还为蚕桑丝绸产业的发展提供了有力的人才支持。

蚕桑丝绸产业新工科育人模式在实施过程中取得了显著成效,这些成效主要体现在以下几个方面。

(1)提高了学生的实践能力和创新思维。通过与企业紧密合作,学生有机会参与蚕桑丝绸产业的实际生产过程,深入了解行业需求,从而提高解决实际问题的能力。这种实践经验的积累不仅增强了学生的就业竞争力,也为他们的职业生涯奠定了坚实基础。同时,产教融合模式鼓励学生参与技术创新和创业实践,激发了学生的创新思维和创业精神。

(2)增强了教师的专业能力和教学水平。学校鼓励教师参与产业技术研发,将最新产业动态融入教学内容,这一举措不仅提升了教师的实践经验和教学能力,还为学生提供了更加贴近实际的学习内容和体验。教师专业能力的提升,为学生提供了更优质的教学资源,有助于提高教育质量。

(3)促进了学校与企业的紧密合作。产教融合模式加强了学校与企业的联系与合作,实现了教育资源与产业需求的有效对接。这种合作不仅有助于培养符合产业发展需求的人才,还为产业发展提供了有力的人才支持和智力支撑。同时,学校与企业之间的合作也有助于推动科技成果的转化和应用,促进产业的创新发展。

(4)推动了产业的转型升级。产教融合模式培养了大量具有创新能力和实践经验的人才,为产业的发展提供了有力支持。这些人才不仅能够满足产业的发展需求,还能够推动产业的转型升级,提升产业的综合竞争力。

（5）促进了社会经济的可持续发展。产教融合模式培养的人才具有创新能力和实践经验，能够更好地适应社会经济发展的需求，推动经济的持续增长。同时，该模式还有助于促进就业和创业，为社会提供更多的就业机会和创业机会，提升社会的整体福利水平。

蚕桑丝绸产业新工科育人模式在运行过程中虽然取得了一定的成效，但也存在一些不足，这些不足需要在未来改进中加以关注和解决，以进一步优化育人模式，提升教育质量和产业适应性。

（1）教师实践经验和教学能力有待提升。尽管产教融合模式鼓励教师参与产业技术研发，但部分教师在实际操作和产业技术方面仍存在不足。这导致他们在教学过程中难以将最新的产业动态和技术融入教学内容，进而影响学生的学习效果。因此，未来需要加强对教师实践经验和教学能力的培训，增强教师的实践操作能力和教学水平。

（2）产教融合模式在实施过程中存在一定程度的资源分配不均问题。由于企业资源有限，学校与企业的合作往往更倾向部分优秀学生和教师，其他学生和教师则难以获得足够的实践机会和资源。这不仅降低了教育资源的利用效率，也影响了整体教育质量。未来需要进一步完善产教融合模式，优化资源配置，让更多学生和教师受益于产教融合。

（3）产教融合模式在实施过程中缺乏有效的评价和反馈机制。目前，对于产教融合模式的评价主要依赖于学校和企业的自我评价，缺乏客观、公正的评价标准。这使得产教融合模式的实施效果难以得到准确的评估，也不利于及时发现问题并进行改进。未来需要建立一套完善的评价和反馈机制，对产教融合模式的实施效果进行客观、公正的评价，确保能够及时发现问题并采取有效措施加以改进。

（4）产教融合模式在实施过程中也存在一定程度的校企合作紧密性不足的问题。尽管产教融合模式强调学校与企业的紧密合作，但在实际操作中，校企合作仍受到多种因素的影响，如企业对合作的重视程度、校企合作的管理机制等。这些问题导致校企合作难以深入进行，影响了产教融合模式的实施效果。未来需要进一步加强校企合作，建立更加紧密的合作关系，提高校企合作的效率和质量。

（5）产教融合模式在实施过程中也存在一定程度的产业需求与教育供给不匹配的问题。由于产业发展速度较快，而教育供给往往滞后，导致产教融合模式难以完全满足产业的实际需求。这种供需不匹配使得产教融合模式在实施过程中存在一定局限性。未来需要加强对产业需求的调研和分析，及时调整教育供给,使产教融合模式更加契合产业发展的需求。

　　针对这些不足,学校和企业应共同努力,从多方面入手,以进一步提升育人模式的质量和效果。学校和企业应携手加强实践教学基地的建设,为学生提供更多实践机会。同时,学校应选拔具有实践经验的教师担任实践教学指导工作,并鼓励教师积极参加实践培训和学术交流活动,不断提升自身的实践能力和教学水平。此外,学校和企业应积极探索更深层次的产教融合模式,通过共同开发课程和教材、共同开展产学研合作项目等方式,实现资源共享和优势互补,推动人才培养和产业发展。

　　总之,蚕桑丝绸产业新工科育人模式在提高学生实践能力和创新能力方面取得了显著成效,但也存在一些不足之处。通过加强实践教学基地建设、提升师资队伍实践能力以及深化产教融合,可以进一步提升新工科育人模式的质量和效果,为蚕桑丝绸产业的发展培养更多优秀人才。同时,学校和企业应不断总结经验,积极探索新工科育人模式的改进和优化,以适应不断变化的产业发展需求。

7.2　对未来研究与实践的建议

7.2.1　进一步完善蚕桑丝绸产业新工科育人模式的实践探索

　　为了更好地适应蚕桑丝绸产业的发展需求,需要进一步完善蚕桑丝绸产业新工科育人模式的实践探索方法,这需要学校、企业和研究机构的共同努力。通过加强实践教学、加强师资队伍建设以及建立健全的实践教学体系等措施,可以有效提高人才培养质量,为蚕桑丝绸产业的发展培养更多优秀人才。同时,学校和企业应不断总结经验,积极探索新工科育人模式的改进和优化,以适应不断变化的产业发展需求。

　　学校应加强与企业的合作。学校通过与企业签订合作协议,深入了解企业的实际需求和产业发展的趋势,进而制定有针对性的人才培养方案。同时,企业则可以为学校提供实习实训基地、技术支持等资源,为学生创造实践机会和就业渠道。此外,学校还可以与企业共同开展产学研合作项目,让学生参与到实际项目中,从而提升学生的实践能力和创新能力。学校应加强师资队伍建设,选拔具有丰富实践经验的教师担任实践教学指导工作,为学生提供实际操作和解决问题的指导。同时,学校还应鼓励教师参加实践培训和学术交流,以提高教师的专业水平和竞争力。此外,学校还可以引进企业专家和技术人才担任兼职教师,为学生提供更多的实践经验和行业知识。学校应建立健全的实践教学体系。学校应制定实践教学大纲和教学计划,明确实践教学的目标和要求。同时,建立实践教学评价体系,对实践教学效果进行评估和反馈,不断优化实践教学体系,提升实践教学效果。

针对蚕桑丝绸产业新工科育人模式在实施过程中存在的不足之处,可以提出以下针对性的改进措施,以优化人才培养模式。

(1)加强教师实践经验和教学能力的培训。学校应与产业界合作,定期组织教师参加产业技术培训和实践活动,提升他们的实践操作能力和教学水平。同时,鼓励教师参与产业技术研发,将最新的产业动态和技术融入教学内容,从而提高教学质量。

(2)优化教育资源配置。学校应与企业共同制定教育资源分配方案,确保所有学生和教师都能够获得充足的实践机会和资源。同时,加强校企合作,充分利用企业的资源和优势,为学生创造更多实践平台和机会。

(3)建立完善的评价和反馈机制。学校应与产业界共同制定一套客观、公正的评价标准,对产教融合模式的实施效果进行定期评估。同时,建立反馈机制,及时收集学生、教师和企业的意见和建议,为改进产教融合模式提供依据。

(4)加强校企合作。学校应与企业建立更加紧密的合作关系,共同制定人才培养方案和课程设置方案,确保人才培养与产业需求紧密对接。同时,加强校企之间的沟通和交流,提高校企合作的效率和质量。

(5)调整教育供给,以满足产业发展需求。学校应加强对产业需求的调研和分析,及时调整教育供给,使人才培养更加契合产业发展的需求。同时,鼓励教师参与产业技术研发,将最新的产业动态和技术融入教学内容,提升教学质量。

(6)加强对学生实践能力和创新思维的培养。学校应与企业共同制定实践教学计划,确保学生获得充足的实践机会。同时,鼓励学生参与技术创新和创业实践,激发他们的创新思维和创业精神。

(7)加强学生职业规划和就业指导。学校应与企业共同开展职业规划和就业指导活动,帮助学生了解行业需求和发展前景,提升他们的就业竞争力。同时,加强与企业的合作,为学生提供更多的实习和就业机会。

通过以上改进措施,可以有效优化蚕桑丝绸产业新工科育人模式,提高人才培养质量,满足产业发展的需求。学校和企业应共同努力,加强合作,推动产教融合的深入发展,为产业的转型升级和社会经济的可持续发展做出更大的贡献。

　　加强理论与实践的结合,提高学生的实际操作能力,是现代教育的重要目标之一。这种教育模式不仅能够提升学生的综合素质,还能为他们未来的职业生涯奠定坚实的基础。

　　加强理论与实践的结合有助于学生更好地理解和掌握理论知识。通过将理论知识与实际操作相结合,学生可以更加直观地理解理论知识的内涵和应用,从而显著提高学习效果。同时,实践操作也能够帮助学生巩固理论知识,提升实际操作能力。加强理论与实践的结合有助于培养学生的创新思维。在实际操作过程中,学生需要运用所学的理论知识解决实际问题,这不仅需要他们具备扎实的理论基础,还需要一定的创新思维能力。通过实践操作,学生可以锻炼自己的思维能力,培养解决问题的能力和创新精神。加强理论与实践的结合有助于提高学生的职业素养。实际操作是职业活动中不可或缺的一部分,通过实践操作,学生可以深入了解职业活动的实际要求,提升职业素养。同时,实践操作还能帮助学生了解行业的发展趋势和市场需求,为未来的职业生涯做好准备。加强理论与实践的结合有助于提高学生的就业竞争力。在就业市场上,具备实际操作能力的学生更容易获得企业的青睐。通过实践操作,学生可以提升自己的实际操作能力,增强就业竞争力。

　　加强理论与实践的结合,提升学生的实际操作能力,对于培养学生的综合素质和职业素养具有重要意义。通过学校、企业和政府的共同努力,可以构建更加完善的理论与实践相结合的教育体系,为培养符合产业发展需求的人才做出更大的贡献。为了加强理论与实践的结合,提升学生的实际操作能力,学校可以采取以下措施。

　　(1) 加强实践教学设施的建设。学校应投入资金,购置先进的实践教学设备,为学生提供良好的实践操作环境。同时,加强与企业的合作,建立实践教学基地,为学生创造更多的实践机会。

　　(2) 优化实践教学课程的设计。学校应根据专业特点和行业需求,设计具有针对性的实践教学课程。同时,邀请企业专家参与实践教学课程的设计,确保实践教学课程内容与行业需求紧密对接。

　　(3) 强化实践教学师资队伍的建设。学校应选拔具有丰富实践经验的教师担任实践教学课程的教师。同时,加强对教师的培训,提升他们的实践教学能力。

　　(4) 完善实践教学评价体系的建立。学校应建立完善的实践教学评价体系,对学生的实践操作能力进行客观、公正的评价。同时,将实践教学评价结果与学生的学业成绩挂钩,激发学生的学习积极性。

7.2.2　加强产教融合政策的研究与制定

加强产教融合政策研究与制定对于推动蚕桑丝绸产业新工科育人模式的发展具有重要意义。通过明确产教融合的目标和方向、建立健全产教融合的激励机制、加强产教融合的政策宣传和推广以及强化产教融合的监管和评估,政府能够更好地引导学校、企业和研究机构之间的合作,实现资源共享和优势互补,共同推动人才培养和产业发展。同时,政府还应不断总结经验,积极探索产教融合政策的改进和优化,以适应不断变化的产业发展需求。

政府应明确产教融合的目标和方向。政府应制定相关政策,明确产教融合的目标和方向,为学校、企业和研究机构之间的合作提供指导和依据。例如,政府可以制定相关政策,鼓励企业与学校合作开展实践教学、产学研合作项目等,促进人才培养和产业发展。政府应建立健全产教融合的激励机制。政府可以通过设立产教融合专项资金、提供税收优惠等措施,鼓励企业与学校开展合作。同时,政府还可以设立产教融合奖项,表彰在产教融合方面取得显著成绩的企业、学校和教师,提高他们的积极性和主动性。政府应加强产教融合的政策宣传和推广。政府可以通过举办产教融合论坛、研讨会等活动,加强产教融合政策的宣传和推广。同时,政府还可以利用媒体、网络等渠道,向公众宣传产教融合的重要性和意义,提升社会对产教融合的认知度和认同度。最后,政府应加强对产教融合的监管和评估。政府应建立健全产教融合的监管和评估体系,对产教融合项目的实施情况进行严格监管和科学评估,确保产教融合项目的质量和效果。同时,政府还可以通过评估结果,及时发现和解决问题,推动产教融合项目的顺利进行。

制定有利于产教融合的政策,促进教育与产业的深度融合,是实现教育现代化和产业转型升级的重要途径。这种政策的制定不仅能够提高教育质量,培养学生的实践能力,还能满足产业对人才的需求,促进产业的发展。

制定有利于产教融合的政策有助于加强学校与企业的合作。政策可以为学校与企业提供更多的合作机会和资源,鼓励双方在人才培养、技术研发、市场开拓等方面开展深度合作。通过合作,学校能够精准把握产业需求,调整教学内容和培养方案,培养出符合产业发展需求的人才;企业则能够获得所需的人才支持,提高生产效率和竞争力。制定有利于产教融合的政策有助于优化教育资源配置。政策可以引导学校和企业共同投入教育资源,实现资源共享和优势互补。例如,企业可以提供实习实训基地、技术设备等资源,学校则可以提供专业知识和教学资源。通过资源共享,教育质量和人才培养水平可以得到有效提升。制定有利于产教融合的政策有助于建立完善的评价和反馈机制。政策可以要求学校和企业定期对产教融合项目进行评估,收集反馈意见,不断优化合作内容和方式。这种评价和反馈机制有助于及时发现问题,为改进提供依据,从而提高产教融合的效果。制定有利于产教融合的政策还可以鼓励校企合作开展产学研项目,促进技术创新和产业升级。政策可以提供资金支持、税收优惠等激励措施,鼓励校企合作开展技术研发和产品创新。通过产学研项目,企业可以获得新技术和产品,提高竞争力;学校则可以提高科研成果转化率,增强学术影响力。

制定有利于产教融合的政策,促进教育与产业的深度融合,对于培养符合产业发展需求的人才、推动产业转型升级具有重要意义。通过政府、学校和企业等各方的共同努力,可以构建更加完善的产教融合政策体系,为教育与产业的融合发展创造良好的环境和条件。为了制定有利于产教融合的政策,需要从以下几个方面着手。

(1)明确政策目标。政策应明确产教融合的目标和方向,如提高人才培养质量、促进产业升级等。同时,政策应强调学校和企业的主体地位,鼓励双方积极参与产教融合。

(2)完善政策体系。政策应涵盖产教融合的各个环节,如人才培养、技术研发、市场开拓等。同时,政策应具有一定的灵活性,以适应不同地区和行业的需求。

(3)加强政策执行。政策制定后,应加强对政策执行的监督和评估,确保政策落地生根。同时,在政策执行过程中,应充分听取学校、企业等利益相关者的意见和建议,不断优化政策内容。

(4)建立政策长效机制。政策应具有一定的持续性,以保障产教融合的稳定发展。同时,政策应随着产业和教育的变化不断调整和完善,以适应新的发展需求。

鼓励和支持更多企业和学校参与产教融合项目,对于推动教育与产业的融合发展具有重要意义。这种合作不仅能够提高教育质量,培养学生的实践能力,还能够满足产业对人才的需求,促进产业的发展。

鼓励和支持更多企业和学校参与产教融合项目有助于实现教育资源的优化配置。企业可以提供实习实训基地、技术设备等资源,学校则可以提供专业知识和教学资源。这种资源共享不仅有助于提高教育质量和人才培养水平,还能够促进学校与企业之间的互利共赢。鼓励和支持更多企业和学校参与产教融合项目有助于培养符合产业发展需求的人才。通过产教融合,企业能够参与人才培养的全过程,根据自身需求调整教学内容和培养方案。这种人才培养方式不仅有助于提高学生的实践能力和就业竞争力,还能够满足企业对人才的需求,促进产业的发展。鼓励和支持更多企业和学校参与产教融合项目有助于推动技术创新和产业升级。通过产教融合,企业和学校可以共同开展技术研发和产品创新,将科研成果转化为实际生产力。这种产学研结合的方式不仅有助于提高企业的竞争力,还能够推动产业的转型升级。

为了鼓励和支持更多企业和学校参与产教融合项目,可以采取以下措施。

(1)制定相关政策。政府应制定相关政策,为产教融合项目提供政策支持和保障。例如,提供税收优惠、资金支持等激励措施,鼓励企业和学校积极参与产教融合项目。

(2)搭建合作平台。政府应搭建产教融合的合作平台,为企业和学校提供交流和合作的渠道。例如,举办产教融合论坛、研讨会等活动,促进企业和学校之间的沟通和合作。

(3)提供培训和指导。政府应提供培训和指导,帮助企业和学校了解产教融合的理念和方法。例如,组织产教融合培训课程、研讨会等活动,提高企业和学校对产教融合的认识和能力。

(4)建立评价和反馈机制。政府应建立产教融合项目的评价和反馈机制,对项目进行定期评估和反馈。这种机制有助于发现问题、总结经验,不断提高产教融合项目的质量和效果。

7.2.3 探索蚕桑丝绸产业新工科育人模式在其他产业领域的应用与推广

蚕桑丝绸产业新工科育人模式的成功实践为其他产业领域提供了宝贵的经验和启示。为了推动这种模式在其他产业领域的应用与推广,需要进行深入的探索和努力。

其他产业领域应积极借鉴蚕桑丝绸产业新工科育人模式的成功经验。该模式通过产教融合、实践教学等方式,培养具有实践能力和创新精神的高素质人才,为产业发展注入新的活力。其他产业领域可以结合自身特点和需求,制定适合自身发展的人才培养方案。

其他产业领域应加强与其他产业的合作。通过与其他产业的合作,可以实现资源共享和优势互补,共同推动人才培养和产业发展。例如,可以与其他产业的企业共同开发课程和教材、开展产学研合作项目等,深化产教融合。其他产业领域应加强师资队伍建设。一支高素质的教师队伍是人才培养的关键。通过选拔具有实践经验的教师、加强教师培训和交流等方式,可以提高教师的专业水平和教学能力,为人才培养提供有力支持。其他产业领域应建立健全人才培养和评价体系。通过建立健全人才培养和评价体系,可以确保人才培养的质量和效果,为产业发展提供有力支持。例如,可以制定科学的人才培养方案、建立完善的实践教学体系、开展定期的教学质量评估等。

蚕桑丝绸产业新工科育人模式的成功实践,为其他产业领域的教育改革和人才培养提供了有益的借鉴。通过对该模式在其他产业领域的适用性进行分析,可以发现其在不同产业中具有普遍的适用价值,但也存在一定的差异性和特殊性。

该模式在其他产业领域的适用性体现在其核心理念和基本框架上。产教融合、校企合作、实践教学等核心理念在其他产业领域同样具有普遍意义。这些理念强调将教育资源与产业需求紧密结合,通过校企合作和产教融合,实现人才培养与产业发展的有机结合。此外,该模式的基本框架,如产学研一体化的教育体系、理论与实践相结合的教学模式等,也为其他产业领域的教育改革提供了参考。蚕桑丝绸产业新工科育人模式在其他产业领域的适用性也存在一定的差异性和特殊性。不同产业的特点和需求不同,因此在应用该模式时需要进行适当的调整和优化。例如,对于技术密集型产业,如电子信息、生物技术等,产教融合的重点应放在技术创新和研发能力的培养上;而对于劳动密集型产业,如纺织、食品等,产教融合的重点则应放在生产管理和操作技能的培养上。不同产业的发展阶段和市场需求也影响该模式的适用性。在产业发展初期,产教融合的重点应放在人才培养和市场需求对接上,以满足产业发展的基本需求。随着产业的发展和市场需求的扩大,产教融合的重点应逐渐转向技术创新和产业链延伸,以推动产业的持续发展和市场竞争力提升。

蚕桑丝绸产业新工科育人模式在其他产业领域的适用性具有普遍意义,但也需要根据不同产业的特点和需求进行适当的调整和优化。通过加强跨产业交流与合作、开展产业适应性研究以及加强政策支持和引导等措施,可以推动该模式在其他产业领域的应用和推广,为培养符合产业发展需求的人才、推动产业转型升级做出更大的贡献。为了更好地推广和应用该模式,可以采取以下措施。

(1)加强跨产业交流与合作。通过举办产教融合论坛、研讨会等活动,促进不同产业之间的交流与合作,总结和分享各自的经验和教训,为其他产业领域的教育改革提供借鉴。

（2）开展产业适应性研究。针对不同产业的特点和需求，开展产业适应性研究，为应用该模式提供有针对性的指导和建议。

（3）加强政策支持和引导。政府应制定相关政策，为产教融合项目提供政策支持和保障，鼓励和支持不同产业领域的教育改革和人才培养。

探索跨产业的育人模式，促进教育与更多产业的融合发展，是适应新时代产业转型升级和教育现代化的重要途径。这种模式不仅能够提高教育质量，培养学生的实践能力，还能够满足不同产业对人才的需求，推动产业的持续发展和创新。

探索跨产业的育人模式有助于实现教育资源的优化配置。不同产业的特点和需求不同，因此需要针对性地调整教育内容和培养方案。通过跨产业的育人模式，可以整合不同产业的优势资源，为学生提供更加全面和实用的学习体验。例如，将电子信息、生物技术、纺织、食品等不同产业的专业知识和技能融入教学，使学生了解和掌握不同产业的特点和需求，提高他们的就业竞争力和职业发展潜力。探索跨产业的育人模式有助于培养学生的创新思维和跨领域能力。随着产业的不断发展和融合，需要更多具备跨领域知识和能力的人才。跨产业的育人模式可以鼓励学生跨专业学习，拓宽他们的知识面和视野，提高他们的创新思维和解决问题的能力。例如，可以开展跨专业的课程设计和实践项目，使学生能够将不同领域的知识和技能结合起来，解决复杂的问题和挑战。此外，探索跨产业的育人模式有助于加强校企合作和产教融合。通过与不同产业的企业合作，学校可以了解产业需求，调整教学内容和培养方案，提高教育质量和人才培养水平。同时，企业也可以通过与学校合作，培养符合自身需求的人才，提高生产效率和竞争力。例如，可以开展校企合作项目，使学生能够在企业实习实训，了解企业运作和产业需求，提高他们的实践能力和就业竞争力。

参 考 文 献

[1] 林健. 面向未来的新工科建设[M]. 北京:高等教育出版社,2021.

[2] 艾伦·雷普克. 如何进行跨学科研究[M]. 北京:北京大学出版社,2016.

[3] 杨青山. 基于"两个融合"的大学生创新创业综合实践基地建设与实践研究
[M]. 桂林:广西师范大学出版社,2017.

[4] 石洪康,陈义安,祝诗平,等. 我国蚕桑生产机械化研究进展[J]. 中国农
机化学报,2024,45(09):318-326.

[5] 贾漫丽,刘芳秀,李娜,等. 蚕桑产业与文旅结合发展对策研究[J]. 北方
蚕业,2024,45(02):46-48.

[6] 赵君君. 关于蚕桑产业链发展的思考与建议[J]. 河南农业,2023(16):
23-24.

[7] 刘学斌,杨胜,徐开遵. 广西的蚕桑产业现状及发展对策[J]. 蚕学通讯,
2023,43(03):33-38.

[8] 孙运,姜利利. 广西蚕桑产业在全国的地位分析及建议[J]. 广东蚕业,
2024,58(04):4-7.

[9] 陆呈宏,彭业成,毛丽丽,等. 广西蚕桑产业发展现状及对策研究[J]. 广
西蚕业,2024,61(01):44-47.

[10] 赵海红,覃玥,刘吉平,等. 新农科背景下桑蚕人才培养体系构建——河
池学院微辅修专业实例分析[J]. 广东蚕业,2024,58(03):11-14.

[11] 贝建设. 蚕桑生产机械化应用发展概况与思路[J]. 现代农业科技,2017
(20):155-157.

[12] 陈菁,陆春霞,莫炳巧,等. 国外蚕桑资源多元化利用研究进展[J]. 蚕学
通讯,2024,44(03):108-113.

[13] 钟远信. 广西蚕桑产业发展策略探究[J]. 广东蚕业,2024,58(10):8-10.

[14] 李燕飞,黄红燕,汤庆坤,等. 广西蚕桑产业新型农业经营主体发展现状
及对策[J]. 广西蚕业,2024,61(03):37-42.

[15] 吴婧婧,贾雪峰,蓝必忠,等. 区域视角下广西蚕桑产业提质增效发展现
状与对策建议研究——基于比较优势指数分析[J]. 广西蚕业,2024,61

（03）：43-53.

[16] 曾超，梁贵秋，刘开莉，等.广西蚕桑产业发展现状及对策建议[J].广西蚕业，2024，61（03）：64-68.

[17] 虞崇江，何骥，黄梅梅，等.粤桂协作背景下广西蚕桑茧丝绸产业高质量发展战略研究[J].广西蚕业，2024，61（02）：59-64.

[18] 潘悦，李春华，黄贤帅.广西县域蚕桑产业发展模式研究——基于宜州区案例的分析[J].广西蚕业，2024，61（02）：36-42.

[19] 龚美霞，李莉，黄梅梅，等.广西蚕桑产业绿色发展现状与路径选择研究[J].广西蚕业，2024，61（02）：54-58.

[20] 何骥.乡村振兴背景下广西蚕桑专业技术人才队伍建设研究[J].广西蚕业，2024，61（02）：65-71.

[21] 李春华，邹凌峰，廖勇，等.广西蚕桑产业的时空演变和集聚特征及影响因素研究[J].蚕业科学，2024，50（02）：164-174.

[22] 莫柳静，李燕飞，蓝必忠，等.广西蚕桑产业绿色高质高效实施成效与对策建议[J].广西蚕业，2024，61（01）：53-56.

[23] 吴婧婧，黄红燕，石韡韬，等.广西蚕桑产业的教育发展现状及建议[J].广西蚕业，2023，60（04）：47-51.

[24] 梁光健，欧冰冰，张桂征，等.蚕桑机械化装备使用现状以及发展趋势[J].蚕桑通报，2023，54（04）：1-6.

[25] 刘学斌，莫柳静，宾荣佩，等.广西丝绸文化传承与发展问题分析[J].广东蚕业，2023，57（10）：4-6.

[26] 陈张晴，邹凌峰，杜谨利，等.广西蚕桑产业发展的影响因素分析[J].广西蚕业，2023，60（03）：45-49.

[27] 刘志科，余海波，陈国民，等.浅谈5G制式下智慧蚕桑养殖的物联网应用系统项目设计[J].广西通信技术，2022（04）：19-25.

[28] 李春华，邹凌峰，韦伟，等."东桑西移"促进中西部地区蚕桑产业发展的机制及实证研究[J].蚕业科学，2024，50（06）：558-566.

[29] 乔小胖.广西蚕桑产业发展现状与对策研究[D].南宁：广西大学，2022.

[30] 杨茂，罗娟研，徐浩.从基础研究到产业发展:新工科理念下高校基础学科创新人才培养实践研究[J].科技管理研究，2024，44（10）：13-21.

[31] 李华，胡娜，游振声.新工科:形态、内涵与方向[J].高等工程教育研究，2017（04）：16-19，57.

[32] 钟登华.新工科建设的内涵与行动[J].高等工程教育研究，2017（03）：1-6.

[33] 董艳,李心怡,丁国胜,等.高校跨学科创新人才培养的多元路径研究[J].清华大学教育研究,2024,45(05):78-88.

[34] 裴钰鑫,汪惠芬,李强.新工科背景下跨学科人才培养的探索与实践[J].高等工程教育研究,2021(02):62-68,98.

[35] 郝莉,冯晓云,宋爱玲,等.新工科背景下跨学科课程建设的思考与实践[J].高等工程教育研究,2020(02):31-40.

[36] 翟小宁,荣佳慧.创新人才培养的国际经验及启示[J].中国高等教育,2021(20):62-64.

[37] 王鹏.国外一流大学跨学科研究平台科研育人模式分析及其启示——以美德澳日等国培育理念与目标的实践为例[J].中国高校科技,2022(12):48-55.

[38] 黄廷祝,黄艳,杨建宇."科研育人"新工程教育:认识、思考与实践[J].中国大学教学,2021(07):33-39.

[39] 卢建军.加快推动产学研深度融合,实现教育、科技、人才一体推进良性循环[J].中国高等教育,2023(11):12-15.

[40] 张伟.跨学科教育:普林斯顿大学本科人才培养案例研究[J].高等工程教育研究,2014(03):118-125.

[41] 林健.多学科交叉融合的新生工科专业建设[J].高等工程教育研究,2018(01):32-45.

[42] 翟小宁,荣佳慧.创新人才培养的国际经验及启示[J].中国高等教育,2021(20):62-64.

[43] 黄蓓蓓,钱小龙.探寻世界一流大学人工智能人才培养的奥秘——斯坦福大学人工智能人才培养模式的整体性分析[J].清华大学教育研究,2022,43(03):33-41.

[44] 沈俣,杨晓江.产教融合形态演化视域下新工科人才培养实践模式研究[J].中国高校科技,2024(10):51-55.

[45] 施晓秋."产学三级联动"工程能力分级培养模式的构建与实践[J].高等工程教育研究,2017(05):66-71.

[46] 陈勇,黄家才,丁文政,等.高校产教融合下项目式教学课程模块化设计与优化研究[J].工业和信息化教育,2024(07):12-15,22.

[47] 谢笑珍."产教融合"机理及其机制设计路径研究[J].高等工程教育研究,2019(05):81-87.

[48] 薛勇.产教深度融合:高校人才培养模式的制度生成[J].中国高等教育,

2020(10)：58-60.

[49] 林江鹏，卢轶骁.高校产教深度融合模式的构建及其路径选择探究[J].
湖北经济学院学报（人文社会科学版），2023，20(02)：137-140.

[50] 郑家广.产教融合视角下新时代高校应用型人才的培养路径——《新时代
高校产教融合人才培养模式研究》评介[J].高教发展与评估，2024，40
(06)：2.

[51] 申妍瑞，胡纵宇.新质生产力与产教深度融合双向赋能：现实困境与实践
路径[J].中国高校科技，2024(05)：89-93.

[52] 周银，季赛，许胜.应用型本科高校新工科产教融合协同育人模式探究
[J].产业创新研究，2024(24)：172-174.

[53] 王迎敏.基于新工科的实践教学体系设计[J].电子技术，2023，52(06)：
118-120.

[54] 高丽珍，张晓明，李杰，等.新工科背景下工程实践教育的思考与探索
[J].高教学刊，2023，9(21)：28-31，36.

[55] 张莹，毛溪文.新工科背景下协同育人实践教学体系的构建[J].大学，
2024(08)：70-73.

[56] 章云，李丽娟，杨文斌，等.新工科多专业融合培养模式的构建与实践
[J].高等工程教育研究，2019(02)：50-56.

[57] 孙康宁，于化东，梁延德.基于新工科的知识、能力、实践、创新一体化培
养教学模式探讨[J].中国大学教学，2019(03)：93-96.

[58] 邱珉."六位一体，三创融合，开放共享"创新创业教育体系构建思考[J].
创新创业理论研究与实践，2021，4(07)：177-179.

[59] 彭建盛，苏安，韦庆进，等.地方本科院校工科大学生创新创业能力培养
研究[J].科技创业月刊，2017，30(22)：38-42.

[60] 彭建盛，何奇文，韦庆进，等.地方本科院校工科大学生创新创业实践教
育研究[J].科技创业月刊，2018，31(02)：81-84.

[61] 李大双，彭建盛，何奇文，等.地方本科高校工科专业创新能力培养探索
与思考[J].河池学院学报，2020，40(01)：75-80.

[62] 邱惠玲，刘瑾，黄理纳，等.产教融合视角下复合型人才培养模式创新与
实践[J].教育教学论坛，2024(48)：168-171.